# 인간이란 무엇인가

인간중심철학에 의한 인간에 대한 해명은 철학적 탐구의 역사적 총괄이며,
인간에 대한 철학적 견해의 발전에 큰 전환이다!

# 인간이란 무엇인가

-인간의 본질적 특성에 대하여-

서 정 수 지음

행복한 마음

우리가 살고 있는 이 세계에는 수많은 사물事物이 존재하지만 물질세계에서 유일하게 독특한 존재는 인간이다. 인간은 누구나 자기 운명에 대하여 깊은 관심을 갖고 생을 살아가고 있다. 따라서 "나의 존재는 무엇인가?" "나는 무엇을 위해 어떻게 살아야 하는가?"라는 질문을 하며, 「인간이란 어떤 존재인가」라는 문제에 관심을 갖게 된다.

그 이유는 인간이 사람답게 살기 위하여, 인간이 각자의 운명 문제를 해결하기 위하여 무엇보다도 먼저 제기되는 문제이다. 따라서 철학, 사상, 세계관은 동시에 인생을 어떻게 살 것인가 하는 인생관이기도 하다.

고대 그리스의 철학자 소크라테스는 인간의 도덕적 본성, 윤리적 가치문제를 철학의 중심 문제라고 보면서 인간들에게 "너 자신을 알라 (Gnothi Sauton)"고 외치면서 이 격언을 준수할 것을 호소하였던 것이다.

인류 역사를 돌이켜보면 오랜 세월 "인간이란 무엇인가?"라는 문제를 두고 수많은 철학자, 사상가, 신학자, 예술가들이 사색하고 논쟁하고 탐구하면서 이 문제를 풀어보려고 많은 시간과 정력을 쏟았던 것이다. 그러나 이 문제는 간단한 것 같으면서도 복잡하고, 자명한 듯하면서도 쉽사리 풀리지 않는 것 같다.

인간의 운명 문제를 직접적으로 논의의 대상으로 삼는 철학에서는 이 문제가 특별히 중요한 문제로 제기된다. 동서고금의 철학자들 치고 인간의 문제를 논의하지 않은 이들은 없었으나 그 어느 철학자도 어느 철학적 학설도 인간이란 무엇인가에 대한 정답을 주지 못하였다.

철학 사상사를 되살펴 보면 인간 존재와 인간 본성에 관한 참으로 많은 사상과 이론이 제기되었었다. 어떤 철인은 인간의 육체를 중시하여 인간은 생명 물체라 하였고, 어떤 철인은 '정신과 물질의 중간 존재' 혹은 '신과 동물의 중간 존재'라고 하였다.

인간 존재의 본질을 이와 같이 각양각색으로 이해한 것과 마찬가지로 인간의 본성도 어떤 철학자는 생물학적 본능의 어느 하나를 나름대로 절대화하고 어떤 철학자는 이성을, 어떤 철학자는 신앙심을 본성이라 하였다.

인간 본성의 의미는 인간이 태어날 때 어떤 상태로 태어나는가 하는 의미로 파악할 수도 있고, 사회 속에서 인간이 마땅히 갖추어야 할 특성이 무엇인가 라고 하는 규범적 의미로 파악할 수도 있다. 최근 한 논문은 인간의 본성을 '인간이라면 누구나 가지고 태어나면서, 인간만이 가지고 있는 쉽게 드러나는 특성'이라고 정의를 내리며, 이때의 인간 본성은 기본적으로 경험적 명제에 속한다고 결론짓고 있다.[1]

인간이란 어떤 존재이며 그 본성(Human nature)이 무엇인가 하는 문제가 올바르게 해명되지 못한 상태에서 인간의 운명 문제에 대한 정답이 주어질 수 없었다는 것은 오히려 당연한 결과인지도 모른다.

인간중심철학에서는 「세계의 존재와 운동의 일반적 특징」과 「인간, 즉 사회적 존재의 본질적 특징」, 그리고 「세계와의 관계에서 인간의 지위와 역할의 기본 특징」이 무엇이냐 하는 것을 철학적 원리로 인정하고 있다.

우리가 어떤 사회에 속하든 그리고 어떤 문화권에서 성장하였든 가장

---

1) 김기민·안병한 〈인간 본성, 그 의미와 교육적 중요성〉, 「아시아 교육연구」 제4권 제2호, pp.19~37

중요한 사실은 우리가 인간이라는 점이다. 언뜻 보는 겉모습과는 달리 우리는 다른 인종과 다른 문명권의 사람들과도 많은 공통점을 갖고 있다. 우리 모두는 서로 매우 다른 것처럼 보이고 우리가 한국인인가, 영국인인가, 러시아인인가, 미국인인가 하는 것이 우리에게 중요한 사항처럼 보인다. 그러나 명백한 국가별 인종의 차이에도 불구하고 근본적인 유사성이 있다. 우리는 동일한 충동을 공유하며 우리 본성의 구조도 동일하다.

수천 년 동안 많은 철인들과 사상가들이 깊은 관심을 가지고 온갖 정력을 쏟아부으면서 찾으려고 한 '인간이 어떤 존재인가?'라는 '영원한 수수께끼'에 대한 완벽한 정답은 우리 시대에 이르러 인간중심철학에 의하여 비로소 주어지게 되었으며 이 문제에 대한 역사적 논쟁은 막을 내리게 되었다.

인간중심철학에 있어서 가장 중요한 지위를 차지하는 것은 인간에 관한 철학 이론이다. 인간중심철학은 인간의 본질적 속성과 인간과 세계와의 관계, 인간의 운명 개척의 문제 등, 인간에 관한 견해와 관점의 확립에서 제기되는 전반적이며 원칙적인 제 문제諸問題에 과학적 해답을 부여하고 인간중심의 인간론을 확립했다.

인간 본성에 관한 가장 중요하고 설득력 있는 사상을 골라내는 일은 개인적인 의견에 좌우되기 쉬운 것처럼 보인다. 사람마다 취향이 다르고, 또 주목할 만한 주장을 하는 사상가들을 모두 다룬다는 것은 불가능하기 때문이다.

본고의 도입 부분에서 다루려는 동서양의 사상가들은 사상사에 많은 족적을 남겼고 막대한 영향력을 행사해 왔던 인물들이다. 그러면 이들은 인간의 본성을 어떻게 생각하고 정의를 내렸는가를 먼저 알아본 다음에, 인간중심철학에서는 인간 존재의 본질과 속성이 어떻게 규명되었는가를 중점적으로 고찰하여 보고자 한다.

물론 우리는 인간의 본질적 속성에 대한 근본적인 문제의 영역에서 논의에 대한 비판적이고 체계적인 분석을 통해서 인간중심철학의 궁극적 원리와 이와 관련된 근본적인 문제을 해명하게 된다면 금후 해당 연구에서 기본 방향의 탐구는 물론 보다 발전적인 해설을 모색할 수 있을 것이다.

본서가 인간중심철학의 연구를 깊게 하는 데 있어서, 연구자들에게 조금이라도 참고가 된다면 저자의 입장에서는 기대 이상의 기쁨이 될 것이다.

아울러, 이 책을 출판함에 있어 반세기를 함께해준 아내(오 엘리사벳)의 협조와 세 자녀(미애, 영설, 윤상-성아)의 지원에 고마울 따름이며, 아울러 헤겔 철학의 대가이신 이신철 박사의 '신의 한수'와 같은 지도에도 감사드린다.

또한 어려운 여건 속에서도 『인간 중심의 민주주의 정치론(2020)』 출판에 이어 본서의 출판까지 맡아준 행복한마음출판사의 최병윤 대표께도 심심한 사의를 표한다. 출판계약 당일 본고를 읽어본 소감이 어떠냐는 나의 질문에 "솔직히 내용은 좀 어렵다고 생각되지만, 그래도 이런 책이 있어서 사회가 유지되는 것이 아니겠습니까?"라는 덕담은 나에게 영원히 기억될 것이다.

2023년 1월 1일
관악冠岳의 8부 능선에서
冠岳 서정수

인간중심철학은 철학의 고유한 사명에 기초해서 인간에 대한 과학적 이해를 부여한다. 철학의 사명은 인간의 운명 개척에 있어서 근본문제와 인간의 이상理想과 그것을 실현하기 위한 방도를 분명히 하는것이다.

인간은 세계 속에서 세계와 상호 관계를 통해서 자기의 운명을 개척해 간다. 인간이 운명을 개척해 가는 과정은 자기의 요구에 부합해서 세계를 개조하는 창조적인 활동을 통해서 세계에서 차지하는 주인으로서의 지위를 높여가는 과정이다. 따라서 인간의 운명 문제는 철학이 해답을 주지 않으면 안 되는 세계적인 문제로써 제기된다.

철학이 자신의 사명을 다하기 위해서는 인간과 세계와의 관계, 즉 세계에 있어서 인간이 차지하는 지위와 역할을 분명히 해야 한다. 이를 위해서는 세계의 일반적 특징과 함께 인간의 본질적 특징을 해명하지 않으면 안 된다. 만일 철학이 세계의 일반적 특징의 해명만을 과제로 한다면 인간의 운명 개척에 크게 기여할 수는 없을 것이다.

세계의 일반적 특징과 함께 인간의 본질적 특징을 해명해야만 인간과 세계의 관계를 분명히 함으로써 인간의 운명 개척의 문제에 올바른 해답을 줄 수가 있다. 따라서 인간은 철학의 중요한 연구 대상이 되는 것이고, 세계에서 인간이 차지하는 지위와 역할을 해명하는 방향에서 인간의 본질적 특징을 분명히 하는 것이 철학에 부과된 인간 연구의 기본과제가 된다.

인간에 대한 연구는 철학뿐만 아니라 다른 과학에서도 진행하고 있다. 그것은 인간이 세계에서 가장 발달한 존재, 사회적 존재이기 때문이다. 인간의 육체적 구조, 육체적 생명에 대해서는 생물학이나 의학에서 인간의 기원, 인류의 진화에 관한 문제는 인류학에서, 또는 인간의 심리는 심리학에서 연구하고 있다.

인간과 그 생활은 윤리학에서 취급하며 그것은 인간관계 인류 도덕 문제를 연구한다. 그러나 이들 과학은 세계적 견지에서 인간의 본질적 특징을 해명하는 것을 직접적인 과제로 삼지는 않는다.

철학은 개별 과학과는 다르게 인간과 그 생활의 어느 특정 분야를 전문적으로 연구하는 것이 아니며 인간에 대한 본질적 이해를 부여한다. 물론 이것은 철학이 개별 과학에 의해서 주어진 지식을 그러모은 인간에 대한 종합과학이라는 것을 의미하는 것은 아니다. 어느 특정 과학에서 인간에 관한 종합적인 연구는 불가능한 것이다.

철학은 그에 고유한 사명에 상당한 세계적인 차원에서 인간에 관한 일반화된 이해를 부여하지 않으면 안 된다. 철학에서는 인간이 세계와의 관계에 있어서 고찰되고 세계에 있어서 다른 모든 존재와 구별되는 인간의 일반적·본질적 특징이 해명된다. 세계적인 견지에서 인간의 본질적 특징의 해명은 단지 철학만이 할 수 있는 것이다.

일반적으로 인간의 특징은 존재와 속성의 두 개의 측면에서 규정된다. 물질적인 대상은 일정한 제 요소가 일정한 방식으로 결합되어 형성되는 존재로서 실재實在하고, 그 결합 방식인 구조에 상응하는 속성을 갖는다. 인간은 고유한 결합 구조와 속성을 갖고 있기 때문에 다른 물질적인 존재와 구별된다.

따라서 철학이 자기의 사명에 준거해서 인간의 본질적 특징을 해명하자면 인간의 본질적 속성과 인간의 결합 구조의 특징을 명확히 해야 한다. 바꾸어 말하면 속성과 존재의 두 개의 측면에서 인간의 고유한 본질적 특징을 밝혀야 한다.

인간중심철학은 역사상 처음으로 세계에 있어서 인간이 차지하는 지위와 역할에 관한 문제를 철학의 근본문제로서 제기하고, 세계관적 레벨에서 인간의 본질적 특징을 해명하는 과제에 대한 올바른 해답을 주었다.

인간중심철학은 인간은 자주성과 창조성, 사회적 협조성과 이들의 공통적 속성으로서 의식성을 갖는 사회적 존재라는 것을 해명함으로써 인간의 본질적 특징에 대한 철학적 해명을 부여한다. 인간이 자주성과 창조성, 사회적 협조성을 갖는다는 것은 속성의 측면에서 인간의 본질적 특징을 해명한 것이며, 인간이 사회적 존재라고 하는 것은 존재의 측면에서 인간의 본질적 특징을 해명한 것이다.

또한, 인간은 사회적 존재로서 개인적 존재의 특성과 집단적 존재로서의 특성을 갖고 있다. 이에 대해서는 제3장에서 보다 구체적으로 고찰하고자 한다.

인간중심철학은 인간의 본질적 특징을 해명한 기초 위에서, 인간이 모든 것의 주인이며, 모든 것을 결정하는 기본 요인이라는 것, 환언하면 인간이 세계를 지배하는 주인이며, 세계의 개조 변혁에 있어서 결정적인 역할을 한다는 것을 해명하고, 인간이 세계를 개조하고 자기의 운명을 개척해가는 근본 방도를 가리키고 있다.

인간중심철학은 인간은 자주성과 창조성, 사회적 협조성을 갖는 사회적 존재로서 개인적 특성과 집단적 특성을 갖는 존재라는 것을 해명하고, 인간에 대한 견해를 정연하게 전개함으로써, 인간에 대한 새로운 철학적 견해, 즉 인간중심철학의 철학적 인간론을 체계화했다.

물론 이것은 인간중심철학이 바로 「인간 철학」이라는 것을 의미하는 것은 아니다. 인간의 본질적 특징을 해명하는 것은 철학의 중요한 과제이지만, 철학의 사명이 여기에 귀착되는 것은 아니다.

철학은 세계관을 부여하는 과학이다. 인간중심철학은 세계와의 관계에 있어서 인간의 본질적 특징을 해명함과 동시에, 세계관적 견지에서 인간을 중심으로 해서 세계에 대한 견해를 부여한다. 인간에 대한 철학적 견해, 즉 인간 중심의 철학적 인간론은 인간중심철학의 하나의 구성 부분인 것이다.

인간중심철학이 인간은 자주성, 창조성과 사회적 협조성을 가지며 개인적 존재로서의 특성과 동시에 집단적 존재라는 특성을 갖는 사회적 존재라는 것을 구명한 것은 인간에 대한 철학적 견해의 발전에 있어서 혁명적 전환이다.

인간중심철학이 사회적 인간에 대한 과학적 해명에 기초해서 인간이 모든 것의 주인이며 모든 것을 결정한다고 하는 철학적 원리를 해명한 것은 세계관에 새로운 변혁을 가져온 철학적 발견이다.

역사적으로 보아도 인간 문제는 훨씬 이전부터 철학에서 취급되어왔다. 인류 사상사에 출현한 다양한 철학 조류는 인간의 운명 문제를 여러 가지 관점에서 고찰하기도 하고, 수많은 철학자가 인간의 본질적 특징을 해명하려고 탐구에 탐구를 거듭해 왔다.

그러나 오랫동안 인간에 대한 올바른 해명은 이루어지지 않았다. 인류 사상사는 오랜 역사적 노정路程을 걸어왔지만, 어떠한 시대의 어떠한 철학도 인간이 자주성과 창조성, 사회적 협조성과 이들 특성의 공통된 특성으로서 의식성을 가진 사회적 존재라고 하는 과학적 정식화定式化를 이루지 못했다.

또한 세계에서 주인의 지위를 차지하고 주인으로서의 창조적 역할을 통해서 세계를 자신을 위해 봉사하도록 개조하고 발전시킨다고 하는 이해에는 도달할 수 없었다.

인류 역사에 있어서 오랫동안 미해결 문제로 남았던 인간의 본질적 특성의 해명이라고 하는 역사적 과정은 인간중심철학에 의해서 처음으로 해명된 것이다. 실로 인간중심철학에 의한 인간에 대한 해명은 장기간에 걸친 인간에 대한 철학적 탐구의 역사적 총괄이며, 인간에 대한 철학적 견해의 발전에 큰 전환이다.

그런데 인간중심철학이 해명한 인간에 대한 주체적 견해와 주체적인 인간론을 올바로 이해하고, 그 독창성을 파악하기 위해서는 우선, 철학에서 인간에 대한 견해의 역사적 변천 과정과 인간의 본질적 특성과 개인주의와 집단주의의 특성, 그뿐 아니라 세계에서 인간의 지위와 역할은 물론 인간의 가치에 대해서 고찰할 필요성이 요구된다.

# 제3장 개인주의와 집단주의의 일반적 특성

# 제4장 세계에 있어서 인간의 지위와 역할

# 제5장 인간의 가치

# 제1장

인간관의
역사적 변천

인간에 대한 철학적 견해는 철학의 발전 과정에서 역사적으로 변화 발전해 왔다.

철학은 인간의 자주성과 창조성의 발전과 더불어 역사적으로 발전해 왔다. 세계관을 갖는 주체는 인간이다. 따라서 세계관의 발전은 인간의 자주성과 창조성의 발전 과정에 의해서 규정된다.

인간의 사회생활의 조건, 특히 사회적 관계, 사회제도의 변화 발전도 세계관과 철학의 발전에 작용한다. 사회제도가 바뀌면 사람들의 사회적 지위와 역할에 본질적인 변화가 일어나며 지배계급이 변하고, 그것에 조응해서 사회의 지배적인 사상과 세계관도 변하게 된다. 사회에서 지배적 지위를 차지하는 계급의 사상과 세계관이 사회의 지배적인 사상과 세계관으로 되는 것이다. 그러나 새로운 세계관과 철학의 형성 발전이 사회제도의 변화 발전에 의해서 결정되는 것은 아니다.

사회제도는 인간의 활동에 의해서 수립되며 인간의 활동은 사상의식의 지휘 하에 진행된다. 사회제도는 일정한 사상과 세계관을 가진 사람들의 사회적 집단, 계급에 의해서 그들의 요구와 이해관계에 의해서 수립되며 개변된다.

어떠한 새로운 사회제도가 생겼다면 그와 같은 사회제도를 만들 것을 요구하는 사람들의 집단, 계급이 먼저 출현하며, 그와 함께 그들의 요구와 이해관계를 반영한 새로운 사회사상이 출현한다.

새로운 사회제도가 출현한 후에 새로운 사상이 출현하는 것이 아니라 새로운 사상이 출현해서 그 지도적 작용에 의해서 새로운 제도가 수립되는 것이다. 그것은 사회제도의 변화 발전이 사회사상, 철학사상의 발전을 규정하는 결정적 요인이 될 수 없다는 것을 의미하고 있다.

세계관이나 철학의 발전을 규정하는 기본 요인은 어디까지나 인간의 자주성과 창조성의 발전이다. 세계관의 변화 발전은 세계에 대한 사람들의 의식과 그들의 요구와 이해관계의 자각 정도, 그리고 자기의 운명을 개척할 수가 있는 창조적 능력에 의해서 규정되는 것이다. 사람들의 자주적인 사상의식과 창조적 능력이 발전하면 그에 상응해서 세계관이 발전하게 된다.

사람들의 자주성과 창조성, 의식성이 높아짐에 따라서 철학이 발전하는 과정에서 인간에 대한 철학적 견해는 낮은 것에서 높은 것으로, 불충분한 것에서 정확한 것으로 변화 발전했다.

철학은 고대사회에서 발생했기 때문에 인간에 대한 철학적 견해의 변화 발전에 대한 고찰도 고대철학에서 시작해야 한다.

# 제1절_ 고대철학의 인간관

철학이 발전한 것은 고대사회이지만, 그 이전에도 원시적인 세계관, 종교적인 세계관이 있었다. 그런고로 인간과 그 주위의 세계에 대한 이들의 견해가 어떠한 것이었는가를 개괄적일지라도 고찰할 필요가 있다.

인류사회의 여명기에는 인간의 창조적인 힘도 약하고, 사상 문화의 수준도 극히 저조했다. 국민 대중은 성장하면서 힘든 투쟁 과정을 통해서 자연을 정복하는 힘을 배양하고, 생산력을 발전시킴과 동시에 자신의 사상, 의식 수준과 문화 수준을 부단히 높여왔다.

인류 역사의 여명기, 동물 세계로부터 갓 벗어나기 시작한 원시인은 자주성과 창조성이 극히 저조했기 때문에 자신과 세계에 대한 올바른 표상表象을 가질 수가 없었다.

원시사회 발전의 일정한 시기에 나타난 세계관은 물론 유치한 것이었으며, 이론화되고 체계화된 통일적인 세계관은 아니었다. 그것은 개별적인 사물 현상에 대한 형상과 표상으로 만들어진 산만한 것이었다.

원시인은 추상적인 사유 능력이 발전되지 못하고 의식 수준도 낮았기 때문에 사물 현상의 본질적인 것과 비본질적인 것, 필연적인 것과 우연적인 것, 일반적인 것과 개별적인 것을 구별하고 이해할 수 없었으며, 현실적인 것과 현상적인 것도 구별할 수 없었다.

또한, 원시인은 모든 사물 간의 질적인 차이, 특히 인간과 자연의 본질적인 차이를 식별할 수 없었다. 한편, 그들은 인간을 자연에 해소解消시키고 인간을 자연의 사물현상과 같은 것으로 생각했고, 다른 한편으로는 자연의 사물 현상이 인간과 유사한 특징을 갖고 있다고 보았다.

원시인은 자연을 인격화하고 인격화된 대상對象 간의 관계를 인간관계 · 사회적 관계로 보게 되었다. 그뿐 아니라 원시인 사이에서는 현실적으로는 존재하지 않는 인격화된 대상에 대한 가상假象까지 만들게 되었다.

원시인은 모든 자연의 사물이 생명을 지니고, 나아가서는 영혼이 깃들어 있다고 생각했다. 원시인이 이와 같이 현실적으로 자연계에 존재하지 않는 것을 자연에 부여하고 세계를 인격화하게 된 것은 의식과 사유의 미숙성에 의한 무지에 그 근원이 있다. 이와 같이 낮은 의식 수준이 세계를 신비화하게 된 중요한 원인이 있다. 원시인은 현실적으로 존재하는 인간과 자연 외에 초자연적이고 신비적인 존재가 있으며, 초현실적인 성스러운 세계가 있다고 생각하게 되었다.

원시적 종교에서는 인간과 세계의 관계가 현실적으로 존재하는 인간과 자연을 한편으로 하고, 그것을 신비화한 초현실적인 세계를 다른 한편으로 하는 양자 간의 관계로써 제기되고 신비화된 초현실적인 세계와의 관계로 비과학적으로 인간에 대한 표상이 주어졌다.

종교의 발생 이래 오랜 기간 사람들은 종교적 환상에 사로잡혀 자신을 올바로 이해할 수 없었다. 종교는 인간 밖싸에 무엇인가 신비적인 존재, 신이 인간을 지배하는 주인이며, 인간은 신의 노예, 신의 보호하에서만 생존할 수 있는 가련하고 무력한 존재이며, 그 본성도 신에 의해 주어진 선천적인 것이라고 말했다.

고대사회가 되어 철학이 발생하면서 인간과 세계에 대한 원시적 이해의 소박성과 비과학성이 어느 정도 극복되고, 새로운 수준에서 인간에 대한 이해가 주어지게 되었다.

철학적 세계관은 논리적 실증을 통해서 체계화된 형태로 인간과 세계에 대한 견해를 부여한다고 하는 점에서, 논리적 증명을 허용하지 않는 신神이라고 하는 환상적인 존재를 가상假象하면서 모든 것을 설명하려고 하는 종교적 세계관과 구별된다. 철학에 있어서 인간의 이해는 각각 다르게 대립하는 제 견해의 투쟁을 수반하는 복잡한 과정을 거쳐 변화 발전했다.

노예 사회에서 노예 소유자 계급과 그 대변자는 자기들의 계급적 이익에 따라서 인간에 대한 잘못된 견해를 퍼뜨리고, 그것을 자신들의 통치수단으로 이용하고, 백성들이 자기 자신을 옳게 파악하고, 운명을 개척하기 위한 투쟁에 나서는 것을 방해했다.


철학에서는 오랫동안 물질과 의식의 상호 관계 문제가 근본 문제로써 제기되었기 때문에 인간에 대한 논의도 물질과 의식의 상호 관계의 문제와 연결되어 행해져 왔다.

인간에 대한 논의에서 물질과 의식의 상호 관계는 육체와 정신의 상호 관계로써 인간을 육체를 중심으로 보는가, 그렇지 않으면 정신을 중심으로 보는가 하는 문제로 나타났다. 이와 같이 해서 인간에 대한 견해에 있어서 그 육체적 요소, 물질적 기초에 우위성을 부여하는 경향과 정신에 우위성을 부여하는 경향으로 나뉘었다.

원래 인간의 본질적 특성을 올바로 해명하는 데에는 물질이 일차적인가 정신이 일차적인가 하는 견지에서 문제를 제기하고 논의하는 것이 아니라, 직접적으로 인간이 어떠한 특성을 갖는가, 의식을 가진 고급한 물질인 인간이 의식을 갖지 않은 저급한 물질과 구별되는 물질적 특성은 무엇인가? 라고 하는 문제를 제기하고 해명해야 할 것이다.

그러나 종래의 철학에서는 오랫동안 이와 같은 문제가 확실히 설정되고 과학적으로 해명되지 않았다. 철학에서는 고대로부터 오랜 기간, '인

간을 자연적 존재로 볼 것인가 혹은 정신적 존재로 볼 것인가?' 라는 논의
가 전개되었다.

고대사회에서 최초로 출현한 유물론 철학은 인간을 자연적 존재로 보
는 자연주의적 견해를 나타내고 있다. 고대의 유물론자는 인간을 포함한
만물의 존재와 운동 변화가 신이라고 하는 신비적인 존재에 의해서 지배
되고 결정된다고 하는 종교적 세계관을 물리치고, 세계에 대해서 유물론
적 견해를 제시했다. 그러나 그것은 당시의 사람들의 비교적 단순한 생활
체험에 기초한 것으로서 아직 세계에 대한 깊은 과학적 인식이 뒷받침되
지 않은 소박한 유물론이었다.

고대 유물론자는 인간과 세계에 대한 종교의 신비주의적 표상에 반대
하고, 인간을 있는 그대로 파악하려고 시도했다는 점에서는 인간에 대한
견해의 발전에 긍정적인 역할을 했다고 말할 수 있다. 그러나 그들은 '세
계는 자연이며 인간도 자연' 이라고 보고, 자연과 구별되는 본질적인 특
징을 분명히 하는 과제를 제기할 수 없었다.

고대의 반종교적인 자연주의적 세계관은 그리스 철학자 크세노파네스
2)로 볼 수 있다.

크세노파네스는 당시로서는 극히 진보적인 반종교적 견해를 갖고, 신
화에서 볼 수 있는 의인설擬人說적인 신관을 비판했다. 그는 신이 인간의
창조물이라고 명확히 하고, 인간이 신에 의해서 창조되었다고 하는 종교
적 견해를 반박했다. 그렇지만 종교의 근원이 무엇이며 왜 신들이 만들어
졌는가에 대해서는 문제를 제기할 수도, 해결할 수도 없었다.

---

2) 크세노파네스[Xenophanes of Colophon, (기원전 약 565~473)]: 고대 그리스의 방랑시인이자
철학자, 종교 사상가이다. 다신론과 의인화된 신(神)이라는 전통적인 그리스 신관을 거부했으며,
파르메니데스의 스승으로 엘레아학파 형성에 영향을 끼쳤다.

크세노파네스는 인간에 의해서 신이 창조되었다는 것을 분명히 함으로써 인간과 세계에 대한 종교적 표상의 극복에 기여했다. 그러나 그는 인간이 어떠한 존재인가 하는 문제를 제기하고 해명하는 데까지는 미치지 못했다.

인간에 대한 고대 유물론의 자연주의적 이해는 데모크리토스(기원전 460~370)의 견해에 뚜렷이 나타나 있다.

데모크리토스는 레우키포스[3]가 창시한 원자론을 계승, 발전하고 완성했다. 그의 견해에 의하면 세계는 원자(존재)와 공허(비존재)로 만들어져 있다. 모든 사물은 그 이상 분할할 수 없는 물질의 입자, 즉 원자로 구성되고, 제諸 원자가 분리, 결합함으로써 다양한 물체가 생긴다. 원자에는 무한히 다양한 형태가 있으며, 그들은 순서順序, 상태에 따라서 서로 구별된다고 했다.

이와 같이 원자론에서는 인간도 동물과 마찬가지로 자연적 존재로써 고찰되고, 인간과 동물의 차이는 단순한 양적 차이에 귀결된다. 데모크리토스는 인간의 발생 문제도 이와 같은 견지에서 고찰했다. 그에 의하면 생명체는 어떠한 창조자도 합리적인 목적도 없이 자연의 법칙에 의해서 무생명체에서 태어나는 것이다.

데모크리토스는 인간과 동물의 차이에 대해서 논하면서 인간은 「본성적으로 모든 것을 배우는 것에 재능이 있고, 모든 보조자로서의 손과 오성

---

3) 레우키포스: B.C. 440년경 그리스의 철학자. 고대 문자론(古代文字論)의 창설자. 밀레토스(Miletos)에서 출생. B.C. 450년 이후 이탈리아의 엘레아(Elea)에서 파르메니데스에게 배우고, 제논(엘레아의)의 강의를 청강했다고 전해진다. 그의 생애에 대하여 분명한 것은 알 수 없고, 또 그의 저작도 데모크리토스의 것과 혼합되어 있기 때문에 에피쿠로스는 그의 실재를 부정했는데 아리스토텔레스의 기술(記述)에 의하면 그의 실재는 의심할 수 없다. 원자론(元子論)의 기초를 수립했으나 그 세부(細部)는 데모크리토스에 의해 완성되었다.

悟性과 지적 신축성을 가진 동물」이라고 주장했다. 이는 인간의 특징을 규정하려고 시도된 것으로 볼 수 있으며, 여기에는 동물을 포함한 다른 모든 동물적 존재와 구별되는 인간의 특징이 어느 정도 밝혀져 있다.

그러나 이와 같은 특징을 아무리 지적해도 인간에 대한 과학적 이해는 가질 수 없다. 문제는 세계와의 관계 속에서 인간의 본질적 특징을 해명하는 것이다. 데모크리토스는 인간의 본질적 특징을 과학적으로 해명하는 데는 너무나도 역부족이었다.

그는 인간에 대한 소박한 자연주의적 견해를 내세우고 인간의 정신과 의식도 육체와 마찬가지로 제 원자의 집합에 지나지 않으며, 인간은 자연적 필연성에 의해서 지배되는 자연적 존재에 지나지 않는다고 보았다. 그는 인간이 자연적 존재와 질적으로 구별되는 사회적 존재라는 것을 이해할 수 없었다.

고대사회의 발전 과정에 있어서 자연보다도 인간과 사회 문제에 깊이 관심을 갖는 철학자가 나타나고 인간 철학이 발생해 왔다. 원래, 인간 철학은 발생한 지가 오래며 또한 유파流派도 다양하지만 그들은 모두 순전한 인간의 문제를 대상으로 하고 있다.

철학 발전의 합법칙성의 견지에서 볼 때, 인간 철학의 발생은 하나의 전진이었다고 말할 수 있다. 그것은 철학이 올바른 세계관을 주기 위해서는 자연만을 대상으로 하는 것이 아니라, 가장 고급한 존재인 인간에 대해서 논하는 방향으로 나아가지 않으면 안 되기 때문이다. 철학이 인간의 운명 개척에 기여한다고 하는 사명을 다하기 위해서는 자연뿐만 아니라 인간에 대해서도 논의論議하지 않으면 안 된다.

그러나 고대의 인간 철학은 이것을 이해하거나 문제를 제기하고 그것을 과학적으로 해명하지 않았다. 인간 철학은 인간 문제에 대해서 잘못된 방향에서 해석을 내렸다. 고대사회에서 인간 철학은 많은 경우 세계와의 관계를 고찰하지 않고 순수한 인간 문제를 다루었으며, 인간에 대한 올바른 철학적 해명은 할 수 없었다.

고대 그리스 철학에 주된 관심을 자연에서 인간으로 전환시키는 데 큰 역할을 한 것은 소피스트의 철학이었다. 초기 소피스트의 주요 대표자는 프로타고라스(기원전 500~400년경)였다. 프로타고라스는 인간의 이익을 기준으로 진리와 허위를 나누고 선과 악을 규정했다.

프로타고라스는 인간관계에서 인식 문제를 해명하려고 했지만 세계와의 관계에서 인간의 본질적 특성을 해명하는 문제는 제기할 수 없었고, 인식론적 문제 자체도 올바로 해결할 수 없었다. 그는 인간의 지식은 현실 세계의 반영이며 현실에 맞지 않는 지식은 진리로 될 수 없다고는 생각하지 않았으며, 개별적인 사람들의 주관적 의사에 의해서 진리가 규정된다고 보았다. 그래서 주관주의와 상대주의에 빠지고, 진리도 허위로, 허위도 진리로 보는 궤변詭辯을 정당화하는 길을 열어놓았다.

고대철학에서 인간 철학의 출현에 있어서 큰 역할을 한 것은 소크라테스(기원전 469~399)였다. 소크라테스는 자연이나 우주가 아니라 인간이 철학적 논의의 중심으로 되지 않으면 안 된다고 하면서, 순수하게 인간 문제만을 취급하고 주로 인간의 내면세계를 연구했다.

그는 자연은 신에 의해서 창조되는 것이기 때문에 인간의 이성으로는 파악할 수 없다고 하면서 자연과 우주의 연구 필요성을 부정했다. 그는 신에 의해서 창조된 인간은 무력한 존재이며, 세계가 무엇에 의해서 만들어지는지는 알 수 없으며, 또한 알 필요도 없다고 주장하면서 세계의 본질에 관한 문제는 인간 생활과 어떠한 관계도 없으며, 철학은 인간 문제만을 대상으로 하면 된다고 했다.

소크라테스는 "너 자신을 알라"라고 하면서 인간은 자기 자신을 알지 않으면 안 된다고 주장했으나, 인간이 어떠한 존재인가에 대해서는 적극적인 해답을 주지 않았다. 물론 인간의 정신 도덕적 품성에 관한 문제를 제기하고 그것에 대답을 하려고 한 것은 무의미한 것은 아니다. 도덕을 떠나서는 사회적 존재로서의 인간과 그 생활은 있을 수 없다. 문제는 인간에 대한 철학적 논의를 인간의 도덕적 품성에 대한 논의에 대치시켜 세계관적 문제를 떠나 윤리 도덕적 문제를 철학의 문제로써 제기한 것이며, 그것도 비과학적으로 역설한 것이다.

인간에 관한 철학적 논의를 의식과 정신에 대한 논의에 귀착한 소크라테스의 제약성은 그의 제자인 플라톤의 관념론 철학에서 한층 명확하게 밝혀지고 조장되었다.


플라톤(기원전 427~347)은 세계와 인간에 대해서 고대 유물론의 반종교적인 자연주의적 견해에 대항해서 체계화된 관념론적 세계관을 세우고 종교를 옹호했다. 플라톤은 객관적 관념론자이며 인간에 대한 그의 견해는 객관적 관념론의 입장에서 세워졌다.

플라톤의 관념론은 인간만이 사유하고 세계를 관념적으로 파악할 수가 있다고 하는 인간의 고유한 특징을 일면적으로 절대화해서 만들어진 것이다. 그런고로 그의 이데아(관념)에 대한 논의에는 인간에 대한 그의 이해가 포함되어 있다고 말할 수 있다.

관념만을 참된 존재로 본 것은 인간을 물질적 존재로서가 아니라 순수 관념으로서 이해한 것을 의미한다. 플라톤에 있어서 현실적으로 존재하는 인간은 객관적으로 존재하는 관념을 상기하고 그것을 실현해 가는 존재, 바꿔 말하면 객관적 관념에 종속從屬한 존재에 지나지 않는다.

인간에 대한 플라톤의 견해는 육체와 영혼의 관계에 대한 이해에서도 뚜렷이 나타나 있다. 플라톤은 육체와 영혼을 대체시키고, 영혼을 제일의 적第一義的으로 보고 있다.

플라톤에 의하면 육체는 불火 · 물水 · 흙土 · 공기 이러한 것들의 혼합이라고 주장했다. 그것은 영혼의 임시 거처이며 종속적인 도구이다. 인간에게 생명을 불어넣는 영혼도 호흡, 즉 공기나 심지어는 불과 같은 것으로 간주했다. 또한 영혼은 인간을 사고하게 하는 시원이며 인간으로 하여금 연애를 하게 하고 기아와 갈증을 체험시키며 모든 욕망에 집착시키게 하는 시원이다. 「파이돈」에서 플라톤은 육체가 영혼의 진리 추구를 방해한다고 주장한다.[4] 육체적 감각과 욕구로부터 자유로운 영혼이야말로 진지 眞知를 염원할 수 있기 때문에 육신을 경멸하는 것은 플라톤의 고유한 특색일 것이다.

그에 의하면 육체가 죽은 후에도 영혼은 살아있으며 죽어서 육체와 육체의 제 요소에 대한 예속에서 벗어날 때, 인간은 정화淨化되고 순결純潔한 것으로 된다.

육신을 영혼의 감옥으로 보는 플라톤의 견해로부터 반복적으로 나오는 하나의 이미지가 있다. 플라톤의 이원론은 분명히 비물질적인 것과 물질적인 것을 대비시키고 있는데, 물질적인 것에다 세상의 모든 악을 결부시키는 것은 자연스럽게 보인다. 물질의 일시성과 가변성 때문에 플라톤은 진리의 원천을 다른 것에서 찾았던 것이다.[5]

플라톤은 영혼이 육체를 떠나도 살아있으며 불멸하다고 생각하고, 일단 만들어진 영혼은 하나의 육체에서 다른 육체로 이동할 뿐이라고 생각했다. 육체와 영혼에 대한 플라톤의 이와 같은 논리는 환상적이고 신비적인

4) K. Marx 와 F, Engels. 『선집, 1970』 3권 p.62, 로저 트리그 著 · 최용철 옮김, 〈인간 본성에 관한 10가지 철학적 성찰〉 p.176에서 재인용.
5) 동게서, p.179

것이었다. 그것은 철학적 논리가 아닌 하나의 환상이라고 말할 수 있다.

인간 밖에 영혼·정신이라고 하는 실체는 존재하지 않으며, 육체를 떠난 인간이 존재할 리가 만무하다. 또한 육체를 떠난 순수한 정신작용도 있을 수 없다.

그러나 플라톤은 육체·물질적 실체를 떠난 순수정신純粹精神에 대해서 논하고, 신비적인 정신에 의해서 현실적으로 존재하는 산 인간과 그 현실 생활이 제약된다고 함으로써 인간에 대한 비현실적인 견해를 만들어 냈다.

플라톤의 제자였던 아리스토텔레스(기원전 384~322)는 플라톤 학설과는 구별되는 독특한 학설을 세웠다.

아리스토텔레스는 인간과 사회 문제에 큰 관심을 기울였다. 아리스토텔레스는 인간에 대한 견해에서 플라톤의 한계를 극복하려고 시도했다. 그는 플라톤의 이데아를 비판하면서, 그것을 감각적으로 지각되는 사물과 결부시키려 하고, 이와 같은 입장에서 인간의 육체와 정신의 상호 관계를 다루었다.

아리스토텔레스는 플라톤의 이데아론의 오류를 지적하고, 현실적으로 존재하는 사물과 떨어진 관념이 독자적으로 존재할 수 없다고 주장했다.

아리스토텔레스는 육체와 영혼을 분리시키고, 육체에 대한 영혼·정신의 우위를 역설한 플라톤과는 다르며, 육체와 정신을 통일적으로 파악했다. 그의 견해에 의하면 정신 자체는 육체는 아니지만 육체에 속해 있으며, 육체의 사멸과 함께 정신도 사멸한다. 따라서 정신의 윤회輪廻라고 하는 것은 있을 수 없다. 한편 모든 자연 물체는 정신의 수단이며 정신을 위해 존재하고, 정신은 '생명체의 원인이자 시원'이라는 것이다.

아리스토텔레스는 육체와 정신이 질료와 형상과 같이 연관되어 있다고 파악했다. 그는 자연에 존재하는 모든 것은 형상과 질료로 형성되어 있으며, 형상은 물질의 본질이고 질료는 물질을 만드는 소재素材·재료라고 했다.

형상은 중요하며 결정적인 시원이고, 질료는 피동적이며 생기가 없는 것이며 그 자체로서는 아무것도 만들 수 없다. 질료는 형상과 결합함으로써 가능성의 상태에서 현실성으로 전화한다. 육체와 정신의 관계도 질료와 형상의 관계로 된다. 육체가 질료라면 정신은 형상이며 육체는 정신을 가짐으로써 생명을 갖게 된다.


아리스토텔레스는 생명체가 전반적으로 정신을 갖는 것으로 이해했다. 그러나 그는 인간의 정신을 다른 생명체의 혼魂과 구별하면서 정신과 육체의 관계를 고찰했다. 아리스토텔레스는 식물과 동물의 혼이 육체와 불가분리적으로 연결되어 있다고 보면서 인간의 정신도 육체와 불가분적이라고 했다.

그는 "감각 능력은 육체 없이는 불가능하다", "많은 경우 육체 없이 정신은 아무것도 체험할 수 없으며 작용하지 않는다", "정신 상태는 육체에 기초를 둔다"라고 하면서 육체와 감각, 정신과의 관계를 프로타고라스나 플라톤보다도 한층 올바르게 고찰했다.

아리스토텔레스의 견해에 의하면 인간은 식물 및 동물적 혼과 함께 이성적 정신을 가지며, 그것은 육체에 의존하지 않고 존재하지만 감각 능력은 육체 없이는 불가능하다. 그는 인간만이 사유 능력과 이성을 가지며, 그것이 인간의 모든 능력 가운데 가장 중요한 능력이며, 그 점에서 인간이 다른 생명 물질과 구별된다고 했다.

그러나 아리스토텔레스는 인간의 육체를 만드는 기관器官 중의 가장 고급한 기관인 뇌수가 의식의 기관이라는 것을 이해하지 못하고 인간 의식의 본질적 특징에 관해서 과학적으로 해명할 수 없었다.

아리스토텔레스는 인간이 다른 생물체가 갖지 못한 이성을 갖는다는 것을 분명히 하면서 인간이 가장 높은 단계의 생명체라고 생각했다. 그의 견해에 의하면 혼·정신의 면에서 볼 때, 생명체는 식물·동물·인간의 3단계로 구별된다. 식물의 정신은 가장 초보적이며 일반적이다. 그의 기능은 재생再生과 영양분의 섭취이다. 동물은 감각 능력을 가지며 감각에 주어진 개별적인 사물 형상을 가질 수가 있다.

그러나 이성을 소유하는 존재는 오로지 인간뿐이다. 여기서 나오는 결론은 "인간의 기능은 이성을 따르거나 함축하는 영혼의 활동에 있다."[6]라는 것이다. 특히 인간의 선善은 덕과 일치하는 영혼의 활동이다. 이성과 도덕적 선은 불가분의 관계를 지닌다.

"동물의 정신은 식물의 정신도 포함하고 있다. 인간은 식물과 동물에 있는 정신을 가짐과 동시에 동물과 식물이 갖지 못한 이성을 갖고 있다. 이성 능력, 이것은 지성적 기능일 뿐만 아니라 도덕적 기능으로써, 인간을 짐승과 구별해 주는 특성"이라고 했다.[7]

아리스토텔레스는 이와 같이 생명 물질의 단계에 대해서 지적하고, 인간을 가장 높은 단계에 있는 존재라고 봄으로서 다른 발전단계에 있는 사물의 지위에 관한 문제를 제기했다. 그러나 아리스토텔레스는 물질의 진화 발전, 생물의 진화 발전에 대한 견해는 제기할 수 없었다.

아리스토텔레스는 인간이 정치적 동물로서 다른 동물과 구별되는 것

6) 〈인간 본성에 관한 10가지 철학적 성찰〉 전게서, p.203
7) 동게서, p.201

은 인간만이 이성을 갖고 있기 때문이라고 생각했다. 그는 「…인간만이 선과 악, 정의와 부정의와 같은 제諸 개념을 자각하는 능력을 갖고 있다. …자연은 인간에게 동물과는 다른 위대한 지적 및 도덕적 힘을 부여했다.」라고 하면서 인간은 이성을 가짐으로써 다른 동물이 만들 수 없는 공동체 사회를 형성하기에 이르렀다고 설명한다.

아리스토텔레스가 이와 같이 다른 동물과 구별되는 인간의 본질적 특성에 관한 문제를 사회성과 연결해서 제기하고, 그것에 대답하려고 시도한 것은 인간과 사회에 대한 견해의 발전에 있어서 일정한 진전이었다.

그러나 아리스토텔레스는 설정된 문제에 올바른 해답을 내놓지 않았다. 인간은 「정치적 동물」이라고 한 그의 규정에는 자연적 존재와 사회적 존재, 자연적 속성과 사회적 속성의 본질적 차이가 명확하지 않고, 사회적인 것이 자연적인 것에 해소解消되어 있다.

이상에서 본 바와 같이 아리스토텔레스는 그 이전의 어느 철학자보다도 인간의 본질적 특징의 해명에 있어서 일련의 원칙적 문제를 제기하고, 일정한 해답을 주었다.

아리스토텔레스는 각 사물에 적합한 것이 본성상 최선의 것이며 각 사물에게 가장 즐거운 것이다. 따라서 인간에게 이성에 따르는 삶이 최선이며 즐거운 것이 되는 까닭은 이성이 인간에게만 있기 때문이다. 따라서 이러한 삶은 가장 행복한 삶이기도 하다고 했다.

아리스토텔레스의 도덕 이론은 자유롭고 합리적인 선택을 대단히 강조한다. 인간 심리의 복잡성에 대해 잘 알고 있긴 했지만, 그는 이성에 철저히 복종해야 하는 것이 인간 본성이라고 생각했다. 이성과 욕구를 대비시켰던 철학자들의 오랜 전통 속에서 이성의 역할을 이처럼 강하게 내세웠던 사람은 아무도 없다. 그러나 그는 세계관적 높이에서 인간의 본질적 특징에 관한 문제를 제기할 수 없었다.

아리스토텔레스는 인간의 사회적 성격에 관한 문제를 제기했으나, 자연적 존재와 사회적 존재의 본질적 차이를 명확히 할 수는 없으며, 결국 인간을 자연적 존재로 파악하는데 그쳤다. 그뿐 아니라 그는 이론과 실천을 나누어 인간의 고유한 활동의 특징을 명확히 하려고 시도했으나, 인간의 고유한 특징을 관조적觀照的으로 이해하는데 머무르고, 세계를 자기의 의사와 요구에 응해서 개조하는 인간의 창조적 실천의 올바른 방법론을 명확하게 내세울 수 없었다.

많은 사람들이 주장하듯이 '나' 는 유일무이한 존재이다. 그러나 아리스토텔레스는 인간이 특별히 중요한 존재라고 생각하지 않았다. 그는 인간이 이 세계에서 최선의 존재는 아니기 때문에, 정치학이 지식의 최고 형태라는 것을 부정했다. 그는 본성상 인간보다 더 신적인 존재들이 있다고 생각했고, 하나의 예로써 '천체를 구성하는 체계들' 을 제시한다. 그것들은 본래 우연적 존재들이 아니라 필연적 존재를 소유하고 있어야만 했다.

아리스토텔레스에게 인간은 우주의 핵심이 아니다. 훨씬 더 중요한 것은 추상적인 이성과 그 대상이다. 언뜻 보아도 그렇듯이, 어떤 문제에 있어서 그는 플라톤과 크게 다르지 않다. 인간에 관한 아리스토텔레스의 견해는 일련의 제약을 갖고 있지만 고대 그리스 철학에서는 발전한 것이었다.

아리스토텔레스 이후 고대 그리스 철학에서는 인간에 대한 여러 가지 논의가 계속되었으나, 어느 철학도 세계관적 높이에서 인간의 본질적 특징을 올바로 해명할 수는 없었다.

인간에 대한 견해의 형성과 발전에서 맹자(기원전 372~289)의 성선설과

순자(荀子, 기원전 298~238)의 성악설은 독특한 지위를 차지하고 있다.[8]

맹자 이전에도 유교에서는 인간의 본성 문제가 윤리 도덕적 문제와 연결해서 논의되었다. 맹자는 고자의 주장을 반박하면서 「인간의 본성은 확실히 물이 항상 밑으로 흐르는 것과 같이 자연히 선인 것이다. 누구 하나 선한 본성을 갖지 않은 쓸모없는 인간이란 없다.(告子上篇, 제2장)」라고 했다.

맹자孟子의 견해에 의하면 인간의 성질은 모두 같은 것이다. 자신이 달다고 생각하는 것은 다른 사람도 달다고 생각하며, 다른 사람이 쓰다고 생각하는 것은 자신도 쓰다고 생각한다.

인간은 각자가 모두 공통의 미각味覺을 갖고 있다. 단순한 미각만이 아니라 분노, 슬픔의 감정도 만인에 공통이다. 그런 이유로 모든 사람에게 측은지심惻隱之心이 있다.

맹자의 주장에 의하면 선善이 인간의 본성이기는 하지만, 그것을 상실하고 악한 일을 할 수가 있다. 그것은 원래 인간에게 갖추어져 있는 인애仁愛, 정의, 예절, 재지才智, 신의를 키우는 수양修養을 하지 않는 것에 기인한다. 인간이 자연적 본성을 없애지 않기 위해서는 수양을 쌓아야 되고, 그렇게 하는 것이 인간의 자연적 본성을 완성해 가는 과정이 된다.

맹자는 성선설에 기초해서 인간관계, 도덕적 관계에 대해서 논하고, 그것에 의해서 유교의 삼강오륜三綱五倫을 정당화했다. 그는 군주와 신하와의 관계를 부모와 자제子弟와의 관계와 동일시하고, 군주는 신하를 자기의 자식과 같이 사랑해야 하고, 신하는 군주를 인자한 아버지慈父와 같이

---

8) 맹자와 순자가 활동한 시기, 중국은 봉건사회였다. 따라서 그들의 철학은 중세철학을 다루는 것에서 고찰하는 것이 마땅하다. 그러나 아시아와 유럽의 많은 나라에서는 아직도 노예사회의 단계에 있었다. 그런고로 맹자와 순자의 학설의 수준을 올바로 이해하기 위해서는 그것을 중세철학을 다루는 부분에서 보다도 고대철학을 다루는 이 절(節)에서 고찰하는 것이 적당하다.

우러러 받들어야 한다고 하고, 은정恩情과 덕德에 의해서 사람들을 다스려야 한다고 했다.

순자荀子는 맹자의 성선설을 부정하고 이것에 반대해서 성악설性惡說을 설파했다.

순자는 「인간의 본성은 악이다. 본성이 선하게 되는 것은 수양의 결과이다. 인간은 선천적으로 이익을 추구하는 욕망을 갖고 있다.(『순자』 성악편)」라고 설명하고 있다. 그는 선천적으로 본능적인 욕망에 의해서 사람들이 상호 대립하며 악이 된다고 보았다.

순자는 성악설에 대해서 동물적 본능을 인정하면서 그것이 확대되는 것을 두려워했다. 그는 동물적 본능, 성악性惡을 줄이고 선한 사람이 되기 위해서는 '선'에 의거해야 한다고 했다.

순자는 '성악설'에 기초해서 인간을 흉악하고, 위험하고, 질서가 없는 존재로 받아들여 사람을 다스리는 데 법과 강압적 통제에 큰 의의를 부여했다. 그러나 그는 그것만을 강조하는 것이 아니라 설득의 역할도 중요시했다.

순자는 인간의 자연적 본성에 대해서 논하면서 인간과 자연을 어느 정도 나누어 보고 있었다. 그의 견해에 의하면 물과 불은 단지 기氣가 있을 뿐 생명이 없고, 짐승은 지각은 있으나 생각이 없고, 인류는 기氣가 있을 뿐만 아니라 생명과 지각이 있고 의지도 있다. 그러므로 인류는 만물 가운데 가장 소중한 존재이다.

인간의 본성에 대한 맹자와 순자의 견해는 단순하고 소박한 것이지만 인간의 본질적 특징을 해명하지 못했다. 물론 인성에 관한 문제를 제기한 것 자체는 긍정적인 의의를 갖지만 그들은 그에 대해서 올바른 해답을 낼수 없었다. 인간은 처음부터 선한 성질과 악한 성질을 갖고 태어나는 것이 아니다. 선한 사람도 그렇지 않은 사람과의 차이는 사회생활의 과정에서 개개인의 이해관계의 자각 정도, 사상의식에 의해서 제약되는 것이다.

맹자와 순자는 인간과 자연적 존재·동물의 차이에 대해서 어느 정도 나누어 보았으나 그들의 본질적 차이는 올바로 추출하지 못하고, 본능적인 욕망을 기준으로 해서 선과 악을 논하고, 그것에 기초해서 인륜 도덕의 문제를 풀었다.

맹자와 순자의 인성론과 그에 기초한 윤리 도덕관은 백성들의 저항을 억제하고 순종시키려고 하는 지배계급의 이익에 합치하는 것이었으며, 오랜 기간 폭압적 통치계급에 의한 지배의 실현에 봉사했다.

## 제2절_ 중세 종교철학의 인간관

중세에는 종교가 사회의 지배적인 세계관이었으며, 인간과 세계에 대한 견해를 부여하고 국민 대중의 운명 개척에 기여하는 진보적인 세계관의 발전은 억제되었다.

중세 봉건사회에서는 봉건적 통치계급과 승려가 굳게 결합되어 있었다. 승려는 종교에 의해서 국민 대중을 사상·정신적으로 억압하고 백성들에 대한 봉건적 예속과 지배의 강화에 봉사하고, 봉건 통치계급은 정치적 권력에서 승려를 보호하고 종교가 사람들의 사상·정신생활을 지배하게 되었다.

중세기 종교철학은 인간을 자연의 일부분으로 본 고대 유물론의 소박한 견해까지도 압살하고, 인간에 대한 종교의 왜곡된 견해를 변호했다.

그리스도교 철학은 신이 육체와 영혼을 합성해서 인간을 창조했다고 하는 성서의 비과학적인 이해를 정당화하고 그것을 입증하는 방향에서 인간에 대한 견해를 내놓았다.

중세 그리스 철학에서 큰 영향을 끼친 것은 '교부철학敎父哲學[9]'의 완성자 아우구스티누스[10]였다. 아우구스티누스는 신 플라톤주의에 기초해서

---

9) 교부철학이란, 1~8세기경 초기 교회에서 기독교를 단순한 믿음의 종교가 아니라 철학적 이론에 근거한 이성 종교로 승화시키기 위하여 그리스 철학, 특히 플로티노스의 이론을 교리에 접목한 철학. 기독교의 교리와 교회 발전에 큰 역할을 하였는데 클레멘스를 거쳐 아우구스티누스에 이르러 절정기에 달하였다.

10) 아우구스티누스(Augustinus): 로마의 주교·성인(354~430). 기독교회의 고대 교부(敎父) 가운데 최고의 사상가이며 교부철학의 대성자(大成者)로 고대 신플라톤주의 철학과 기독교를 결합하여 중세 사상계에 영향을 주었다. 저서에『참회록』,『삼위일체론』등이 있다

신이 세계를 창조했다고 하는 그리스도교를 해설하는 방법으로 종교철학·교부철학을 만들어 냈다. 그는 신을 모든 존재의 원천, 만물의 창조자로 보는 입장에서 인간에 대한 잘못된 견해를 제기했다.

아우구스티누스의 견해에 의하면 신은 자유로이 무無에서 세계를 창조했다. 세계가 있는 것은 신이 존재하고 신이 세계를 요구했기 때문이다.

신의 의지가 만물의 운동 원인이 된다. 피조물이 어느 정도 능동적으로 작용한다 해도 그것은 이미 존재해 있는 '형태'를 완성하는 조건을 만들 뿐이며, 그 진정한 원인은 신이다.

아우구스티누스는 인간을 신에 의해서 창조된 영혼과 육체의 합성체로 보면서, 육체와 정신의 상호 관계에 대한 신비주의적 이해를 표명했다.

아우구스티누스는 인간에 대해서 그리스도교의 이해를 정당화하고 종교적 숙명론을 설교했다. 그에 의하면 인간은 신의 의지에 의해 창조된 것이기 때문에 신의 의지에 따라야 하고, 그와 반대로 자신의 요구에 따라 행동할 때는 죄를 범하는 것이 된다. 인류의 선조인 아담이 범한 죄 때문에 그 자손인 인류 전체가 죄를 범하고 자유를 잃어버렸다.

인간은 태어날 때부터 죄가 많은 존재이기 때문에 구제救濟되는 권리를 가지지 않고 구제는 다만 신의 「은총」에서만 가능하다. 구제는 전적으로 신의 의지에 의해서 결정된다. 신은 어떤 사람들에게는 미리 구제와 행복을 하사받도록 규정하고 다른 사람들에게는 멸망과 고통을 받도록 정해 놓았다. 신의 「은총」을 떠나서 인간은 선량한 의지를 가질 수가 없다.

이와 같은 종교적 예정설로부터 출발해서 아우구스티누스는 인간이 무력하다는 것을 역설하고 의지의 자유를 부정했다.

아우구스티누스는 종교적 예정설과 연결해서 인류의 역사를 신의 계획, 의지의 실현 과정으로써 고찰하려고 시도했다. 그는 주저主著『신국론』에서 세계사를 취급했다. 그의 주장에 의하면 세계사는 「지상의 나라」와 「신의 나라」 사이의 끊임없는 투쟁 과정이다. 전자는 신을 두려워하지 않는 자들의 집단, 즉 「죄악의 왕국」 「악마의 왕국」이며, 후자는 성인聖人과 의인義人의 집단, 구제救濟와 영원의 축복이 약속된 사회, 즉 지상에 있는 신의 왕국이다. 양자는 지상에서는 병행하지만 최종적으로는 「신의 나라」가 승리하고 정의로운 사람, 축복받은 인간이 영원히 행복한 생활을 보내게 된다.

여기에서 아우구스티누스는 악마와 마찬가지로 영원히 죄를 받은 인간의 구제와 영적 생활의 실현은 그리스도교도의 사회적 연합으로서의 교회에 전적으로 의존하고, 신의 「은총」은 교회를 통해서만 인간 사회를 비추며, 죄인으로서의 인류를 구제하는 것이 가능하다고 설파했다.

아우구스티누스는 이와 같이 신에 의한 인간의 창조와 예속에 대해서 설명하고 「신의 왕국」의 환상을 광신적으로 만들어 냄으로써 인간과 인류사에 대해 완전히 전도된 이해를 부여하고 인간의 존엄과 가치를 극도로 훼손했다.

아우구스티누스의 비과학적인 종교철학은 중세의 그리스도교 철학에 큰 영향을 끼치고, 그리스도 교회의 교권을 신성화하고, 국민 대중을 신분적 노예로 얽어매고 그들에 대한 억압의 강화에 봉사했다.

중세의 종교 철학자와의 관계에 있어서 인간과 세계에 대한 잘못된 견해를 가진 대표적인 철학자로는 토마스 아퀴나스(Thomas Aquinas, 1225~1274)의 학설을 들 수 있다. 그는 기독교인으로서 아리스토텔레스와는 다르게 우주가 어떤 시발점을 갖는다고 주장하였다. 아퀴나스는 철학이 무에서의 창조를 논증할 수는 없지만 그러한 창조가 계시를 통해 인식될 수 있다고 생각했다. 그는 이 세계가 신에 의해 창조되었다는 기독교적 입장을 강력히 고수했다.

그러나 아퀴나스는 아리스토텔레스가 제시한 종류의 목적론을 만족스럽게 생각하지 않았다. 기독교인이라면 이 세계에 살고 있는 생물체들의 참된 목적을 그것들의 자연적 경향과 성향에 근거하여 발견할 수 있을 거라고 기대할 수 없다. 참된 목적은 인격신, 즉 창조주의 의지와 섭리에 근거해야 한다. 궁극적으로 목적은 이 세계에 부여된 것으로, 특히 인간에게 부여된 것으로 파악되었다.

그는 인간을 육체와 영혼, 정신의 통일체로 보았다. 그의 주장에 의하면 인간은 순수한 정신적인 존재인 천사와 물질적인 존재인 동물 사이의 중간 위치에 있다. 그에게는 인간과 짐승의 유사점과 상이점을 논의하기 위해서 인간과 천사의 위치를 비교하는 일이 중요했다. 그는 천상의 존재 유형을 지상의 존재 유형과 엄밀하게 구별했다.

토마스 아퀴나스는 「정신이 인간 존재의 주된 원리」로 된다고 했다. 아리스토텔레스와 마찬가지로 아퀴나스는 인간 존재의 특성을 이성으로 보았다. 아리스토텔레스를 그대로 따르면서, 그는 "각 사물의 본성은 활동을 통해 그 자신을 밝힌다"라고 주장하였다. 그는 계속해서 "인간의 고유한 활동은 이성에 있다"라고 말한다. 최고의 행복은 그러한 이상理想이 신에 대한 지식을 얻을 때 나온다. 아퀴나스는 인간 본성이 철학적 이해를 통해서만 제대로 발휘될 수 있다고 주장할 정도로 지나치게 '지적知的'이라는 비판을 받아왔다.

그의 주장에 의하면 정신이 인간에게 감각하고 사유하는 가능성을 주었다. 인간의 다른 기능을 복종시키는 최고 기능은 지적 기능이다. 그러나 지적 기능은 감각기관을 떠나서 발현할 수 없기 때문에 육체와 통일되지 않으면 안 된다.

인간의 정신은 그와 함께 육체 밖에도 존재할 수 있으며 이에 따라 지적 활동이 가능하다. 인간의 정신은 그 존재에 의해서 질료質料에 의존하지 않는 하나의 형상이다. 육체가 죽은 후에도 개인의 정신은 사멸하지 않고 영원하다.

인간의 영혼은 육체의 현상이긴 하지만 육체와는 따로 존재해야 한다. 이것이 아퀴나스의 딜레마였다. 그는 "인간의 영혼은 육체가 소멸되더라도 그 나름의 존재 모습을 유지하지만 다른 형상들은 그렇지 못하다"라고 주장했다. 이성 능력은 육체를 필요로 하지 않는다는 것을 보여주지만, "그러한 능력은 육체와 결합하고자 하는 자연스러운 경향과 성향을 갖는다"라고 했다.

인간에 대한 토마스 아퀴나스의 견해는 신神을 정점으로 하고 무생명 물질을 저변으로 하는 세계의 위계位階 속에서 인간이 차지하는 지위를 규정한다고 하는 것에도 나타나 있다.

토마스 아퀴나스는 봉건사회의 위계 제도 자체가 그대로 신을 정점으로 하는 세계의 계층적 체계의 불가결의 일부분이라고 하면서 인간에게 하사한 신분을 유지하는 것이 신의 의지에 따르는 행위라고 역설했다. 토마스 아퀴나스는 이와 같이 신을 중심에 두고 인간과 세계의 관계에 대해서 완전히 왜곡된 견해를 제시했다.


아퀴나스가 생각했던 것처럼, 과연 우리는 천사보다 낮은 존재인가, 아니면 우리는 그저 복잡한 동물에 지나지 않는가? 문제는 정신과 육체의 관계에 관한 문제와 연결된다. 그는 육화肉化된 영혼을 언급했던 까닭에 결국에는 영혼이 육체와 분리되어 존재할 수 있음을 인정하지 않을 수 없었다. 이러한 후퇴를 함으로써 그는 자신이 골수 이원론자임을 스스로 폭로하게 된다.

우리에게 남는 문제는 인간의 개체성이 육체를 통해서만 표출될 수 있느냐 하는 것이다. 이러한 물음에 대한 답변은 우리의 영원한 운명에 관한 문제와 관련될 뿐만 아니라, 육체를 갖고 살아가는 일상인에게 대한 우리의 견해에도 영향을 미친다. 아퀴나스는 이러한 문제에 직면했지만 그것을 해결했다는 것은 어디에도 찾아볼 수 없다.

토마스 아퀴나스의 철학은 본질상 인간도 포함된 만물이 신에 의해서 결정된다고 하는 그리스도교의 교리를 반복한 것에 지나지 않는다. 그것은 왕권에 대한 교회의 지배와 봉건적인 위계 제도를 옹호하고, 승려와 봉건적 통치계급의 지배적 지위를 강화하고, 그들에 의한 국민 대중의 착취와 억압의 합리화에 봉사했다.

종교가 지배적 세계관으로 되었으며 과학의 발전이 억제된 봉건사회에서는 인간의 본질적 특징에 대해서 올바른 철학적 해명을 이룰 수 없었다.

아직까지 광범한 국민 대중은 무지와 몽매蒙昧로 자기 자신을 자각할 수 없으며 자기의 운명을 개척하기 위한 활동의 방도를 알 수 없었다. 그러나 봉건사회의 조건에서도 비록 완만하다고는 하나 국민 대중의 자주성과 창조성이 발전하고, 이 과정에서 반봉건 투쟁과 그것에 연결된 반종교적 투쟁이 진행된 것이다.

# 제3절_ 근대철학의 인간관

봉건제도가 붕괴하고 자본주의가 형성된 시기가 되자, 철학은 새로운 발전단계에 접어들었다. 이와 함께 인간에 대한 철학적 견해는 변화 발전하게 되었다.

## 1) 종교철학의 인간관에 반대하는 새로운 사상 조류의 대두

봉건사회의 태내胎內에서 자본주의적 관계가 발생한 최초의 시기에 인도주의라고 불리는 새로운 사상 조류가 출현했다.

인도주의의 주된 관심은 인간에 관한 문제, 인간의 가치와 존중에 관한 문제였다. 인도주의는 인간을 그 본성대로 존중할 것을 주장하고, 인간의 자유와 평등, 행복에 대해 강조했다.

인도주의 철학은 종교와 신학에 「인간에 관한 과학」을 대치시키고, 인간과 세계에 대한 종교철학의 이해에 반대하고 새로운 견해를 제시했다.

인도주의는 인간과 세계가 초현실적인 신에 의해서 지배된다고 하는 신학적 편견에 반대하고, 고대철학의 자연주의 견해를 되살리고, 인간과 그 생활을 있는 그대로 파악하고, 인간의 존엄과 인격을 해명하려고 노력하고, 인간생활의 자연적 환경에 대해서도 그것을 신의 개입 없이 있는 그대로 보고 인간과 세계의 관계를 해명하려고 시도했다.

인도주의는 신격성神格性을 부정하고 인간성을, 신권神權을 부정하고 인권을, 종교에의 예속을 부정하고 개성의 자유를 제창했다. 그것은 당시의 역사적 조건에서는 진보적인 것이었다.

이탈리아의 인도주의자 피코 델라 미란 돌라[11]는 인간의 운명은 무엇인가 초자연적인 존재에서가 아닌 자연적 필연성에 의해서 규정된다고 보았다.

이탈리아 인도주의자 피에트로 폼포나치[12]는 자연의 운동에 대한 신의 간섭을 부인하고 자연주의적 합법칙성을 확증하려고 시도했다. 자연주의자인 그는 「영혼불멸론」에서 영혼이 불사不死한다고 하는 종교적 교조敎條를 부정했다.

인간과 세계에 대한 인도주의의 반종교적 이해는 몽테뉴[13]의 견해에서도 발견된다.

몽테뉴는 「내가 무엇을 알고 있는가?」라는 문제를 제기하고, 모든 것을 의심하지 않으면 안 된다고 주장했다. 그의 이와 같은 견해는 봉건사회에서 장기간 유지되어왔던 종교의 독선적인 권위에 반대하는 비판정신

---

11) 피코 델라 미란돌라[Giovanni Pico della Mirandola: 1463~1494]: 르네상스 시대 이탈리아의 문학자 · 철학자. 이탈리아 · 프랑스의 여러 학교를 편력하여 플라톤(Platon)을 공부하고 후에 로마에 정주. 스승 엘리아(Eliah del Medigo)와 그 밖의 인물로부터 카발라(Kabbalah)를 배우고 신지학(神智學)에 주력했다. 그리하여 그리스도의 신성에 있어서 가장 큰 확신을 주는 것은 카발라 또는 마지아(Magia), 즉 천계의 비밀에 관한 지식이라 하여 그리스도의 신비 사상을 카라빌 가운데 찾으려는 최초의 사람이다. 인간의 본질을 연구하여 새로운 인간관을 세우기 위하여 힘썼으며 점성술을 비판하였다. 또한 플라톤 · 아리스토텔레스의 일치를 증명하려고 책을 썼지만 끝내지는 못하였다. 그는 15세기 최대의 인문주의자 중 한 사람이다.
12) 피에트로 폼포나치[Pietro Pomponazzi, 1462~1525]: 이탈리아의 철학자. 아리스토텔레스주의자인 그는 아리스토텔레스의 방법을 순수하게 따르면 영혼사멸의 증거를 얻을 수 있을 것이라고 주장하였다. 저서 『영혼불멸론』은 학파 사이에 격렬한 논쟁을 불러일으키기도 했다.
13) 몽테뉴[Montaigne, Michel De, 1533~1592]: 르네상스기의 프랑스 철학자. 모랄리스트로 알려져 있다. 그는 회의론에서 출발했다. 이는 중세의 스콜라 철학이나 가톨릭 교회의 교의, 신 자체에 대해서는 의문을 품었지만, 사물에 대해서는 아무것도 알지 못한다는 식의 불가지론을 주장하는 것이 아니다. 첨언하자면, 그의 태도는 독단을 피하고, 모든 것에 대해 비판을 게을리 하지 않는다는 것이며, 이러한 태도로부터 인생에 대한 고찰을 추상화하여 유명한 『수상록』(Essais, 1580)을 남겼다. 종교가 가르치는 것과 같은 천국에서의 행복이 아니라 현재의 생활을 적극적으로 영위할 것을 주장했다.

의 표현이며, 사람들에게 자유로운 비판적 사색의 길을 여는 것이었다. 그는 신학은 「거짓 과학」이므로 누구에게나 필요가 없다고 하면서 신학의 존재를 인정하지 않는다고 했다.

몽테뉴는 저서 『수상록』에서, 인간 문제를 여러 각도에서 탐구했다. 그는 인간이 동물과 약간의 차이는 있다고 해도, 피조물로서는 상하의 구별이 없으며 「같은 자연 하에서… 모두 같은 법칙, 같은 운명에 따르고 있다」라고 하면서, 인간을 자연의 다른 존재와 같은 위치에 있다고 보았다. 이런 관점에서 그는 인간은 자연에 맞추어 살아가지 않으면 안 된다고 했다. 행복은 안정, 자연적인 정신적 부, 육체적 기쁨을 가져오는 평화로운 안락, 이것이 몽테뉴의 이상이었다.

이와 같이 인도주의는 중세 봉건사회에 있어서 인간에 대한 종교적 이해를 극복하고 현실주의적 이해를 형성하는 길을 열었다.

그러나 인도주의는 인간에 대해서 과학적 이해에 도달하는 데는 아직 거리가 멀었다. 인도주의는 인간을 자연적 존재, 생물학적 존재로서 이해하는 데 머무르고, 자연적 존재와 질적으로 구별되는 사회적 존재의 본질적 특징을 해명할 수는 없었다. 인간과 세계에 대한 인도주의자의 견해는 미숙한 것이었다. 그들은 어떻든 종교적 편견을 완전히 극복할 수 없었다.

인도주의의 이와 같은 한계는 계급적 기초와 관련되어 있다. 인도주의는 봉건사회 말기에 등장한 부르주아지의 이익이 반영되어 있다. 이때 부르주아지는 봉건적 예속을 배제하고 개인의 독자성과 개인의 창조성을 발휘하는 조건을 만들어내는 데 강한 이해관계를 갖고 있었다.

부르주아지의 이와 같은 이해관계를 반영한 것으로써 인도주의는 인간을 개인적 존재로 이해하고, 인간의 존엄과 가치의 문제를 개인의 존엄과 가치의 문제로써 다루었다. 인도주의자에 있어서 인간의 존엄과 가치란, 결국 부르주아적 존엄과 가치였다. 인도주의에는 한계와 결함이 있었지만, 중세의 종교에 의해서 조장된 몽매주의蒙昧主義를 극복하는 돌파구를 여는 것에 의해서 과학과 철학을 발전시키고, 인간의 자주성과 창조성을 높이는데 일정한 기여를 하였다.

　종교와 신학에 대하여 자연주의 입장에서 인간에 대한 견해를 제시한 인도주의 철학은 근대 유물론 철학에 의해서 더욱 발전되었다. 근대 유물론 철학은 인간의 본질적 특징의 해명에 있어서 현저한 전진을 가져왔다.

　낡은 사회제도, 봉건적 통치제도의 전복과 새로운 사회제도의 수립은 인간과 세계에 관한 잘못된 견해를 극복하고 새로운 견해의 확립에 의해서 가능하게 되었다. 봉건 통치제도는 인간과 세계에 대한 신학적 견해를 사상·이론적 지주로 하고 있는 만큼, 그의 극복 없이는 새로운 사회제도 수립을 위한 노력은 순조롭게 진행될 수는 없었다.

　「왕권신수설」과 그것을 뒷받침한 인간과 사회에 대한 신비적이며 비과학적인 신학적 견해에 반대하는 새로운 인간에 관한 견해에 기초해서만, 새로운 사회정치제도의 수립을 사상·이론적으로 근거를 댈 수가 있었다.

　그런 이유로 사회·정치제도를 변호함에 있어서는 인간에 대한 견해에 근거하지 않으면 안 된다. 여기에 반봉건 투쟁의 시기에 낡은 봉건적 사회제도의 유지에 이해관계를 가진 사회세력의 이익을 대변한 사상가들이 인간의 본질적 특징의 해명에 깊은 관심을 갖게 된 중요한 근거가 있다.

　근대 유물론자는 반종교적·유물론적 입장에서 인간에 대한 견해를 내놓으려고 시도했다.

　근대철학의 인간에 대한 논의는 물질과 의식, 존재와 사유의 상호 관계와 연결되어 있다. 고대철학에서 시작된 물질과 의식의 상호 관계의 문제를 위요한 논의는 근대에 이르기까지 결론을 보지 못했다. 그때까지는 종교와 그것을 이론적으로 뒷받침하는 관념론적 세계관이 지배적이었다. 근대에 이르러 사람들의 사상의식과 창조적 능력은 현저히 높아져서 과학이 발전했으나 물질과 의식 및 육체와 정신의 관계는 여전히 과학적으로 해명되지 않았다.

이와 같은 조건에서 무신론을 주장한 근대 유물론의 출현은 종교와 관념론의 강한 저항에 부딪칠 수밖에 없었고 물질과 의식, 육체와 정신의 관계를 둘러싼 유물론과 관념론과의 사이에 첨예한 논쟁이 전개되었다.

이것은 인간에 대한 논의에도 반영되지 않을 수 없었다. 유물론자는 세계와 인간에 대한 신학적 견해에 반대하고, 자연을 있는 그대로 받아들이고, 인간도 현실적으로 있는 그대로 보고, 인간의 자연적 본성을 해명하려고 시도했다. 관념론자는 이와는 다르게 인간의 의식·사유를 일차적인 것으로 보는 관점에서 인간의 특징의 해명을 시도했다.

근대에 들어와서 물질과 의식, 육체와 정신의 상호 관계를 둘러싼 유물론과 관념론의 논쟁은 점점 심각하게 전개되었으며, 이 문제가 철학에서 해명해야만 하는 근본 문제가 되었다.

인간의 본질적 특징의 해명이 철학의 근본문제의 해결과 연결되어 있는 것은 프랑스의 철학자 데카르트Descartes의 사상에서 엿볼 수 있다.

데카르트는 자연관에서는 기계론적 유물론자였던 만큼 인간을 자연적, 물질적 존재로서 연구하는 가능성을 배제하지 않았다. 데카르트는 자연을 하나의 거대한 기계로 파악하고, 동물이나 인간의 육체는 복잡한 기계에 지나지 않으며 역학의 법칙에 따른다고 보았다.

그러나 데카르트는 물질적 실체와 더불어 그것과는 독립적으로 존재하는 정신적 실체를 인정하고, 물심物心 이원론을 주장했다. 그는 물질적 실체와 정신적 실체는 독립적으로 존재하고 상호작용을 필요로 하지 않는다고 보고, 물질적 실체의 속성은 연장성(퍼짐성·공간적인 양)으로써 정신적 실체의 속성은 사유로써 이해했다.

데카르트는 이와 같이 물질적 실체와 정신적 실체를 나누어 고찰하고 사유·이성을 인간의 본질로 이해했다. 그것은 데카르트에 의해서 불변의 진리로 평가받은 「나는 생각한다, 고로 나는 존재한다」라고 하는 명제를 가리키고 있다. 그는 이 명제가 「가장 확실한 지식」이며, 가장 명석한 원리라고 생각했다.

데카르트가 사유·이성에 기초해서 인간의 본질적 특징의 이해를 시도한 것은 당시의 조건에서는 긍정적 의의를 갖고 있다. 그것은 이성을 신앙에 대치시켜서 종교에 복종시키거나 교회의 권위에 의해서 과학적 사유, 진리의 탐구를 억제한 종교를 극복하고, 인간 이성의 위력을 발양해서 자연을 과학적으로 인식하고 복종하는 길을 열었다.

그러나 사유·이성을 인간의 본질로 하는 데카르트의 견해는 제약성을 갖고 있다. 그는 인간의 육체로부터 떨어진 정신적 실체가 있을 수 없다는 것을 이해하지 못하고 물질의 속성을 실체화하는 오류를 범했다. 속성은 실체가 아니며 그것은 물질적 실체가 있을 때만 존재할 수 있는 것이다. 사유는 인간의 육체를 형성하는 제 기관 중에 가장 고급한 뇌수의 기능이며, 사회적 존재인 인간만이 사유할 수가 있다. 그러나 그는 사유·이성을 사회 역사적으로 발전하는 사회적 속성으로 고려하지 않고 자연적 속성으로 이해했다.

그는 정신이 육체와 함께 신에 의해서 주어졌다고 해서 인간의 육체와 함께 정신도 선천적인 것으로 보았다.

## 2) 인간에 대한 자연주의적 견해의 발전

근대철학에서는 종교를 부정하는 투쟁 속에서 인간에 대한 자연주의적·현실주의적 견해가 발전했다.

이에 대한 대표적인 철학자로서는 토마스 홉스(1588~1679)를 꼽을 수 있다. 홉스는 영국이 스페인의 무적함대를 무찌르던 1588년 월트셔 맬므스버리에서 태어났다.

홉스는 프란시스 베이컨[14]과 함께 근대 영국의 유물론을 개척한 철학자이다. 베이컨은 중세기의 교회가 과학의 발전을 억제하고 몽매주의蒙昧主義를 조장했다고 규탄하고, 교회의 교조敎條와 권위에 반대했다. 그는 「아는 것이 힘이다」라고 주장하면서 과학의 발전에 큰 의의를 부여하고 경험적 방법을 제기했다.

홉스는 베이컨에 대해서 과학이 인간의 힘의 강화에 기여한다고 보면서 베이컨의 유물론을 발전시켰다. 또한 정치 문제, 국가 문제의 해명에 즈음하여 인간의 자연적 본성을 명확히 하는 것이 기초가 된다고 하면서 그것에 큰 관심을 기울였다.

홉스는 기계적 유물론자였던 만큼 인간과 국가를 자연적인 것, 기계와 동일한 것이라고 했다. 그의 견해에 의하면 인간은 하나의 전일적이며 자동화된 기계이고, 국가는 인공적으로 만들어진 기계이다.

홉스는 인간을 육체적이고 물질적인 실체로서만 이해할 수 있다고 하면서 이에 기초해서 육체와 정신의 관계를 취급했다. 홉스는 육체와 분리되어 존재할 수 있는 육체 없는 영혼의 개념을 비판했다.

---

14) 베이컨(1561~1626): 근대 철학의 선두에 서서 과학 시대를 이끈 사람이다. 그는 스콜라 철학으로 인해 생긴 편견을 없애기 위해 '4대 우상론'을 내세웠고, 귀납법에 기초한 지식 체계를 만들고자 했다. 그는 성경과 미신에 주눅 들어 있던 인간 이성을 회복시켜 주었다.

그는 인간에 대한 이해로 신을 개입시키기도 하고 육체와 독립된 특수한 정신적 실체가 있다고 보는 제 견해에 전부 반대했다. 홉스는 자연계에는 물질 이외에 아무것도 없다고 보면서 「모든 변화는 물체의 운동이다」라고 하는 원리를 자연적 물체에 대해서만이 아니라 인간과 사회에도 적용했다.

그의 견해에 의하면 인간의 정신활동의 모든 과정은 육체의 모든 기능과 관련한 하나의 기계적인 과정이며, 지성·의지의 활동은 근본에 있어서 육체활동 이외에 아무것도 아니다.

우리는 왜 모든 자동기계(시계가 움직이는 것처럼 스프링과 톱니바퀴에 의해서 자동적으로 움직이는 엔진)가 인공생명을 갖고 있다고 말해서는 안 되는가? 심장에 해당하는 것은 스프링이고, 신경에 해당하는 것은 철선이고, 관절에 해당하는 것은 톱니바퀴이다. 이것들이 전체 구조를 살아 움직이게 하고 있지 않은가?[15]

인간은 '엔진' 처럼 보인다. 특히 인간은 자기가 움직이고 싶은 대로 움직이면서 스스로를 지탱하는 엔진이라고 했다.

홉스가 제기한 이와 같은 의식의 이해는 기계적인 것이며 의식을 물질의 운동 그 자체로 보는 위험성을 포함하고 있다. 그러나 그것은 육체와 분리되어 있는 독립된 정신적 실재가 있다고 보는 잘못된 견해를 극복하고, 의식에 대한 유물론적 이해에 있어서 일보 전진한 것이었다.

홉스는 인간을 육체적 존재, 감성적으로 파악되는 물질적 존재로 보고 인간의 본성을 추구했다. 그는 인간의 행동을 지배하는 근본은 「자기보존에 대한 의욕」, 「생명을 보존하려고 하는 의욕」이며, 이것이 인간의 본성으로 된다고 생각했다. 그래서 그는 「자기보존에 대한 의욕」이 인간

---

15) 전게서, 〈인간 본성에 관한 10가지 철학적 성찰〉 p.25

활동의 근본 목적이 되며 인간의 모든 활동은 그것을 실현하기 위한 수단으로 된다고 보았다.

「자기보존에 대한 의욕」을 인간의 본성이라고 본 홉스에 있어서는 자기보존에 유리한가 불리한가, 하는 것이 선과 악을 나누는 기준이 된다. 홉스에 있어서 「자기보존의 욕구」란 어디까지나 개인의 육체를 보존하려고 하는 것이며, 그것은 선천적인 것이며 개체에 내재하는 자연적 속성이다.

우리의 가장 근본적인 욕구는 자기보존이기에 사회는 우리의 안전에 기여할 수 있다는 근거 위에서 정당화될 수 있다는 것이다.

그의 견해에 의하면 자연 상태에서는 「모든 인간이 자기 자신의 자연, 즉 자기의 생명을 보존하기 위해 자신이 욕망하는 대로 자신의 힘을 사용하는 자유」를 갖는다.

이와 같은 자유가 자연권이다. 자연 상태에서 사람들은 생래적生來的으로 평등이며, 내 것과 타인의 것과 엄밀한 구별도 없고, 같은 권리를 갖는 자신의 권리를 행사하고 있다. 많은 사람들이 같은 것을 요구하더라도 그것을 동일하게 소유할 수 없을 때는 그들은 서로 적이 되어 상대방을 타도하려고 노력한다. 그래서 사람들 사이에는 충동과 다툼을 피할 수 없게 되고, 「만인에 대한 만인의 투쟁」이 발생하고, 「인간은 인간에 대한 이리狼」가 된다고 하였다.

인간의 자연적 본성과 자연 상태, 국가에 대한 홉스의 견해는 본질적인 결함을 갖고 있다. 물론 그가 인간의 본성·본질적 속성에 관한 문제를 제기하고 그것을 있는 그대로 밝힌 시도 자체는 잘못이 아니다.

그러나 개인의 자기보존에 대한 이기적 욕망을 인간의 본성으로써 인간의 자연 상태에 대해 논한 것은 잘못이었다. 홉스는 인간을 사회적 존재로 보지 않고 자연적 존재로 보는데 그쳤다.

영국의 철학자 존 로크[16]도 홉스와 마찬가지로 국가 문제, 정치 문제를 풀기 위해 인간에 대한 견해의 확립에 관심을 기울이고, 인간의 자연 상태에서 출발하여 국가에 대해서 논급했다. 그러나 인간에 대한 로크의 견해는 홉스의 견해와는 다른 것이었다. 로크는 홉스가 자연 상태를 투쟁의 상태로 본 것과는 다르게 자유와 평등의 상태, 즉 「평화와 선의善意, 상호부조와 보존의 상태」로 보았다.

로크의 견해에 의하면 자연 상태에서는 그것을 지배하는 자연법이 있고 그것이 모든 사람을 구속한다. 자연법은 이성에 의해서 주어지고, 이성은 만민이 평등하게 독립해 있기 때문에 누구도 다른 사람의 생명, 건강, 자유 그리고 재산에 대해서 손해를 가해서는 안 된다. 로크는 홉스가 국가와 법에 의한 규제를 강조한 것과는 다르고, 자연법의 집행을 각 개인에 위임하고, 인간은 누구나 자연법의 위반을 저지하고 그것이 실현될 때까지는 그 위반자를 처벌하는 권리를 갖는다고 했다.

인간과 국가에 대한 로크의 견해는 홉스의 그것과는 일정한 차이가 엿보인다. 그러나 로크는 홉스와 마찬가지로 자연 상태에서 출발해서 인간을 자연적 존재, 생물학적 존재로 보고 국가·사회를 개개인의 기계적 결합체로 보는 데 머물렀다.

근대에 들어와 인간과 세계에 대한 반종교적인 자연주의적 견해는 네덜란드의 철학자 스피노자(1632~1677)에 의해서도 제기되었다. 스피노자는 종교적 몽매주의에 반대하고, 과학탐구에 열중한 유물론적 합리론자였다.

스피노자의 철학에서 정점을 이루는 것은 윤리 문제, 선과 악에 관한

---

16) 존 로크[John Locke, 1632~1714]: 영국의 철학자이자 정치사상가로서 계몽철학 및 경험론철학의 원조로 일컬어진다. 자연과학에 관심을 가졌고, 반 스콜라적이었으며 『인간 오성론』 등의 유명한 저서를 남겼다. 교육에도 많은 관심을 보여 소질을 본성에 따라 발전시켜야 한다고 주장하였다.

문제이며, 세계와 인간의 논의도 결국 이것을 풀기 위한 것이었다. 스피노자는 인간을 자연의 일부분으로서 인간과 자연의 다른 제諸 사물의 사이에는 차이가 없으며 양자는 같은 것이라고 간주했다. 스피노자에 있어서는 자연과 인간과의 사이에는 질적 차이가 없기 때문에 세계에 대한 견해와 인간에 대한 견해는 하나의 원리에 기초해 있다.

스피노자는 인간을 사물과 같은 질서에 의해서 존재하는 것으로써 「자기보존에 대한 지향」을 인간의 본질로 보았다. 그는 「인간 각자가 자신의 존재를 유지하려고 노력하는 것은 어느 다른 사물의 본질에 의해서 필연적으로 제약되는 것이 아니라, 단지 자기의 본질에 주어져 있는 것이 그 원인이 된다」라고 했다.

스피노자는 인간을 자연의 일부분으로써 자기보존의 지향을 본성으로 하는 객관적 존재라고 규정하고, 인간에 대한 신비주의적 견해를 극복하고 현실주의적 이해의 발전에 공헌했다.

그러나 스피노자는 자연의 다른 사물과 구별되는 인간의 본성적 특징을 올바로 해명할 수 없었다. 물론 인간도 물질적 존재이지만 단순한 물질적 존재는 아니다. 인간은 가장 발달한 물질적 존재이며 물질세계 발전의 특출한 산물産物이다. 인간은 자연계에서 벗어났을 때 이미 특출한 존재로서 등장했다.

인간도 물질적 존재라고 하는 점에서는 자연의 다른 물질적 존재와 공통하고 있다. 그러나 인간은 다른 물질적 존재와 병존하는 단순한 물질적 존재가 아니라, 물질세계의 발전을 대표하는 가장 고급한 물질적 존재이다. 그런 이유로 인간에 대한 현실주의적 이해를 확립함에는 인간이 물질적 존재라는 것을 해명하는 것도 중요하지만 보다 중요한 것은 가장 발전한 물질로서의 인간의 본질적 특징을 명확히 하는 것이다. 그러나 스피노자는 인간과 다른 물질적 존재의 공통성을 해명하는 데 머무르고 그 이상으로는 나아가지 못했다.

　스피노자가 인간의 고유한 특징을 분명히 할 수 없었다는 것은 물질이 변화 발전하는 것을 이해할 수 없었다는 것과 관련되어 있다.

　스피노자는 세계의 발전에 관한 문제에 대해서는 해명할 수 없었다. 그는 자기 원인을 갖는 실체에 대한 이해를 제시함에 따라서 세계의 운동, 발전에 관한 문제를 푸는 전제를 만들어 냈으나 운동을 실체의 속성으로 생각하지 않고 단지 양태의 운동 변화만을 인정함으로써 물질세계의 발전에 대한 올바른 이해를 갖고 있지 않았다.

　스피노자는 물질이 저급한 것에서 고급한 것으로, 낡은 것에서 새로운 것으로 변화 발전하고, 물질의 진화 과정에서 인간과 같은 발전한 물질이 출현하고 사회가 발전했다고 하는 것과 인간과 사회가 역사적으로 발전하는 것을 이해할 수 없었다.

　스피노자는 인간이 자연과 같은 원리에 따라서 존재한다고 생각했기 때문에 인간을 자연적 필연성에 구속된 피동적인 존재로 보고 숙명론에 빠졌다. 여기에 형이상학적 유물론자로서의 스피노자의 견해에 한계가 있다.

　데이비드 흄[17]의 철학은 로크(J. Locke)와 버클리(G. Berkely)의 영국 경험론 전통을 따르면서도 과학의 시대와 많은 조화를 이루고 있다. 그는 우리의 천부적 능력을 바탕으로 지식을 형성해 가는 과정에서 경험이 중심

---

17) 데이비드 흄(1711~1776): 에든버러에서 출생했으며, 1776년 미국독립선언이 있고 난 몇 주 후 타계했다. 그는 조지아 왕조의 비교적 안정되고 평온한 시기를 살았으며, 그래서인지 관습과 전통을 강조하는 그의 철학은 커다란 변혁을 겪어 보지 못한 사람의 생각을 반영하는 듯했다. 역사가로서는 유명하지만, 많은 사람들에 의해 가장 위대한 영국의 철학자로 간주되어 왔다.

역할을 한다고 강조하였다.

인간 본성에 대한 그의 생각이 그의 철학의 바탕이 되고 있다는 것은 틀림없는 사실이다. 통상적으로 경험론자들이 주장하는 바란, 우리의 지식이 우리의 감각 경험에 의해 형성된 것이다.

이성 그 자체는 있는 그대로의 사실을 우리에게 말해줄 수 없는 만큼, 우리는 사물의 본성을 경험을 통해 찾아야 한다는 것이다.

『인간 본성론(A Treatise Human Nature)』이라는 그의 주저의 타이틀은 두 가지 이유에서 중요하다. 그것은 인간 본성의 개념이 그의 사유의 핵심이라는 점을 입증한다. 우리가 물리적 세계뿐만 아니라 다른 사람과 교제하는 방식을 설명하는 데 있어, 이성은 아무런 권위를 갖지 못하며 감정과 본능이 훨씬 더 중요한 위치에 놓인다고 했다.

흄은 홉스와 같은 유물론자는 아니었으며, 인간 정신의 지각을 물질의 운동과 동일시하지 않았다. 그렇지만 그는 인간 행위에서 관찰되는 규칙성과 물리적 대상의 규칙성을 엄밀하게 구별하는 것에는 반대했다.

흄에 따르면, 도덕적 행위가 이성에 의해 인도되는 것은 결코 아니다. 오로지 욕구와 감정만이 우리의 행위를 이끌 수 있다고 믿었다. 어떤 요구도 없는 단순한 지적 이해만으로 우리의 행위를 유발시킬 수는 없다. 따라서 우리가 무엇을 원한다는 데서 생겨나는 동기가 원인이 될 때만 인간의 행위는 설명될 수 있다. 동기 없는 인간 행위가 가능할지라도 그것이 합리적일 수는 없다. 자유의지가 신성한 것으로 정의된다고 믿고 있는 사람은 이성적 행위를 모델로 삼아서 행위의 원인을 설명하려고 한다. 그러나 흄은 그러한 일체의 시도를 배격했다.

흄은 이성을 통해 우리가 사물들의 관계를 인식할 수 있는 반면 행동의 원동력은 욕구라고 생각했다. 이성은 우리에게 목적을 정해줄 수 없다. 다만 우리가 이미 요구하는 것을 달성하는 방법을 가르쳐 줄 수 있기 때문에 그는 '이성'을 협소하게 그리고 '감정'의 노예(the slave of the passion)라고 주장했다. 그는 실천이성의 개념을 완전히 부정했으며 일반적 의미에 비해 '이성'을 협소하게 그리고 '감정'을 폭넓게 정의했다. 이성에 관한 이러한 견해는 아리스토텔레스의 견해와 크게 다르다. 우리의 선호는 고정되어 있어서 이성이나 사회적 압력에 의해 영향받지 않는다고 흄은 믿었다.

흄은 공감(동정심)의 원리(the principle of sympathy)를 중시하면서, 그것을 '도덕적 특질의 주요 원천(chief source of moral distinction)이라고 부른다. 공감은 다른 사람의 관점에서 사태를 파악하려는 경향을 의미하며, 우리와 가까운 사람들과의 사이에서 더 쉽게 발휘될 수 있다고 흄은 생각하였다.

흄의 철학은 극단으로 흐를 위험을 안고 있다. 세계의 내적 질서와 규칙적인 인과적 과정에 대한 극단의 회의는 과학적 활동을 무의미하게 만들 수 있다. 인간으로서 우리가 실재에 대해 갖게 되는 기대감을 다른 곳으로 돌리며 그에 따라 우리 인간도 완전히 바뀌게 된다. 인간 본성이 인식론의 중심 개념으로 강조되면 될수록 실재 세계를 진지하게 파악하는 우리의 능력은 점점 줄어든다. 과학적 방법을 통해 우리가 탐구하고자 하는 세계가 단순히 우리 자신의 기량, 능력 그리고 편견의 반영이어서는 안 될 것이다.

흄은 인간에 대하여 이성보다는 감정에 지배되는 인간관을 갖고 있었다.

봉건사회가 붕괴하고 자본주의가 출현한 시기, 인간의 자연주의적 견해의 발전에서 중요한 위치를 차지한 것은 흄과 동시대의 인물인 프랑스의 장 자크 루소(1712~1778)였다. 인간에 대한 루소의 견해는 그의 사회 ·

정치적 견해와 밀접히 연결되어 있다.

루소의 학설에서 중심을 차지하는 것은 사회적 불평등과 그 극복 방법에 관한 문제였다. 루소는 사회가 인간으로 만들어지는 데에는 본원적인 인간에 대한 이해와 자연 상태의 인간에 대한 이해를 가져야만 그 문제를 올바로 풀 수 있다는 점에서부터 출발했다.

그의 견해에 의하면 인류의 초기, 자연 상태에서는 인간은 모두 평등하며 예속의 관계는 없었으나 역사의 발전 과정에서 문화가 발전함에 따라 사유재산이 생겨서 사회적 불평등이 발생하고 사회악도 만들어졌다.

루소는 인간의 자연 상태에 대해서뿐만 아니라 사회적 상태 및 사회적 불평등과 사회악에 대해서도 논하고 있다. 그러나 그는 자연적 상태를 사회적 상태의 기초로 보고 자연적 상태를 이상화理想化했다. 이와 같은 점을 고려하면 인간의 본성, 본질적 특징에 대한 루소의 견해는 자연 상태에서의 인간에 대한 견해에 귀착한다고 말할 수 있다.

요약하면, 인간은 개인의 육체를 보존하려고 하는 본능적인 요구를 충족시키면서 살아가는 생물학적 존재이며, 사회적 연계 없이 완전히 고립해서 살아가는 개별적인 존재이다. 바꾸어 말하자면, 개인은 고립적으로 살아가는 개인적 존재이며 개체를 보존하려고 하는 것이 그의 자연적 본성이다.

루소는 이와 같이 인간이 자기를 완성하는 능력을 갖는다는 것을 인정하고 그것이 발전해서 도구나 기술이 향상된다고 생각하고, 이 과정에서 사람들의 사회적 연계가 밀접하게 되고, 사적 소유와 그것에 기초한 사회적 불평등이 발생된다고 보았다. 이것은 인간의 발전과 연결되어 사회 발전의 문제를 제기한 것이라 할 수 있다.

그러나 루소는 인간과 사회의 발전에 관한 문제에 과학적인 해답을 줄수는 없었다. 그는 사회적 존재로서의 인간의 본질적 특징을 해명할 수 없었기 때문에 인간의 발전에 대한 과학적 이해에 이르지 못하고 인간과 사회 발전을 사회적 불평등과 사회악의 증대에 귀착시켰다. 이것은 잘못이다.

루소는 당시의 사회를 지배한 사회적 불평등과 사회악을 어느 정도 인식했으나 그것을 극복하는 방도를 올바르게 이해할 수 없었기 때문에 인간의 자연적 상태, 원시적 상태를 이상화하게 되고 결국 사회적 진보를 부정하게 되었다.

루소의 인간과 사회에 대한 견해는 본질적 약점을 갖고 있지만, 반봉건 세력을 계몽하고 그들을 투쟁으로 몰고 가는데 일정한 역할을 했다.

근대철학에서 인간에 대한 자연주의적 견해는 18세기 프랑스 유물론에 의해서 더욱 보완되었다. 그 대표자들로서는 라메트리[18], 달랑베르[19], 돌바크[20], 엘베시우스[21] 등을 열거할 수 있다.

프랑스 유물론은 그 자체로써 존재하고 운동하는 물질세계만이 존재한다고 간주하고, 물질세계 밖에 세계와 인간을 지배하는 어떠한 정신적 존재도 없다고 주장했다.

18세기의 프랑스 유물론자는 종교를 부정하고 세계를 그 자체로 존재

---

18) 라메트리: 프랑스의 의학자 · 철학자(1709~1751). 프랑스 계몽기의 유물론자(唯物論者)로, 혼(魂)도 육체의 소산이라 하고, 뇌도 '생각하는 근육'으로 정의하였다. 저서에 『인간 기계론』, 『영혼의 박물지』가 있다.
19) 달랑베르: 프랑스의 수학자 · 물리학자 · 철학자(1717~1783). 적분학, 유체 역학을 연구하였으며 디드로와 함께 〈백과전서〉를 편찬, 서론과 수학 항목을 담당하였다. 저서에 『역학론』, 『철학 원리』 따위가 있다.
20) 돌바크: 프랑스의 철학자 · 계몽사상가(1723~1789). 계몽기의 대표적인 유물론자의 한 사람으로서 무신론적 유물론을 전개하였다. 저서에 『자연의 체계』가 있다.
21) 엘베시우스: 프랑스의 철학자(1715~1771). 백과전서파(百科全書派)의 한 사람으로, 인간의 정신 활동은 신체적인 감성(感性)에 따른다고 보아 교회의 권위, 절대 왕정에 반대하였다. 저서에 『정신에 관하여』가 있다.

하고 운동하는 자연으로써 파악하고, 인간도 자연의 일부분으로 취급하고, 육체와 정신의 관계를 육체를 제일의적第一義的인 것으로 해명하고, 인간을 육체적, 자연적 존재로 보았다.

프랑스 유물론에 의하면 「인간은 자연의 산물이다. 인간은 자연에 존재하고 자연의 법칙에 따른다. 인간은 자연으로부터 벗어나지 못하고 사고思考조차 자연으로부터 벗어날 수 없다」. 정신도 자연의 일부분이며 그것은 능력과의 관계에서 고안考案되는 인간의 육체에 불과하다. 정신은 육체와 함께 성장하고 발전하며 육체와 함께 늙고 사멸한다.

프랑스 유물론자에 있어서 인간은 그 자체가 자연적이며 육체적인 존재인 만큼 자기애, 자기보존이란 육체의 존재를 의미하며 「자기보존에 대한 지향」은 그 자체가 육체를 보존하려고 하는 요구이다.

18세기의 프랑스 유물론자는 인간이 자연적 존재이며, 자연적 속성인 육체를 보존하려고 하는 요구가 인간 활동을 제약한다고 봄으로써, 인간 존재와 활동이 어떠한 신비적인 요구로 결정된다고 본 신학적 견해를 극복했다. 그러나 아직까지 인간의 본질적 속성을 해명할 수가 없었다.

그들은 인간은 신비적인 존재가 아니고 물질적인 존재로써 다른 자연적 존재와 공통성을 갖는다고 하는 면에서 인간의 속성을 해명한 것이고, 다른 물질적 존재와 구별되는 인간의 고유한 속성을 해명할 수가 없었다. 그들은 사회적 존재인 인간이 단순히 육체만을 보존하려고 하는 낮은 요구만을 갖는 것이 아니라, 그것과 비교할 수 없는 질적으로 우월한 세계를 지배하고 살아가려고 하는 자주적인 요구를 가지며, 그것이 인간의 고유한 활동을 규정하는 근본 요인으로 된다는 것, 사회생활의 발전 과정에서 인간의 요구가 끊임없이 다양해지고 발전한다고 하는 사실을 보려고 하지 않았다.

그것은 그들이 인간의 자연적 「조직」과 자연적 환경, 바꾸어 말하면 자연에 의해서 주어진 육체적 조직과 기후나 토양, 음식물 등의 인간 생활의 직접적인 자연적 환경에 의해서 인간의 요구가 규정되고, 이 요구에 의해서 의지意志가 결정되고, 행동이 결정된다고 보았기 때문이다.


## 3) 인간에 대한 관념론적 철학의 견해

근대에 들어와서 반종교적인 유물론 철학이 발전함에 따라 그에 대처해서 관념론 철학이 인간에 대한 견해를 제창했다.

근대 관념론에서 신비주의적 외피를 벗겨내고 보니 인간에 대한 견해의 확립에 형이상학적 유물론보다 부분적으로는 선행하는 면도 인정된다. 그러나 인간에 대한 근대 관념론의 이해는 많은 경우 모순되어 있으며, 인간의 본질적 특징과 인간의 운명 개척의 방도를 해명할 수가 없었다.

근대 관념론에서 중요한 위치를 차지하는 것은 칸트, 피히테, 셸링, 헤겔을 대표자로 하는 독일의 고전적 관념론 철학이다.

독일의 고전적 관념론은 다른 관념론과 마찬가지로 인간만이 의식을 가지며 의식에 의해서 인간의 행동이 지휘指揮되고, 인간이 목적의식적으로 행동하는 것을 일면적으로 과장하고, 그것을 절대화함으로써 인간에 대한 비현실주의적 견해를 주창한 것이다.

독일 고전 관념론 최초의 대표자인 칸트(1724~1804)는 초기에는 자연 연구에 주된 관심을 두었으나 점차 인간에 큰 관심을 기울였다. 칸트가 감성적으로 파악되는 세계를 인정했다고 하는 견지에서 보면, 인간은 감성적으로 파악되는 존재가 된다. 감성적인 존재로서의 인간은 자연의 일부분으로써 자연적 필연성과 법칙에 따라 인과관계에 종속한다.

그러나 칸트는 인간을 감성적으로 파악되는 존재라고 하는 관점에서 일관성을 갖고 인간과 그 행동의 특징에 대해 논하지는 않았다. 칸트는 선험적인 직관과 오성 형식의 주관적 작용에 의해서 인식이 만들어지고, 초감각적인 과정에 의해서 인간의 행동이 지배된다고 보았다.

칸트는 감성적 존재, 자연적 존재로서의 인간과 자유롭게 행동하는 이성적인 존재로서의 인간을 나눔으로써 다른 자연적 존재와 구별되는 인간의 본질적 특징에 관한 문제를 제기하고 해결하려고 시도했다. 인간을 단순한 자연적 존재로 본 것은 인간의 생활과 행동이 자연적 환경에 의해서 결정된다고 본 프랑스 유물론자들보다 앞서 나아갔다고 말할 수 있다.

그러나 자유와 실천이론에 관한 칸트의 논의에는 본질적인 결함이 보인다. 선험적인 순수이성에 의해서 인간의 의지가 규정되고, 인간의 자유로운 행동이 규정된다고 보는 것은 잘못이다. 그는 그렇게 봄으로써 인간의 본질을 올바로 해명할 수 없었다. 인간만이 이성을 갖고 그 작용에 의해서 능동적으로 활동한다고 하는 것은 사실이지만 이성이 선험적이고 초감성적이며 순수이성에 의해서 의지가 규정되고, 인간의 자유로운 행동이 규정되는 것은 아니다.

실천적 경험을 떠난 순수 이론은 있을 수 없으며, 순수 이론에 의해서 인간의 존재와 활동이 규정되는 것은 아니다. 이성은 인간의 본질적 특성과 그것과 관련한 객관적 대상에 대한 본질적 관계를 반영하고, 인간의 의식적 활동을 조절하는 작용을 할 뿐이다.

인간에 대한 칸트의 견해는 그의 도덕에 대한 견해로써 『실천이성 비판』에 나타나 있다. 그는 도덕의식, 윤리적 의지를 『실천이성』이라고 했다.

인간에 대한 칸트의 견해는 초실현주의적이며 추상적인 것이었기 때문에 인간이 자기 자신을 올바로 파악해서 자기의 운명을 개척하는 활동의 방도를 올바로 밝힐 수가 없었다.

독일의 고전 관념론자는 헤겔(1770~1831)에 의해서 완성되었다. 헤겔의 존재와 사유의 절대적 동일同一이 철학의 시초가 된다고 생각했다.

헤겔 철학에서 출발점으로 된 세계정신은 사유가 초현실적인 독립적 실체로 전화된 것이다. 헤겔은 인간이 사유한다고 하는 점에서 동물과 구별된다고 보았으나, 사유하는 것에 의해 인간은 바로 인간으로 된다고 생각했다. 헤겔에 의하면 「모든 인간적인 것은, 다만 사유에 의해서 산출되는 까닭에 바로 그런 것이 된다.」 사유는 「모든 인간적인 것에 인간성을 부여한다.」

그러나 헤겔은 인간과 사유의 관계를 전적으로 전도하고 왜곡했다. 그는 사유와 이성을 가짐으로써 인간이 세계에서 가장 우월한 존재가 되며, 목적의식적으로 창조적 활동을 하고, 세계를 지배하는 것을 일면적으로 과장하고 절대화해서 인간의 본성을 사유로 귀착시키고, 사유를 그 주체로부터 독립해 있는 실체로서 신비화하고, 그것에 의해서 현실 세계의 모든 것이 창조되고 발전한다고 보았다.

그래서 헤겔 철학에서는 주체인 인간으로부터 분리되고 신비화된 사유·정신인 세계정신이 인간을 대신해서 주체의 지위와 역할을 차지하고, 현실적으로 존재하는 인간과 자연이 초현실적인 세계정신에 종속한 부속물로 된다. 이것은 인간과 세계에 대한 비현실주의적인 왜곡된 이해이다.

헤겔 철학에서는 세계는 세계정신 운동의 실현 과정으로 되어 자연도, 인간도, 사회도, 세계정신의 자기운동의 단계로서 등장한다.

절대 이념은 자연이 발생하기 이전의 세계정신이며, 인간에서 분리되며, 그 자체로 「순수」한 형태로 진행되는 사유의 운동(개념적 운동)이다. 헤겔의 견해에 의하면 자연은 절대정신, 절대이념에 의해 파생된 것으로써 절대이념의 「타재(他在, Anderssein)」[22]의 형태이다.

헤겔은 인간과 사회를 역사주의의 원칙에서 고찰하고 있다. 헤겔은 발전에 관한 학설로서의 변증법의 법칙의 해명에 큰 힘을 기울였다. 변증법은 헤겔 철학에서 합리적인 「핵심」을 이루고 있다.

변증법에 기초해서 역사주의의 원칙을 구현하고 있는 것에 헤겔 철학의 중요한 특징이 있다. 물론 헤겔의 변증법은 관념변증법이기 때문에 자연과 사회의 발전 법칙을 직접 포함하지는 않았다. 헤겔은 사유와 정신을 발전 속에서 고찰했으나 자연의 진화 과정은 과학적으로 해명할 수 없었다. 그는 인간이 물질세계 발전의 특출한 산물이며, 가장 고급한 물질적 존재라는 것을 보지 않고, 인간의 출현과 함께 사회가 발생하고, 사회가 역사적으로 발전하는 것을 과학적 토대 위에서 고찰하지 않았다. 그러나 헤겔 철학에서는 인간의 사유가 그 주체에서 분리되어 절대화되어 있지만, 정신의 발전에 관한 문제의 제기를 인간의 발전과 관련된 문제로써 제기한 것으로 볼 수가 있다.

이와 같은 견지에서 헤겔의 견해를 고찰하면 거기에는 합리적인 면을 인정할 수가 있다. 헤겔은 정신을 끊이지 않는 운동 변화와 발전 속에서 고찰하려고 하고, 그것을 통해서 인간과 세계를 역사주의적으로 고찰하

---

22) 타재란, 헤겔의 용어로서 다른 어떤 것이라는 의미로도 사용되지만, 특히 어떤 것이 그 본래의 모습이 아닌 형태로 존재하는 것을 가리킨다. 이런 의미로는 소외와 같은 뜻으로 사용된다. 헤겔 철학에서 타재란 이념이 자기 본래의 모습이 아닌 형태로 존재하고 있는 것이다. 헤겔은 자연을 이념의 타재라고 말하였는데 이것은 그의 관념론에 입각한 것이며 자연의 역사를 인정하지 않던 당시의 과학을 반영하고 있다.

는 길을 열었다.

헤겔은 인간을 고립된 개인적 존재로 생각하고, 사회를 개개인의 기계적인 결합체로 보는 것에 반대했다. 그는 사회를 전일적인 실체로서 이해했다. 그러나 헤겔은 인간의 사회활동을 정신생활로, 그리고 사회적 관계를 정신의 관계로 귀착시켰기 때문에 인간의 결합체로서의 사회에 대한 올바른 이해를 명확히 내세우지 못하고 사회의 운동 발전을 정신의 운동 발전의 과정으로 보았다.

그러나 관념론적으로 왜곡된 형태이기는 했지만, 인간의 발전에 관한 문제를 사회발전에 관한 문제로서 제기하고 인간의 발전을 역사적 과정으로써 고찰한 점에서 헤겔은, 인간을 자연적 존재, 개인적 존재로 본 18세기의 유물론의 견해보다도 진전되어 있었다고 말할 수 있다.

인간에 대한 헤겔의 견해는 역사를 자유의 실현 과정으로 파악하려고 하는 것에서도 발견된다. 헤겔은 인간의 기본적인 속성은 자유이며, 인간은 인간으로서 자유롭다고 이해했다. 그는 「인간은 자유로운 존재이다. 이것은 인간 본성의 근본 특징이다」라고 했다.

헤겔의 견해에 의하며 인류의 역사도 자유가 실현되어 가는 과정으로 된다.

헤겔 철학에서 사회생활과 역사를 인간의 본질과 그 발전에 연결해서 고찰하는 것은 일정한 타당성을 갖지만, 인간의 본질을 올바로 해명할 수 없었기 때문에 역사에 대한 과학적 이해를 부여할 수가 없었다.

자유는 인간이 자기의 본성에 맞게 살아가는 상태이다. 인간 자체의 본질적 속성, 인간이 갖는 속성과 인간의 생활과 활동은 같은 것이 아니다. 이와 같이 보면 자유는 인간의 본성이라고는 할 수 없다. 더구나 헤겔은 자유를 인간의 현실적인 생활로 보는 것이 아니라 정신의 본질로서 자유에 대한 개념으로 이해했다. 또한, 자유의 실현을 현실적인 자유로운 생활의 발전으로 보는 것이 아니라 자유에 대한 지식의 발전으로 본 것이다.

헤겔은 인간과 역사에 관한 견해에 대해서 그것을 정신생활의 발전 과정으로 보는 본질적인 결함을 노정했으나, 인간의 역사를 합법칙적 과정으로써 인식한 것은 올바른 것이었다. 헤겔 철학의 긍정적인 측면은 후일 마르크스주의에 의해서 계승되었다.

### 4) 인간에 대한 포이어바흐의 견해

포이어바흐(1804~1872)는 최초에는 헤겔학파에 속했으나 점차 헤겔과는 인연을 끊고 모진 종교비판을 통해서 유물론의 입장을 견지했다.

포이어바흐는 초인간적이고 초현실적인 「절대이념」, 「절대정신」에 대한 변증법적 논의에 의해서 인간에 대한 비현실적인 이론을 전개한 헤겔을 비판하고, 그것에 대립하는 인간에 대한 현실적인 견해를 표명했다.

포이어바흐는 낡은 사변철학과는 다른 새로운 철학의 창조와 철학의 개혁을 주장하고, 새로운 철학은 「인간학적」 철학이 되어야 한다고 강조했다. 그는 「인간은 자연의 최고 존재이기 때문에 인간의 본질로부터 출발하지 않으면 안 된다」라고 했다.

포이어바흐는 인간에 대한 신학적 견해를 극복하고 현실적인 이해의 발전에 공헌했다. 그의 견해에 의하면 종교는 인간의 무지와 자연현상에 대한 환상에서 생겨난 것이다. 인간은 자기의 특징을 닮은 신을 만들었다. 인간은 자신에게 있는 가장 좋은 것을 소외시키고 신에게 자기의 모든 것을 양도하고 그 앞에 무릎을 꿇었다. 신이 갖는 전지전능의 성질은 인간이 갖는 이성적인 능력과 여러 가지 성질을 이상화한 것에 지나지 않는다.

포이어바흐는 이와 같이 신은 인간에 의해서 그 본질이 대상화된 것 이외에 아무것도 아니라는 것을 분명히 함으로써 인간을 전지전능한 신에 예속한 무력한 존재로 보는 신학적 견해의 부당성을 폭로했다.

포이어바흐가 신이 인간을 만든 것이 아니라, 인간이 신을 만들었다고 말한 것은 확실히 진보적인 의의를 갖고 있다. 그러나 종교를 낳은 근원을 인간의 정신적인 것으로 발견한 것에 머물고, 사회적 근원, 계급적 근원까지 추구할 수 없었다.

포이어바흐는 현실적인 신비세계는 존재하지 않으며, 단지 자연만이 현실적으로 존재하는 것을 인정하는 것으로부터 출발해서 인간에 대한 이해를 부여했다. 즉 "세계는 단지 그 자체로 존재하는 자연뿐이며, 자연은 자연 이외의 것에 의해서 창조되는 것이 아니라 그 자체를 원인으로 한다. 자연은 인간의 모든 감성을 통해서 파악되는 다양성의 통일체이며, 자연 이외에는 어떠한 신비한 것도 존재하지 않는다"라고 강조하고, 자연만이 인간의 토대가 된다고 했다. 또한 육체를 떠난 의식은 있을 수 없다고 강조했다.

포이어바흐가 내세운 이와 같은 견해는 관념론적 견해의 극복에 중요한 역할을 하였다. 그러나 그것은 자연주의적 패러다임을 탈출하지 않은 것이었다. 그는 인간의 본질적 특징의 해명에 대해서 물질적, 자연적 기초의 해명에 편중하고, 인간이 사회적 존재라는 올바른 이해에 도달할 수 없었다.

포이어바흐는 자연적 토대를 중심으로 해서 인간을 보았기 때문에 세계에 대한 인간의 특수한 관계를 올바로 이해할 수 없었다. 세계가 자연만으로 형성되고 인간도 자연적 존재라면 인간과 그를 둘러싼 세계와의 관계, 자연적 존재 상호 간에는 병존 관계만이 성립하게 된다.

포이어바흐는 인간을 철학의 중요한 대상으로 하고, 「인간학적」 철학을 제창함으로써 철학사에서 독특한 위치를 차지하고 있다. 그의 철학은 인간에 관한 현실주의적 견해의 확립에 있어서 종전의 유물론 철학보다 일보 전진한 것이었다. 그러나 포이어바흐의 철학은 형이상학적 유물론에 속한다.

포이어바흐의 철학을 포함한 형이상학적 유물론은 인간에 대한 종교와 관념론의 잘못된 견해를 부정하고, 인간에 대한 현실적 견해를 부여하고, 인간의 현실적 특징을 있는 그대로 해명하려고 시도했다.

그러나 인간에 대한 견해에 있어서 아직 미숙성과 제한성을 면하지 못했다. 형이상학적 유물론은 인간을 사회적 존재로서가 아닌 개인적 · 자연적 존재로 보고, 인간을 환경에 순응해서 살아가는 피동적인 존재라고 하는데 머물렀다.

이상과 같이 역사적으로 철학에서는 인간에 대한 문제는 중요한 문제로서 설정되고 논의되어 왔다. 이 과정에서 우여곡절도 있었으나 총체적으로는 인간의 본질적 특징의 해명에 전진을 보았다고 말할 수 있다.

그러나 마르크스주의 철학이 나타나기 이전에는 관념론은 말할 것도 없이 유물론도 인간에 대한 과학적 해명을 충분히 해냈다고는 말할 수 없다.

# 제4절_ 마르크스주의 철학의 인간관

다윈과 마찬가지로 칼 마르크스는 현대사상의 기틀을 잡은 위대한 사상가 중의 한 명이었다. 다윈이 과학자였음에 비해 마르크스는 그 시대의 정치적 사건에 연루된 인물이었다. 그는 이론과 실천의 괴리를 경멸한 사람으로서 "철학자들은 세계를 여러 가지로 해석했을 뿐이다. 그러나 중요한 것은 세계를 변혁시키는 일이다"[23]라고 했다.

그는 삶의 생물학적 배경보다는 사회적 배경에 관심을 기울인다는 점에서 동시대의 인물인 다윈과 다르다.

마르크스주의 창시자들은 인간의 문제에 대한 유물변증법적 견해의 확립에 의해서 인간에 대한 철학적 해명에 큰 전진을 가져왔다. 그들은 인간의 본질을 사회적 관계의 총체로 정의하고, 인간의 활동에 있어서 물질적 생산과 사회 · 경제적 관계에 결정적인 의의를 발견했다.

그들은 인간의 문제에 대한 유물변증법적 견해를 확립했지만 자연과 사회의 지배자, 개조자로서의 인간의 본질적 특징에 대해서는 전면적으로 해명할 수가 없었다.

마르크스주의 창시자는 당시의 혁명적 실천의 경험과 과학의 성과에 기초해서 지금까지의 철학, 특히 헤겔 철학과 포이어바흐의 철학을 비판적으로 검토하고 유물변증법을 제창함으로써 그 원리를 사회와 역사 연구에 구현해서 유물사관을 확립했다.

---

23) W. Molesworth 편, 『영국철학대계』 1권, 『철학의 제 원리』(The Elements of Philosophy) p.11, 〈인간의 본성에 관한 10가지 철학적 성찰〉 P.117에서 재인용

마르크스주의는 인간 문제의 고찰에 있어서 인간의 현실 생활, 물질적 생활조건에서 출발했다. 이와 같은 전제에서 출발할 때 인간은 무엇보다도 살아있는 육체적 존재로서 자연적 존재·물질적 존재로써 파악된다. 그러나 마르크스주의는 인간을 단순한 생물학적 존재로 보는데 머무르지 않고 인간을 다른 동물과 구별해서 보았다.

마르크스주의는 그 차이를 크게 두 가지 측면에서 고찰했다. 그 하나는 인간이 노동을 한다는 데 있으며, 다른 하나는 인간이 사회적 관계, 생산 관계를 맺고 살아간다는 것이다.

그는 「인간은 사회적 동물일 뿐만 아니라 사회를 벗어나서는 개인이 되지 못하는 문자 그대로 정치적 동물(Zoon politikon)이다. 함께 살면서 대화를 하는 개인이 없었다면 언어가 생길 수 없었던 것처럼, 우리는 사회의 영향을 벗어난 생산을 상상할 수 없다」라고 지적한다.

이러한 사실은 사회의 불가피성이 우리를 인간답게 만드는 데 있어 중요하다는 점을 입증하는 것이지만, 여전히 우리가 동물이라는 점도 잊지 말아야 할 것이다.

마르크스에 의하면 인간의 현실적인 생활의 요구는 의식주에 대한 요구이며, 그것은 생산 활동을 통해서 실현된다. 동물은 목적의식적인 창조적 노동이 불가능하기 때문에 생산을 할 수가 없으며 자연에 순응해서 생명을 유지한다. 그러나 인간은 창조적 노동을 통해서 자연을 개조해서 생활에 필요한 물질적 수단을 만들어 낸다.

인간이 노동 도구를 제작하고 자연을 개조함으로써 고유한 의미에서의 노동이 시작되었다. 인간은 노동에 의해서 동물에서 탈출하여 노동 도구와 생산력의 발전에 따른 인간의 사회생활이 발전했다. 이와 같이 노동 도구를 만들고 창조적 노동을 한다고 하는 점에서 인간은 동물과 구별된다. 인간에 대한 이러한 이해는 「인간은 도구를 만드는 동물」이라고 말한 프랭클린[24]의 정의를 마르크스가 인정하고 강조한 것으로 인정된다.

마르크스주의는 생산력과 함께 생산 관계, 사회적 관계와 연결하여 인간을 고찰했다. 마르크스주의에 의하면 인간은 고립적이 아니라 사회적이고 집단적으로 노동한다. 노동은 단순히 인간과 자연의 상호작용이 아니라 사람들의 상호작용을 통해서 수행하는 사회적 운동이다.

마르크스주의는 인간이 생산 관계, 사회적 관계를 맺고 사회적으로 결합되어 살아가는 존재이며 생산 관계, 사회 관계의 변화 발전에 따라서 사회 역사적으로 변화 발전한다는 것을 해명한 것이다.

마르크스주의는 이와 같이 인간이 창조적 노동을 하고, 그것을 통해서 자연을 목적의식적으로 개조한다는 것과 사회적 관계를 맺고 생활하며 사회 역사적으로 발전한다는 것을 명확히 하고, 사회 역사적 조건과 연결해서 인간을 구체적으로 고찰할 것을 요구했다.

그러나 마르크스주의는 인간의 본성, 본질적 속성을 해명하는 것을 직접적인 과제로써 제기하지 못하고, 이 문제에 대해 체계적인 해답을 주지 못했다. 「인간은 도구를 만드는 동물」이라고 하는 규정이라든가, 또한 「인간의 본질은 현실성에 있어서 사회적 제諸 관계의 총체」라고 하는 규정이 인간의 본질적 속성을 해명하고 있다고 볼 수도 있으나, 그것이 충분한 해석이 될 수 있는가 하는 문제가 제기된다.

인간만이 창조적 노동을 하고 사회적 관계를 맺고 살아가는 것은 사실

---

24) 프랭클린[Franklin, Benjamin]: 미국의 정치가, 철학자. 1776년 프랑스에 파견되어 미국 · 프랑스 동맹 체결, 1782년 미 · 영 평화조약 체결. 그의 태도는 아메리카니즘의 전형으로 평가되었다. 생애를 통하여 도덕, 철학, 정치 문제에 관심을 쏟고 많은 논문을 발표하였으며, 특히 그의 자서전은 백만 인의 생활철학으로서 널리 영향을 미쳤다. 그의 사고의 근본에는 개인의 창의성이야말로 진보의 원천이라는 개인 생활의 정신적 충실을 추구하는 모럴리즘에 있었다. 그것은 18세기의 시민 정신에서 이어받은 것이다. 그는 또한 전기의 성질 등 자연과학적 연구도 남기고 있다.

이지만, 그것이 인간이라고 하는 사회적 존재 자체의 본성, 본질적 특징은 아니다.

인간이 노동을 한다는 것은 자연과의 관계에 있어서 인간의 고유한 특징을 해명한 것이며, 인간이 사회적 제 관계의 총체라고 하는 것은 사람들의 상호 관계의 특징을 분명히 한 것이다. 한마디로 말하자면, 이 규정은 인간과 세계의 상호작용과 관계의 특징을 밝힐 뿐이다.

마르크스의 사상은 20세기의 여러 혁명을 낳았다. 그렇지만 어떤 사회도 진보된 공산사회로의 접근에 성공하지 못했다. 분명히 마르크스의 목표처럼 보였던 국가 소멸 이후의 낭만적인 개인주의는 어느 곳에서도 찾아볼 수 없었다. 심지어 명백한 공산주의 사회마저도 마르크스의 추종자들에 의해 '국가자본주의State capitalism'의 사례라고 비난받았다.

마르크스는 한층 더 심오한 철학적 차원에서 잘못된 인간의 조건이 무엇인가, 그리고 그것을 어떻게 바로잡을 것인가의 문제를 제기하고 있다. 모든 경제이론을 인간 본성에 관한 가정에 의존하지 않을 수 없는 것이다.

무엇보다도 마르크스는 인간의 완전함을 신뢰했다. 그는 자본주의 사회의 구조에 의해 우리가 살아가야 하는 삶은 방해 받고 좌절하게 된다고 믿었다. 이러한 구조가 척결될 때, 진정으로 인간적인 모든 것을 제대로 꽃피운 사례가 있는지를 묻는 것은 부적절한 처사가 아닐 것이다.

마르크스주의 창시자가 노동자 계급의 새로운 세계관을 다듬는 데 있어서 중요한 과제로 삼은 것은 관념론적 편견과 형이상학적 사고를 극복하고, 노동자 계급과 근로대중의 계급적 권익을 실현하기 위한 현실적 조건을 분명히 한 것이었다. 여기에서 그들은 오랜 기간 철학에서 논의되면서도 해결되지 않았고, 세계가 본질에 있어서 물질인가 의식인가라고 하는 문제와 세계와 인간이 변화 발전하는가 그렇지 않은가라고 하는 문제의 해명에 주력主力을 기울이지 않을 수 없었다.

그런 이유로 세계에 있어서 인간이 차지하는 지위와 역할에 관한 문제를 철학의 근본 문제로써 설정하고 세계관적인 높이에서 인간의 본질적 특징을 해명하는 과제를 전면에 제기하지 않았던 것이다.

인간중심철학은 이제까지 철학에 의해서 인간에 대한 관념론적인 견해를 극복하고 과학적인 견해를 세우는 길이 열린 조건하에서 사회적 존재로서의 인간의 본질적 속성과 특징을 해명하는 과제를 제기하고, 과학적 해답을 준 것이다.

인간중심철학은 철학에 대해서 청산주의적淸算主義的으로 대하는 것은 결코 아니다. 인간중심철학에서는 이제까지의 단계에서 획득한 합리적이고 긍정적인 성과를 계승하고, 그 기초 위에 인간에 대한 주체적인 견해를 주려는 것이다.

# 제2장

---

# 인간의
# 본질적 특성에 관한
# 철학적 고찰

# 제1절__ 인간의 본성에 관한 사회생물학적 견해

2장에서는 인간중심철학에서 주장하는 인간의 본질적 특성을 알아보기 전에 먼저 사회생물학자들의 주장을 알아보고자 한다. 그 이유는 인간의 본성에 관한 상이相異한 주장을 살펴보는 것도 나름대로 의미가 있을 것으로 사료되기 때문이다.

일찍이 『종의 기원(The Origin of Species)』 출간으로 유명한 다윈(1809~1882)은 인간에게는 근본적으로 유전된 본능이 있음을 인정했다. 그가 말하는 인간의 유전적 본능이란 자기보존, 성애, 신생아에 대한 모성애, 젖을 빠는 유아의 욕구 등을 예로 들기도 하였다.

이러한 본능은 통상 동물들도 갖고 있다. 다윈은 도덕이 우리를 동물과 구별하게 해준다. 따라서 도덕감이 우리를 '저급한 짐승'과 구별해주는 가장 중요한 차이라고 했다.

여기서는 인간 본성에 관한 대표적인 인물이었던 에드워드 윌슨[25](1929~2021) 교수의 주장을 중심으로 알아보고자 한다. 윌슨 교수는 다윈이 죽은 지 1세기가 지난 후 태어난 인물로, 인간의 본성에 관한 생물학적 견해를 발표한 대표적인 인물이었다.

윌슨 교수는 본래 미국 하버드대학교의 동물학 교수인 동시에 동 대학

---

25) 에드워드 오스본 윌슨(Edward Osborne Wilson, 1929~2021): 미국 앨라배마주 버밍엄에서 태어났으며, 개미에 관한 연구로 앨라배마대학교에서 생물학 학사 및 석사 학위를, 하버드대학교에서 생물학 박사 학위를 받았다. 퓰리처상 2회 수상에 빛나는 저술가, 개미 연구의 세계적인 권위자, 섬 생물지리학 이론 및 사회생물학의 창시자로 명성 높은 그는 1956부터 하버드대학교 교수로 재직해 왔고, 미국 학술원 회원이기도 하다. 또한 20여 권의 과학 명저를 저술한 과학저술가이기도 하다.

교 비교동물학 박물관의 곤충학 담당 부장이었다. 그는 1971년『곤충 사회』라는 방대한 책을 저술하였다. 그 후 3년이 지난 뒤『인간 본성에 관하여』라는 책을 저술하였으며, 이 책으로 말미암아 퓰리처상을 받았다.

월슨은 인간의 사회적 행동의 생물학적 기초를 중시해야 한다는 것을 강조했다. 그러나 그는 사회적 행동이 전적으로 유전적인 요인에 의해서 결정된다든가, 사회적인 모든 현상을 생물학적 요인으로 환원시킬 수 있다든가, 인간의 자유의지를 부정하고 인간의 도덕적인 향상의 가능성을 묵살하려고 하지는 않았다.

그렇다면 인간의 본성은 어떤 것인가에 관련해서 월슨이 생각하는 바를 살펴보자.

월슨은 오늘의 인류가 다른 영장류와 구별될 뿐 아니라 먼 과거, 가령 수십만 또는 수백만 년 전에 존재한 인류와도 다른 어떤 고유한 생물학적 성질을 선천적으로 갖고 태어난다고 생각하고 있다. 그 생득적 특성은 많건 적건 간에 개인의 사회적 행동에 영향을 미친다. 물론 개인의 사회적 행동이 전적으로 생물학적 요인에 의해서만 좌우되는 것은 아니다. 환경도 적지 않은 영향을 행동에 미친다.

모든 생물이 그런 것과 같이 사람도 환경에 적응한다. 사람의 경우에는 외부로부터 많은 정보를 얻고 그것을 적절히 처리하여 효과적으로 적응할 수 있게 하는 훌륭한 뇌를 가지고 있기 때문에 문화를 발전시킬 수 있었고, 새로운 경험과 학습을 통하여 새로운 지식을 축적함으로써 생물학적 요인을 조절할 수가 있게 되었다. 그러나 생물학적인 요인이 진화 과정에서 다소의 변화를 일으키긴 하지만, 역시 개인의 사회적 행동의 밑바닥에 깔려있다는 것을 부인할 수는 없다.

생물학적 요인은 개인의 사회적 행동에 영향을 미치기 이전에 우선 인지 작용과 의식에 영향을 미친다. 월슨은 의식이라는 말을 별로 사용하고 있지 않다.

그가 의식 대신에 주로 쓰는 말은 정신(mind)이다. 그는 정신이 무엇이라는 것을 규정하고 있지는 않다. 그가 쓴 책의 제목이 『유전자·정신·문화』로 되어 있는 것으로 짐작할 수 있듯이, 문화와 함께 정신이라는 것이 그에 있어서 극히 중요한 개념이라는 것을 직감할 수 있다.

월슨은 개인의 생물학적 특성이 그의 정신에 영향을 미치고 그의 학습활동과 사회적 행동을 좌우한다고 보고 있다. 여기서 생물학적 특성이라고 할 때 그가 주로 염두에 두고 있는 것은 선천적으로 간직하고 있는 성질인 것이다. 말하자면 인간으로서 개인이 갖는 본성을 뜻하는 것이다.

인간의 정신 또는 마음은 제1차적으로는 유전적인 요인에 의해서 결정되는 것이다. 그러므로 인간의 마음은 우선 유물론적인 기초를 갖고 있다고 할 수 있다. 그런 점에서 그는 자기를 과학적 유물주의자라고 부르고 있다.

그러나 그는 인간의 행동이 그리고 그 행동을 좌우하는 그의 정신이 전적으로 유전적 특성에 의해서만 결정된다고 생각하고 있지는 않다. 단순한 동물은 자동적 기계라고 할 만큼 거의 유전적 결정에 의해서 행동한다.

월슨은 인간의 지적 능력이 어느 정도 선천적으로 장치되어 있다는 것을 강조하기 위해서 발달심리학으로 유명한 피아제(J. Piaget)의 학설을 참조하고 있다.

피아제는 어린이의 지적인 발달이 일정한 단계를 밟는다는 것을 밝힌 바 있다. 본래 생물학도로서의 훈련을 받은 피아제는 지적인 발달을 조상으로부터 물려받은 유전적 프로그램과 환경의 상호작용으로 보고 있다.

월슨은 학습 규칙learning rule이라는 개념을 가지고 오늘의 인류에 있어서 어떤 행동은 아무리 환경의 압력이나 의도적인 훈련이 가해져도 도저히 학습될 수 없는 반면에, 어떤 행동은 강도 깊은 훈련을 시키지 않아도 쉽게 능률적으로 학습될 수 있게 되는 한계를 밝혀 보려고 노력하고 있다. 그런 학습 능력의 한계를 가진 성질, 그것을 윌슨은 인간의 본성이라고 생각하고 있는 것이다. 그런 전제하에 윌슨이 제시하는 인간 본성의 몇 가지를 살펴보자.

윌슨은 인간의 본성을 고찰하는 데 있어서 유전이 어떻게 관련되어 있는가를 살피고, 인류의 행동의 특성이 진화하는 데 있어서 학습 규칙의 중요성을 강조하였다. 그리고 그는 인간 본성의 기본적인 범주로서 공격성, 성性, 이타성 그리고 종교를 들고 있다.

## 1. 공격성

월슨이 인간의 본성으로서 제일 먼저 논한 것은 공격성이다. 인간의 본성 중에서 선천적으로 공격적이냐 아니냐 하는 문제는 인간의 다른 어떤 성격보다도 많은 학자들의 관심거리가 되었던 것 같다. 왜냐하면 이 문제는 인간이 과연 세상의 여러 가지 어려운 문제들을 평화적으로 해결할 능력이 있느냐 하는 사람들의 절실한 관심사와 직결되기 때문이다.

프로이트는 일찍이 인간은 공격적인 천성을 가지고 있다고 생각하였다. 또 프롬(E. Fromm)은 인간이 독특한 죽음의 본능에 좌우되어, 동물에서는 좀처럼 볼 수 없는 병적이고 격렬한 공격적 행동을 취하게 된다고 주장하고 있다. 그러나 공격성에 관하여 논쟁이 비등하게 된 것은 비교행동학比較行動學의 업적으로 노벨상을 탈 정도로 동물의 행동 특성에 관하여 조예가 깊은 로렌츠(K. Loenz)가 『공격』이라는 책을 내고, 거기에서 인간이 생득적으로 공격적인 성질을 가지고 있다고 주장한 데서 비롯된 것으로 생각된다. 그의 주장은 당연히 인간의 본성을 선한 것으로 보려는 도덕가와 사상가, 혹은 정치가들의 분노를 사기에 족한 것이었다.

비판은 그런 사람들에게서만 나온 것은 아니고 과학자들 사이에서도 제기되었다.[26]

이처럼 정치적, 이데올로기적인 함축성이 짙은 이슈로 다년간 논쟁의 대상이 된 문제를 월슨이 다시 들고 나온 까닭은 역시 그것이 인간의 본성을 특징짓는 특성 중에서 가장 중요하다고 보았기 때문이다. 이 문제에 대한 월슨의 근본적인 견해는 인간의 본성에는 공격행동을 발현하는 강

---

26) 이만갑 저, 「의식에 대한 사회과학자의 도전」- 자연과학적 전망- p.161

한 유전적 경향이 있다는 것이다.

그에 의하면 인간이 공격적 행동을 취하는 데에는 다음과 같은 7개의 상이한 범주가 있다고 한다.

① 영토의 공방에 관련된 반응
② 잘 조직된 집단 내에 있어서의 우위성의 주장
③ 성적인 공격행동
④ 이유離乳를 끝내기 위한 적대적 행동
⑤ 먹이가 되는 동물에 대한 공격
⑥ 포식자에 대하여 자기를 방위할 목적으로 취하는 반격행동
⑦ 사회적 규칙을 준수하기 위한 도덕적 훈육적 공격행동 등이다.

인간이 취하는 이 7개의 공격적 반응은 신경계통 내에서의 서로 다른 제어계에 의하여 지배되고 있다. 그런데 로렌츠나 프롬은 그것을 구별하지 않고 통틀어서 인간은 공격적인 것으로 단정하고 있다. 그런 점에서 자기의 주장은 그들과 견해를 다소 달리하고 있다고 윌슨은 말하고 있다.

인간 본성의 한 특징으로 윌슨이 공격성을 들고 있는 것은 적절한 일이라고 생각된다. 그리고 인간의 공격성을 논하는 데 있어서 프로이트나 로렌츠의 본능설을 거론하고, 그것을 논박하면서 인간의 공격성은 유전적·생물학적인 요인과 환경적인 요인이 상호작용하는 가운데 진화 과정에서 형성된 학습규칙에 규제된다고 하는 주장도 주목할 가치가 있다.

## 2. 성(性)

윌슨이 인간의 본성으로서 다룬 두 번째의 문제는 성이다.

성은 인간의 생물학적 현상 중에서 가장 핵심을 이루는 문제이며, 생활의 모든 면에 침투하면서 생의 여러 단계에서 새로운 모습을 다양하게 나타내는 현상이라고 윌슨은 생각한다.

이처럼 성이 복잡하고 다양하며 애매한 양상을 띠는 첫째 이유는 인간의 성이 번식을 위해서 고안된 것이 아니라는 사실에 기인한다고 한다. 만일 자식의 수를 늘리는 것이 성행위性行爲의 유일한 목적이었다고 하면 인류를 포함한 포유동물은 성을 통하지 않고 더 효과적으로 자식을 번식하는 방법을 고안해 내 진화했을 것이다. 원리적으로 말하면 유성생식有性生殖보다 무성생식無性生殖이 훨씬 안전하고, 에너지의 낭비가 적고, 또한 자기와 똑같은 자식을 생산하는 것이기 때문에 개체의 이기적인 이익에도 부합한다고 말할 수 있을 것이라고 윌슨은 말한다.

그러면 인류를 포함한 포유동물은 왜 위험성과 낭비를 수반하기 쉬운 유성생식의 방법을 택하게 되었을까? 이 질문에 대해서 어떤 사람은 쾌락이라고 답할지 모른다. 그러나 그것은 구애, 교미 그리고 자식의 보호를 위해서 많은 시간과 에너지의 투자를 강요하는 하나의 촉진 장치에 지나지 않으며, 성의 첫째 기능은 아니다. 이 질문에 대한 옳은 답은 성이 다양성을 가져옴으로써 끊임없이 변화하는 환경에 적절히 적응하는 가능성을 증대하기 위한 수단이라는 것이다.

어떤 사람들은 남녀 간의 성적 결합의 첫째의 의의를 생식에 두려고 하지만, 생식 자체가 성행위의 목적이라면 인류가 성적인 결합에 그처럼 복잡한 의식을 가질 필요가 없고, 성의 쾌락을 즐기는 데 그처럼 골몰할 필요가 없는 것이라고 윌슨은 말하고 있다. 물론 쾌락과 생식에는 다소간의 관련성은 있을 것이다. 그러나 성행위에서 얻는 쾌락은 생식에 도움이 되어서라기보다 훨씬 더 남녀의 유대를 강화하기 위한 수단으로 존재한다는 것이다.

## 3. 이타주의

인간이 이기적이라는 것을 부정하는 사람은 없을 것이다. 그러나 이기적으로 보이는 인간이 왕왕 이타적인 행동을 취한다는 것도 우리가 자주 보고 있는 현상이다. 그러면 인간은 본래 이기적인가, 혹은 반대로 이타적인가. 만일 이기적이라면 같은 사람이 어떻게 이타적일 수 있는가. 이러한 문제는 누구나 생각하고, 또 일상적인 화제로 자주 논의하는 것이지만 생물학자들도 이에 대해서 적잖은 관심을 기울여왔던 문제이다.

윌슨도 그런 생물학자 중의 한 사람이다. 그는 『인간의 본성에 관하여』라는 책에서 인간의 중요한 성질로서 이타주의를 공격성과 성性에 관련된 특성 다음으로 논하고 있다.

윌슨은 이타주의를 두 가지 유형으로 구분하고 있다.

하나는 견성 이타주의hard altruism이고, 또 다른 하나는 연성 이타주의 soft altruism이다. 견성 이타주의는 알렉산더(R. D. Alexander)가 정실적情實的 이타주의nepotic altruism라고 부른 것에 해당하는 것으로서 아주 촌수가 가까운 혈연자를 위해서 취해지는 것이다.[27] 그것은 비이성적인 것이며, 대가를 원해서 취해지는 것은 아니다. 이에 대하여 연성 이타주의는 트리버스(R. L. Trivers)가 호혜적 이타주의reciprocal altruism라고 부른 것으로서, 본질적으로 이기적인 것이며 자기 또는 자기의 근연자近緣者로부터 보답이 있기를 기대해서 취해지는 이타주의인 것이다.

인간이 이타적 행동을 취할 때 인종적 이익이 우선하는가, 사회 경제적

---

27) R. D. Alexander, 'The Evolution of Social Behavior' Ann, Rev, Ecol, Syst 5(1971), pp.325~383. 이만갑 전게서에서 재인용.

계급적 이익이 우선하는가 하는 것은 사회과학자에게 극히 흥미 있는 문제가 아닐 수 없다. 카리브해 지역의 중국인들을 연구한 자기 자신의 연구와 다른 사람들이 실시한 비슷한 연구를 종합하여 패터슨(O. Patterson)은 다음과 같은 결론을 내렸다.[28]

첫째, 역사적 상황에 의해서 인종에 귀속하는 것과 계급에 귀속하는 것, 그리고 민족에 귀속하는 것이 가져오는 이해에 대립이 생기면 개인은 그 대립을 최소한으로 줄이도록 노력한다.

둘째, 일반적으로 개인은 다른 누구보다도 자기 자신의 이익을 가장 크게 하려고 노력한다.

셋째, 일시적으로는 인종적, 민족적 이익이 우선할 때도 있지만, 장기적으로 보면 사회경제적 이익이 무엇보다도 우선한다. 이러한 패터슨의 결론을 참조하면서 인간이 이해타산을 따질 때 가장 우선하는 것은 자기 자신이고, 다음이 자기가 속하는 계급, 세 번째가 자기의 민족집단이라고 윌슨은 말하고 있다.

이타적 행동을 논하는 데 있어서 또 하나 고려해야 할 것은 이타적 행동의 심층구조의 기반이 되어 있는 '정서적 제어장치'이다. 견성이건 연성이건 간에 인간의 이타적 행동은 강력한 정서 장치에 의해서 조정되고 있다.

이상과 같이 윌슨은 인간의 이타행동의 심층구조보다 더 생물학적인 뿌리가 깊은 견성 이타주의와 문화 진화의 영향을 받으면서 형성된 연성 이타주의의 두 가지를 포함한 학습의 제 규칙과 정서적인 보강 장치를 기반으로 이루어진다고 설명하면서, 이 심층구조는 좀처럼 변화가 어려울

---

28) 위의 책, pp.166~169.

정도로 인간 본성의 바탕이 되어 있는 동시에, 모든 인간에게 보편적으로 볼 수 있는 것으로 생각하고 있다. 그리고 이 심층구조로부터 우리가 예측할 수 있는 집단 반응이 발생하는 것이라고 그는 추측하고 있다.

다시 말하면, 인간의 이타적 행동의 밑바닥에는 견성 이타주의가 도사리고 있고 그 위에 연성 이타주의가 진화했는데, 이 진화 과정에서 강한 정서적 보장 장치가 형성되어서 타산적인 이타주의의 실천이 바람직스럽게 이루어지고 있다. 만일 그런 타산적인 이타주의가 기대되는 방식으로 실천되지 않으면 상대자나 제3자로부터 강한 도덕적 비난을 사고 또 자기 자신이 죄책감을 느끼게 된다는 것이다.

이리하여 오늘의 인류는 양심에 어긋나는 행동을 하기가 어렵게 생물학적인 학습 규칙을 유전적으로 지니고 이 세상에 태어나는 것이 아닐까 하는 생각을 가능하게 하는 것이다.

## 4. 종교적 성향

생물학자가 종교를 인간 본성의 하나로 간주하여 논한다는 것은 아무래도 기이한 느낌을 주지 않을 수 없을 것이다. 그러나 생물학자 윌슨은 종교에 관하여 다음과 같이 중요한 발언을 하고 있다. 「신앙을 가지려고 하는 경향은 인간의 마음속에서 가장 복잡하고 강력한 힘이며, 아마도 인간 본성에서 근절시킬 수 없는 일부가 되어 있는 것 같다」라고.

어떤 사람은 지식이 발전함에 따라 종교는 마치 떠오르는 태양 앞에 어둠이 걷히는 것처럼 없어지고 말 것이라고 생각하는 사람이 있지만, 과학기술이 가장 발달한 미국의 경우 종교는 없어지기는커녕 계속 성행하여 세계에서 인도 다음으로 종교를 믿는 사람이 많은 나라로 꼽히고 있다.

사회과학의 시조인 콩트를 비롯하여 과학적 휴머니스트들은 열성적으로 종교를 규탄해 왔지만, 콩트 자신은 인간교人間敎라고 하는 종교와 별로 다를 바 없는 요소들을 가진 묘한 교敎를 제창했다. 오늘날 미국의 일부 과학자 또는 학식을 가진 사람들의 단체들은 노벨상 수상자와 같은 권위자까지 동원하여 종교를 비판하고 있으나, 그것은 별로 효과를 거두고 있지 못하다고 윌슨은 보고 있다. 그런 것을 보면 「인간은 아는 것보다 믿는 것을 선택하고 싶어 하는 듯하다」라는 것이다.

종교를 아편이라고 매도한 공산주의 — 공산주의 자체가 과학을 가장한 하나의 종교라고 윌슨은 생각하고 있다. — 를 신봉하는 사람들에 의해서 통치되고 있는 구소련에서 보면, 조직적 종교는 여전히 성황을 이루고 있어서 공산당원의 2배에 달하는 3천만 명의 러시아 정교도가 살고 있다. 그뿐 아니라 기타의 종교들이 700만 정도 있고, 이슬람교도가 2~3천만, 정통파 유대교 신자가 250만 명이 있다고 한다.

윌슨은 인류 사회에서 종교가 언제 어디서 어떻게 발생하였는가에 관해서 말하고 있지 않다. 그러나 그는 원시적인 종교가 장수長壽, 넓은 토지, 풍부한 음식, 물리적 재앙의 회피, 적의 정복 등, 순전히 현세적인 이익을 위해서 사람들이 초자연적인 존재에 의존하려는 행동에서 출발하였다고 보는 막스 웨버의 견해에 찬성하고 있다.

이러한 종교는 사람들에게 복리를 안겨주는 기능을 수행하는 점에서 종교도 인간의 다른 제도들과 다를 바가 없다. 제도로서의 종교는 집단 내에서는 사람들로 하여금 관용과 이타주의를 고취하지만 다른 종교집단에 대해서는 그런 미덕을 행사하지 않는다. 그런 점에서 종교는 전쟁과 경제적 착취를 수행하는 데 유용한 구실을 한다.

윌슨은 과학이 결국에 가서 종교의 정체를 밝혀낼 수 있을 것이라고 믿고 있다. 그러나 다음과 같은 두 가지 이유 때문에 그것은 용이하지 않다고 보고 있다. 그중 하나는 종교는 인간에만 볼 수 있는 현상인데 생물학과 같은 과학은 하등동물을 주로 연구하고 있어서 거기에서 도출된 제 원리를 그대로 종교에 적용시키는 것은 불가능하다는 것이다.

다른 하나는 종교를 파헤치는 데 관건이 되는 학습 규칙이라든가 궁극적인 유전적 동기는 종교를 믿는 사람이나 믿게 하는 종교 지도자 양자 모두에 있어서 의식 밑에 숨겨져 있기 때문에 포착하기 어렵다는 것이다.

오늘날 과학은 종교의 실태를 점점 더 분명하게 밝힐 수 있게 되어가고 있다. 그리고 언젠가는 완전히 설명할 수 있게 될 것이다. 그렇게 윌슨은 믿고 있으며, 그것을 밝히는 데 있어서 사회생물학의 역할을 강조하고 있다. 그러나 과학적 자연주의는 종교적 감정이 뿌리 깊고 강하게 된 생물학적인 근원에 관해서는 설명할 수 있어도 종교를 믿으려고 하는 선천적으로 장치되어 있는 마음의 근원을 뿌리 뽑을 힘을 가지지 못한다고 그는 생각하는 것이다.

이런 주장에 대해서 프로이트는 종교적 충동이 인간 본성의 필수요소이기는 하나 사회구조의 필수요소라고는 생각하지 않았다. 그는 과학이 우리 외부세계의 실재에 대한 지식에 이르는 '유일한 통로'를 제공한다고 생각했다.[29]

프로이트는 종교를 한낱 환상으로 분류했다. 하지만 종교가 반드시 허위인 것만은 아니라는 것이며, 그 이유는 때때로 욕구가 실현되기도 하기 때문이라는 것이다.

---

29) 전게서, 로저 트리그 저, P.160 참조

# 제2절_ 인간의 본질적 특성에 관한 인간중심철학의 입장

인간중심철학은 인간의 본질적 특성을 과학적으로 해명했다.

인간은 물질세계의 일부분이지만, 단순한 물질적 존재가 아닌 세계에서 특수한 지위를 차지하는 특출한 역할을 하는 가장 고급한 물질적 존재이다. 따라서 인간을 올바로 이해하기 위해서는 세계의 다른 모든 물질적 존재와 근본적으로 구별되는 인간의 본질적 특성을 해명하지 않으면 안 된다.

인간의 본질적 특성은 인간이 자주성, 창조성, 사회적 협조성과 의식성을 갖는 사회적 존재라는 데 있다. 인간중심철학은 이를 해명함으로써 인간에 대한 새로운 철학적 해명을 성취하였다.

인간의 본질적 특성에서 무엇보다도 중요한 것은 자주성과 창조성이다. 인간의 본질적 속성이라고 하는 의미에 있어서는 자주성과 창조성을 인간의 본성이라고 할 수 있다.

지금까지 대다수 철학은 인간의 본성을 자연적 속성, 생득적 속성으로써 이해해 왔다. 또한 인간을 사회적 관계 속에서 파악했던 철학은 인간 본성의 해명에 많은 관심을 기울일 수가 없었다. 그러나 자연적 존재뿐만 아니라 사회적 존재도 속성을 갖고 있기 때문에 이에 대해서도 논하지 않으면 안 된다. 모든 물질적 존재는 고유한 속성을 갖고 있으며 이로 인해 상호 구별된다.

물론 사물의 차이는 속성의 차이로서만 귀착하지 않는다. 물질적 존재는 고유한 결합 구조를 가지며 물질적 존재의 속성은 그 결합 구조에 의해서 규정된다. 사물의 본질적 특성을 올바로 이해하는 데는 결합 구조의 측면뿐만 아니라 속성의 측면에서도 본질적인 것을 파악하지 않으면 안 된다.

자주성과 창조성은 가장 고급한 물질적 존재, 사회운동의 주체로서의 인간의 고유한 특징이다. 일반적으로 사물을 올바로 이해하는 데는 존재와 운동의 양 측면을 명확히 구별하지 않으면 안 된다. 모든 사물은 운동한다.

자주성과 창조성은 함께 인간의 본질적 속성이지만, 그것들은 상호 다른 측면을 가지므로 나누어서 고찰해야 한다.

## 1. 자주성

### 1) 자주성의 개념

인간은 자주성을 본질적 속성의 하나로 가지고 있는 존재, 자주적으로 살며 활동하는 사회적 존재이다.

자주성은 자기의 이해관계를 옳게 타산할 수 있는 능력과 자기의 요구와 이익을 고수할 수 있는 의지와 용기를 내용으로 하고 있다.[30]

인간의 본질적 속성으로서 자주성의 개념은 인간중심철학에 의하여 처음으로 정립된 철학적 개념이다. 지난 시기에도 '자주성'이라는 단어는 있었고, 우리의 주변에서도 '자주성'이라는 용어를 흔히 쓰고 있다. 그러나 그것은 개개인의 자기 행동에 대한 권리와 책임을 뜻하는 것으로서 인간의 본질적 속성을 표현하는 철학적 개념은 아니다. 그러면 철학적 개념으로서의 자주성의 본질적 의미는 무엇인가.

자주성은 온갖 예속과 구속에서 벗어나 세계와 자기 운명의 주인으로서 자유롭게 살려는 사회적 인간의 성질이다. 맹목적으로 작용하는 자연의 힘에 순응하며 사회적으로 남에게 예속되고 얽매여서 굴종적으로 사는 것을 좋아할 인간은 없다. 따라서 자주성의 수준을 높이기 위해서는 이해관계에 관한 지식을 많이 축적하는 동시에 자기의 참다운 요구와 이익을 고수할 수 있는 의지와 용기를 키우기 위한 실천적인 단련을 해야 한다.

그러면 자주성이 인간의 본질적 속성으로 되는 이유는 무엇인가?

첫째는 사회적 존재인 인간만이 가지는 성질이라는 것이다. 인간 이외

---

30) 황장엽 저, 『인생관』, 시대정신, 2003 p.374

의 다른 생명 물질은 주위 환경에 순응하여 살려는 생물학적 요구, 본능적 요구를 가진다.

인간은 인간 이외의 생물체들에는 없는 그 어떤 것에도 구속되지 않고 세계와 자기 운명의 주인이 되어 살려는 요구를 가진다. 그러한 요구란 주위 세계를 자기에게 복종시키고 지배하며 자기의 이익에 맞게 이용하려는 요구인 것이다.

인간의 이러한 요구는 생물학적 개체로서 지니게 되는 본능적 요구가 아니라 사회적 집단의 구성원인 사회적 존재로서 지니게 되는 사회 역사적 요구이다.

인간을 순수 자연적인 개체라는 시각에서만 본다면 그러한 인간은 온갖 구속과 예속에서 벗어나 세계와 자기 운명의 주인으로 자유롭게 살려는 자주적인 요구를 가질 수 없는 것이다. 오직 사회적 집단과 자기 자신을 연결시키고 사회적 집단의 한 구성원으로서의 자기 자신을 자각한 사람들만이 자주적 요구를 가질 수 있는 것이다.

우리가 사회적 존재로서의 인간이라고 할 때에는 무엇보다도 인간의 사회적 집단을 의미하며 개개인의 경우에도 그가 사회적 집단의 한 구성원으로 살며 활동할 때 사회적 존재로서의 인간이라고 할 수 있다는 것은 재론의 여지가 없다. 따라서 자주성은 사회적 존재인 인간에게만 있는 고유한 성질이라는 것이 명백하다고 생각한다.

두 번째는 인간의 개별적 속성이 아니라 인간의 모든 활동에서 발현되는 근본적 성질이라는 것이다. 자주성은 인간의 생활과 활동의 모든 계기들에 일관하게 관철되는 근본 속성이다.

자주성은 인간의 모든 활동의 근본 원천, 동인動因으로 작용하는 성질이다. 인간의 모든 활동은 따지고 보면 온갖 예속과 구속에서 벗어나 자유롭게 살려는 자주적 요구에서 출발하여 그 실현을 목적으로 내세우고 자신의 육체적, 정신적 힘을 발동하여 추구해나가는 과정이다.

인간에게 고유한 활동인 노동활동이나 사회변혁운동은 본능적 요구가 아니라 자주적 요구에 의해 창출되는 활동이며, 객관세계에 순응하기 위해서가 아니라 그것을 개조하고 지배하기 위해서 벌여나가는 활동이며, 자신의 힘으로 자연과 사회를 개조하여 자기에게 복종시켜 나가는 활동이다. 그리고 인간은 노동활동과 사회변혁운동을 통해서만 자연의 구속과 사회적 예속에서 벗어나 자주적인 생활을 누릴 수 있다.

이와 같이 인간의 모든 활동의 근본 원천, 동인, 활동의 결과로써 누리게 되는 생활이 자주성에 의하여 규정되는 까닭에 자주성이 사회적 인간의 본질적 속성으로 되는 것이다.

자주성이 사회적 인간의 본질적 속성으로 되는 이유는 첫째로, 그것이 사회적 인간의 생명으로 되는 속성이라는 것이다. 인간은 사회적으로 자주성을 잃어버리면 목숨은 붙어 있어도 사회적으로는 죽은 몸이나 마찬가지다.

즉, 사회적으로 온갖 인권과 생존권을 빼앗기고 사회적 예속과 구속을 감수하면서 사는 인간은 단순히 음식물을 먹고 소화시키고 배설하며 번식하는 동물의 생활과 하등의 차이가 없다.

인간은 사회적 집단의 구성원으로서 사회적 존재로 되는 것이며 사회정치적 집단의 구성원으로서의 생명이 사회정치적 생명이다. 그러므로 인간은 사회정치적 생명을 가질 때 사회적 집단의 한 구성원으로서 자주성을 가진 사회적 존재가 된다.

자주성은 세계에서 사람이 차지하는 지위를 표현한다.

자주성은 온갖 구속과 예속을 반대하고 세계와 자기 운명의 주인으로 살려는 사회적 인간의 본질적 속성이므로 자주성을 가진 인간은 자연의 구속을 없애고 사회적 예속을 청산하며, 모든 것을 인간에게 이바지하도록 만들어 나간다. 자주성을 가진 인간이라야 세계와 자기 운명의 주인으로서의 지위를 차지하게 된다. 따라서 자주성의 개념은 세계의 주인으로서의 인간의 지위를 표현한다고 할 수 있다.

## 2) 자주성과 자주적 요구

자주성은 세계와 자기 운명의 주인으로서 자주적으로 살며 발전하려고 하는 사회적 인간의 속성이다. 자주自主란 문자 그대로 자기 자신이 자기의 주인이 된다는 것을 의미한다. 인간이 어느 대상에 대해서 주인이라고 할 때, 그것은 인간이 그 대상을 자기의 요구에 봉사하게 하고 지배한다.

인간은 외부세계에 예속해서 살아가려고 하지 않고, 그것을 지배하는 주인, 자기 운명의 주인으로서 자주적으로 살아가려고 한다. 인간은 단지 자기의 존재를 유지하려는 것이 아니라 발전시키려고 한다. 이와 같이 세계와 자기 운명의 주인으로서 살아 발전하려고 하는 속성이 다름 아닌 자주성이다.

인간의 자주성은 세계와 자기 운명의 주인으로서 자주적으로 살아가려고 하는 요구, 자주적 요구로 나타난다. 고등동물을 포함한 생명 물질은 살아가려고 하는 요구를 가지며, 생명체의 활동은 그 요구에 따라서 영위된다. 그러나 생명체 모두가 자주적으로 살아가려고 하는 요구를 갖는 것은 아니다. 자주적 요구를 갖는 것은 자주적인 존재인 인간뿐이다.

자주성, 자주적 요구에 대한 이해는 요구에 대한 이해를 전제로 한다. 일반적으로 인간의 요구는 인간의 생존과 발전 조건에 대한 필요라고 말할 수 있다.

　인간의 요구의 주체는 어디까지나 인간 자신이며, 인간은 세계에서 유일한 자주적인 존재이다. 인간은 자주적으로 살아가기 위하여 활동하며 자기 자신을 발전시킨다. 인간은 자기 자신의 생존과 발전을 위하여 객관적인 조건과 대상을 필요로 하지만, 그 요구는 인간에 의해서 주관적으로 규정되는 것은 아니다.

　인간의 요구는 그것에 대한 자각과 원망願望에 의존하는 것이 아니라 사람들이 현실적으로 갖는 것이다. 요구는 인간이 현실적으로 존재하는 대상에 대해서 갖는 현실적인 필요이다.

　이와 같이 인간 요구의 본질에 관한 문제란, 결국 주체와 객체의 관계의 문제로 된다. 인간중심철학은 인간 중심의 주체적 관점에서 인간의 요구를 고찰함으로써 인간이 자주적 요구를 갖는다는 것을 새롭게 해명했다. 지금까지도 인간의 요구에 대해서 적잖게 논의되었으나, 자주적 요구라고 하는 개념은 인간중심철학에 의해서 처음으로 정립된 것이다.

　자주적 요구는 인간에게 고유한 요구였으며, 그것은 생명 물질이 외부환경에 순응해서 자기를 보지保持하려고 하는 요구와는 근본적으로 다르다. 생명 물질도 생존을 위해 외부환경과 대상을 필요로 한다. 생명 물질은 환경과의 상호작용을 통해서 자기를 환경에 해소解消시키는 것이 아니라, 반대로 동화작용에 의해서 환경을 자기의 존재와 발전을 위해 능동적으로 이용한다.

　인간은 동물과 같이 외부환경이나 자연에 순응해서 살아가는 것이 아니라 그것을 지배하며 살아가려고 한다. 인간에 있어서는 요구 실현의 대상 범위가 한정되어 있지 않다. 인간은 외부세계에 기성의 형태로 주어진 것을 이용하는 데 그치지 않고 세계를 개조하는 창조적 활동을 통해서 요구를 충족하는 새로운 대상을 만들어 낸다.

인간은 단순히 육체적 생명을 유지하기 위해 객관적 대상을 필요로 하는 것이 아니라 그것을 초월한 다양한 요구를 제기한다. 인간은 외부세계를 자기를 위해 전환하고 지배하면서 살아간다. 이와 같이 외부세계는 인간에 의한 지배의 대상이며 그것에 대한 인간의 요구는 지배하려고 하는 요구, 주인으로서의 요구이다. 여기에 외부환경에 순응해서 생명체를 유지하려고 하는 동물의 요구와는 구별되는 인간 요구의 근본적 특징이 있다.

세계를 지배하려고 하는 요구, 세계를 자기에게 봉사하게 하고 그 주인으로서 살아가려고 하는 요구는 인간만이 제기하는 것이다. 인간의 고유한 요구는 모두 자주적 요구이며, 인간이 생활 과정에서 제기하는 요구는 모두 자주적 요구의 구체적인 표현이다.

인간 육체의 유지와 관련한 제諸 요소는 자주적으로 실현된다고 하는 의미에서 그것을 자주적 요구라고 말할 수 있다. 그러나 이것은 인간의 자주적 요구가 신체 유지의 요구에 귀착한다고 하는 것을 의미하는 것은 아니다. 보통, 인간의 요구라고 하면 생명 유기체를 보존하려고 하는 요구, 생명체 자체의 보존에 대한 요구로서만 이해되고 있지만, 이것은 요구에 대한 일면적인 이해라고 말할 수 있다.[31]

인간은 인간 상호 간의 관계나 사회 관계에 있어서 이와 같은 요구도

---

31) 오스트리아의 정신병리 학자는 인간의 요구를 생리학적, 본능적 요구에 귀착시켜 고찰했다. 그는 인간의 요구를 에로스(性愛)와 파괴 본능으로 나누었다. 그의 견해에 의하면 에로스는 자기보존의 본능, 종 보존의 본능, 자기에 대한 사랑, 대상에 대한 사랑 등, 모든 것을 포괄하는 것으로써 항상 보다 큰 통일체를 만들고, 그것을 보존하려고 하는 충동이라고 했다.

아무런 구속을 받지 않고 실현하려고 한다. 인간은 사회의 통일적인 지휘권인 정권과 생산수단의 주인이 될 때, 사회 관계에서 갖는 모든 요구를 아무런 구속을 받지 않고 실현할 수 있는 것이다. 따라서 정권과 생산수단의 주인이 되려고 하는 것과 사회의 주인이 되는 것은 사회적 존재로서의 인간의 본성적 요구로 된다.

인간이 자연과 사회의 주인이 되려면 자기 자신의 주인이 되지 않으면 안 된다. 이는 자기의 활동 능력을 자기의 요구에 따라서 자신을 위해 사용할 수 있어야 한다는 것을 의미한다. 이렇게 되어야 인간은 자연과 사회를 지배하는 활동을 순조롭게 실행할 수가 있고, 자연과 사회의 참된 주인이 될 수 있다. 인간이 자기 자신의 주인이 되기 위해서는 주인으로서의 자질, 즉 자주적인 의식과 창조적 능력을 가져야 한다. 자주적인 사상의식과 창조적 능력을 갖는 인간이야말로 유력한 존재가 될 수 있다. 그렇기 때문에 인간은 자연의 주인, 사회의 주인으로 되려고 하는 요구만이 아니라 자신의 주인으로 되려고 하는 요구를 갖는 것이다.

자신의 주인이 되기 위한 요구는 인간 개조를 통해서 실현된다. 인간 개조 활동에 있어서 인간은 주인임과 동시에 대상이 된다. 인간은 자연과 사회를 개조할 수 있을 뿐만 아니라, 자기 자신을 창조적 활동의 대상으로 하고 자기 자신에게도 요구를 제기하는 것이다.

자신의 주인으로 되려고 하는 요구는 자주적 사상의식과 과학지식을 높이려고 하는 요구라고 하는 의미에서 그것은 정신적 요구라고 말할 수 있을 것이다.

이와 같이 인간은 자연과 사회와의 관계뿐만 아니라 자기 자신과의 관계에서도 주인으로 되려고 하는 요구를 갖는다.

첫째, 자연의 주인이 되려고 하는 요구

둘째, 사회의 주인이 되려고 하는 요구

셋째, 자신의 주인이 되려고 하는 요구

이는 자주적 존재로서의 인간의 3대 요구이다.

이 세 가지의 요구는 어느 하나가 다른 하나에 의해서 규정되기도 하고 파생한다고 하는 관계에 있는 것이 아니라, 이들은 서로 연관해 있으면서도 독자적 의식을 갖는 요구이다.

인간은 육체를 유지하는 요구를 충족하지 못하면 생존하는 것도 사회 정치 생활을 영위할 수도 없다고 하는 의미에서는 자연의 주인으로서의 요구가 가장 기초적인 요구이다. 그러나 사회적으로 결합하지 않고 사회의 주인이 되지 않는 한 자연의 주인이 될 수 없다고 하는 의미에서는 사회의 주인으로 되려고 하는 요구가 가장 중요한 요구가 된다. 그래서 자신의 주인이 되지 않는 한 자연과 사회의 개조를 순조롭게 전개할 수가 없으며, 자연과 사회의 주인으로서 살아가려고 하는 요구를 실현할 수 없다고 하는 의미에서는 이것이 세 개의 요구 가운데 가장 기초적인 요구가 된다.

따라서 어느 하나의 요구에 인간의 모든 요구를 귀착시키거나 해소解消하게 되면 인간에 고유한 요구를 올바로 이해할 수가 없다.

인간은 외부세계에 종속하지 않고 자주적으로 살아가려고 하는 요구를 가지며 그것을 자신의 힘으로 실현하는 존재이므로 단순히 세계의 일부분이 아닌 세계를 지배하는 주인으로서의 특출한 지위를 차지하고 있다.

자주성은 인간을 자주적으로 활동하게 하는 속성이다. 바꾸어 말하면, 자주적인 요구는 인간을 자주적으로 활동하게 하는 근본 원인이 된다.

인간의 자주적 활동은 자주적 요구에 기인해서 추진된다. 자연을 개조하는 창조적 활동이건, 과학 이론적 활동이건 인간의 고유한 활동은 모두 자주적인 요구를 원인으로 한다. 물론 인간 생활의 객관적 조건이나 환경도 인간의 활동을 규제하는 요인이 된다.

객관적 조건이나 환경이 변화하면 인간의 요구도 변하고 그에 상응해서 인간의 활동도 다른 형태로 진행된다. 다만 객관적 조건이 바뀌어도 인간의 요구는 바뀌지 않는 경우도 있으며, 그렇게 되면 객관적 조건은 인간의 활동에 아무런 작용도 미칠 수가 없다. 객관적 조건이 아니라 바로 주체인 인간 자신이 갖고 있는 요구가 인간 활동의 근본 원인이 되기 때문에 요구가 제기될 때 비로소 인간의 활동이 시작된다. 이와 같은 의미에서 요구를 인간 활동의 「출발점」, 「근원」, 「원천」이라고 말하는 것이다.

인간은 의식이 발달함에 따라서 자주적 존재로서의 자기의 본성적 요구 및 자주적 요구와 관련한 본질적인 이해관계를 보다 깊게 자각한다. 자주적 요구 및 그것과 관련한 본질적인 이해관계를 체계적으로 장악한 것이 자주적인 사상의식이다.

자주적인 사상의식은 인간에게 객관적 대상에 대한 자주적인 요구를 올바로 제기하고, 그 방향에서 활동하도록 한다. 자주적인 사상의식을 갖지 않는 인간은 자주적인 존재로서 살아갈 수도, 발전할 수도 없다.

인간이 얼마나 높은 수준의 자주적 요구를 제기하느냐 하는 것은 얼마나 높은 수준의 자주성을 갖고 있는가의 표현이며, 그것은 결국 얼마나 높은 수준의 자주적 사상의식을 갖느냐에 따라서 규정된다. 요컨대 자주적 사상의식의 높이는 자주성의 높이를 대표한다고 할 수가 있다. 그러나 이것은 자주적인 사상의식과 자주적 요구가 같다든가, 자주적인 사상의식에 의해서 자주적 요구가 생긴다는 것을 의미하는 것은 아니다.

자주성은 자연에 의해서가 아닌 사회에 의해서 인간에게 부여된 속성이며, 자연계에서 이어받은 것이 아니고 사회적 역사적으로 형성되어 발전해온 속성이다. 자주성은 자연적이 아닌 사회적 역사적으로 형성되고 발전하는 속성이다. 자주성은 자연적 존재로서가 아닌 사회적 존재로서의 인간이 갖는 속성이다.

자주성은 인간의 사회적 집단이 본성적으로 갖는 속성이다. 자주성은 사회적 집단에 체현되어 그 활동, 다시 말하면 사회적 운동을 일으키는 속성으로써 작용한다. 사회적 속성도 물질적 실체에 체현되어 작용하고 사회적 운동의 과정에서 발전한다.

개인은 사회의 구성원이 되어 사회생활을 영위함으로써 자주성을 지니고 자주적으로 활동하게 된다. 이와 같은 의미에서 자주성은 사회가 부여하는 속성이라고 말할 수 있다.


인간의 자주성과 창조성이 발전하고 세계의 개조를 지향하는 인간의 창조적 활동의 강화에 따라 인간의 요구는 다양화하고 발전했다. 생산력이 발전하고 생산에 있어서 분업화가 진행함에 따라 인간의 생활수단에 대한 요구는 양적으로나 질적으로 높아졌다. 그래서 사회적 집단의 규모가 확대하고, 사회개조 활동이 독자적인 사회적 기능으로 변화함에 따라서 자연과의 관계를 통해서 갖는 요구가 명확히 분화하게 되었다.

역사와 더불어 인간의 자주성과 창조성이 발전하고, 자주성을 실현하는 창조적 활동이 발전함에 따라 인간의 요구도 한없이 다양화되고, 인간의 요구를 제기할 수 있는 범위도 더욱 확대되었다. 이 모든 것은 자주성이 사회 역사적으로 한없이 발전하는 사회적 속성이라는 것을 의미한다.

## 2. 창조성

### 1) 창조성의 개념

사회적 존재인 인간 생명의 본질적 특징은 온갖 예속과 구속에서 벗어나 자기의 삶의 욕망을 자유롭게 실현하려는 자주적인 요구를 가지고 있으며 그것을 실현할 수 있는 창조적 능력을 가지고 있다는 것이다.

자주적으로 살려는 것이 인간생활의 근본 목적이라면 그것을 실현하기 위한 기본 수단은 창조적 능력이라고 볼 수 있다.[32]

자주성이 모든 인간 활동의 근본 원천, 동인動因으로 되는 성질로써 인간을 활동으로 추동推動하고 그 목적과 방향을 규정하는 것이라면 인간의 이러한 자주적 요구는 무엇에 의하여 실현되는 것이냐 하는 문제가 제기된다.

인간은 자기의 자주적 요구를 실현해 나갈 수 있는 생활력을 가지고 있다. 바로 창조성이다. 인간중심철학에서는 창조성을 인간의 또 하나의 본질적 속성으로 규정하였는데, 그러한 인간의 창조성에 대하여 소상히 파악하기에 앞서 개념부터 분명히 이해하는 것이 좋으리라 생각된다.

창조성은 창조적 능력이다. 그것은 자기의 목적을 실현하는 데 필요한 방법에 관한 지식과 그 지식을 활용할 수 있는 실천 능력이다. 자주성과 창조성은 상호 의존한다. 즉 목적과 수단은 상호 의존한다.

창조성이란 한마디로 말해 자주적 요구에 맞게 목적의식적으로 세계를 개조하고 자기 운명을 개척해 나가는 사회적 인간의 속성이다.

인간 이외의 생명 물질은 자연에 있는 것을 그대로 이용할 뿐이며 그것에 자기를 순응시킴으로써 생존을 유지한다. 그리고 본능적 요구를 충족

---

32) 황장엽 저, 「인생관」, p.244

시킬 수 있는 천연적인 물질이 없어지거나 변화된 환경에 순응하지 못할 때는 생존을 유지해 나갈 수 없다.

그러나 인간만은 세상에 태어난 이래 쇠퇴하거나 멸망하지도 않고 중단 없이 발전하고 있다. 그것은 인간이 자기의 생존에 불리한 자연환경과 사회 관계를 자기에게 유리하게 개조하고 변혁해 나가는 창조성을 지니고 있기 때문이다.

인간은 자연이 주는 기존 형태의 사물만으로는 최소한의 생리적 요구도 충족시킬 수 없다. 인간은 자연을 개조하여 기성의 형태로 존재하지 않는 새것을 만들어 내야 필요한 생활수단을 마련할 수 있고, 생활에 유리한 환경을 조성할 수 있다.

그러면 인간의 창조적 능력은 무엇일까?

사회적 인간의 창조적 능력에는 인간 자신의 신체에 내재화되어 있는 창조적 능력과 객관화된 창조적 능력이 있다. 인간 자신의 몸에 내재화되어 있는 창조적 능력은 사회 역사적으로 축적된 지식과 기술, 기능, 경험과 체력이다.

인간의 모든 활동은 객관적 대상을 자기의 요구에 맞게 개조하고 변혁하는 활동이다. 따라서 대상의 본질과 그 운동 발전의 합법칙성, 대상을 개조하고 변혁하는 질서와 방법 등을 알아야 하는데 그것은 지식, 기술, 기능, 경험을 통해 이루어진다.

객관화된 창조적 능력은 역사적으로 축적된 물질, 문화적 수단이다. 인간은 자연과 사회를 개조하는 활동에서 획득한 지식과 경험을 머릿속에 가지고 있을 뿐 아니라 객관화하여 사회의 물질적, 문화적 수단을 창조하고 활용한다.

이와 같이 인간은 사회 역사적으로 형성되고 축적된 능력인 창조적 능력을 가지고 있기 때문에 창조성을 가진 사회적 존재가 된다.

그러면 사회적 인간의 속성으로서의 창조성의 특성은 무엇일까? 그것은 한마디로 말해 목적의식적으로 작용하는 힘이다. 인간의 창조적 힘은 인간 의식의 관할 하에 일정한 방향과 목적을 가지고 통일적으로 작용하며 필요한 곳에 합리적으로 쓰인다. 동물의 활동에는 합목적성은 있으나 목적의식성은 없다.

그러나 인간은 목적을 세우고, 설계하고 구성하며 그 결과를 예견하고 의도적으로 활동한다. 따라서 세계를 개조하고 변혁하는 인간의 모든 활동은 자주적 요구에 따라 창조적 능력이 목적의식적으로 작용하는 과정이라고 말할 수 있다.

이와 같은 창조성은 사회적 존재인 인간의 개별적 속성이 아니라 본질적인 속성이다. 그것은 창조성이 세계와 자기 운명을 개척하는 인간의 생활력을 이루는 속성이기 때문이다. 동물도 생명체인 만큼 생활력을 가지고 있다.

그러나 동물의 생활력은 자연이 기성의 형태로 주는 것을 이용하여 환경에 적응해 나가는 순응력이다. 반면에 인간은 객관세계를 개조하고 새것을 창조해 냄으로써 살며 발전한다. 그러므로 동물과 구별되는 인간의 생활력은 새것을 만들어 내는 능력, 즉 창조적 능력인 것이다.

개개의 인간은 사회적 관계를 맺고 집단의 구성원이 될 때 이러한 사회적인 창조적 능력과 힘을 가지게 되고, 그에 의거하여 세계를 개조하고 자기 운명을 개척해 나가게 된다. 그렇기 때문에 창조성은 사회적 존재인 인간의 생활력이 되는 것이다.

창조적 역할은 사회에서 차지하는 인간의 지위를 높이는 데 그 목적이 있다. 창조적 힘은 정신적 힘과 물질적 힘, 사회적 협조의 힘을 다 포함하고 있으며 인간의 창조성은 자주성, 사회적 협조성과 밀접히 결합되어 있다.

그러므로 창조적 힘을 강화 발전시키기 위해서는 물질적 힘과 정신적 힘, 사회적 협조의 힘을 다 같이 종합적으로 발전시켜야 하며 창조성과 함께 자주성과 사회적 협조성을 다 같이 발전시켜야 한다.

이와 같이 창조성은 사회적 존재인 인간에게 고유한 성질로써 사회적 인간의 생활력을 이루며 인간의 모든 활동에 일관되어 있는 근본 속성인 까닭에 사회적 존재인 인간의 본질적 속성인 것이다.


## 2) 창조적 능력과 창조적 활동

인간은 창조성을 가진 존재, 창조적 존재이다.

창조성은 목적의식적으로 세계를 개조하고 자기의 운명을 개척해 가는 사회적 인간의 속성이다. 창조성 때문에 인간은 낡은 것을 변혁하고 새로운 것을 창조하면서 자연과 사회를 자기에게 한층 유용하고 유익한 것으로 개조해 간다.

창조란 새로운 것을 처음으로 만들어 내는 것이다. 인간은 세계를 자기의 의사와 요구에 맞게 개조하는 창조적 활동을 수행함으로써 자기의 운명을 개척한다.

창조적 활동은 인간의 전형적인 활동이며 인간의 기본적인 생활양식이다. 인간의 창조적 활동은 인간의 능력과 창조적 힘에 의해서만 진행된다. 따라서 인간이 창조적 능력을 가지고 있다는 것을 가리키고 있다.

창조적 능력은 인간에게 고유한 발전 능력이다. 인간은 창조적 활동을 통해서 자기를 보다 강한 존재로 발전시키고, 세계를 자기에게 유리하게 발전시킨다. 따라서 창조적 운동의 과정은 인간의 발전 과정이 되며, 그 것을 추진하는 창조적 능력은 인간의 발전 능력으로 된다.

자주성이 인간의 고유한 활동의 원인이 되는 속성, 인간의 고유한 활동의 방향을 제기하는 속성이라고 한다면, 창조성은 인간의 활동 능력을 특징짓는 속성이라고 말할 수 있을 것이다. 인간의 고유한 활동은 자주적 요구에 의해서 수행되지만, 그것만으로는 활동을 추진할 수는 없다. 인간의 자주적 요구는 세계를 자기의 요구에 입각해서 개조하고 자기에게 유익한 것이라야 실현되며, 세계를 개조하는 활동은 창조적인 힘이 가해져야만 추진된다.

인간에 고유한 생활 능력은 창조적 능력이며 그것이 인간의 생활 능력에 있어서 기본이 된다. 인간은 생명 물질의 생활 능력과 근본적으로 다른 창조적 능력을 갖고 있기 때문에 세계에 순응해서 운동하는 것이 아니라 그것을 자기의 요구에 맞게 개조하고 그 주인이 되며 자기의 운명을 개척해 나가는 것이다.

인간의 창조적 능력은 목적의식적으로 작용하는 힘이다. 따라서 인간의 생활 능력은 동물의 그것과 비교해서 질적으로 우위인 것이다. 동물의 생활 능력은 생활의 요구에 따라서 실현되지만 목적의식적으로 작용하는 것은 아니다.

인간의 창조적인 힘은 물질적 힘과 정신적인 힘과의 통일이다. 물질세계는 물질적인 힘에 의해서만 개조할 수가 있다. 인간의 창조적인 힘이 물질세계를 개조하고 변혁할 수가 있는 것은, 그 자체가 하나의 물질적인 힘에 의해서 작용하기 때문이다. 그러나 인간이 갖고 있는 물질적인 힘은 객관적이며 맹목적으로 작용하는 물질적인 힘과는 다르게 인간의 정신적인 힘과 결합하여 목적의식적으로 작용한다.

인간의 물질적인 힘과 결합되지 않은 정신적인 힘은 객관세계에 어떠한 영향도 주지 못한다. 따라서 창조적인 힘에 대해서 언급하는 경우, 그 물질적인 면과 정신적인 면을 반드시 통일적으로 파악하지 않으면 안 된다.

인간의 창조적 활동은 반드시 주체인 인간과 개조해야 할 객관적 대상, 이 양자 간의 상호작용이 있어야만 성립한다. 인간이 창조적 활동을 올바로 수행하는 데에는 행동 목표를 올바로 세움과 동시에, 자기의 힘과 객관적 대상을 합리적으로 이용해야 할 방법을 알아야 한다.

인간의 힘은 자신의 요구나 의사意思의 통일 하에 사용하지만, 객관적인 대상은 인간의 요구나 의사와는 관계없이 객관적으로 존재하며, 객관세계에 있어서 힘의 작용은 객관적 조건이나 법칙에 의해서 규정된다.

자연과학은 다양한 구조를 가진 물질의 특징과 그 운동의 변화 발전의 합법칙성에 관한 지식을 제공하고, 과학기술은 물질세계가 인간의 요구에 맞게 변화하는 조건과 그 과정에 관한 지식을 제공한다. 자연과학과 과학기술에 관한 지식을 몸에 지녀야만 인간은 자연의 힘을 자기의 요구대로 이용할 뿐만 아니라 자연을 바꾸는 제 조건을 만들어 내는 데 자기의 물질적 힘을 합리적으로 이용할 수가 있다.

사회과학은 사회발전의 합법칙성에 관한 지식과 사회개조의 방법에 관한 지식을 제공한다. 사회과학에 관한 지식을 몸에 지녀야만 인간은 자기의 요구에 맞게 사회를 개조하고, 사회적 지위와 역할을 높일 수가 있다.

객관세계의 힘을 인간이 이용하는 경우는 객관세계에 대한 과학적 지식의 발전 정도와 밀접하게 연결되어 있다. 따라서 자연과 사회를 개조하는 창조적 활동을 발전시키는 데는 과학을 끝없이 발전시켜 객관세계의 특징과 운동 법칙을 올바로 해명하는 과학적 이론에 의거해야 한다.

이와 같이 자연과 사회에 관한 과학적 지식은 창조의 목적을 달성하기 위한 필수 수단으로써 창조적 활동을 밀고 나아가는 추진력이 된다.

정신적인 힘, 지적인 힘을 도외시해서는 인간의 창조적인 활동은 유지되지 않지만, 그것만으로는 창조적인 활동을 올바로 추진할 수가 없다.

과학적 지식만으로는 객관적인 대상을 변혁할 수가 없다. 그것은 물질적인 힘과 결합됨으로써만 창조적인 힘으로 될 수 있다. 인간의 힘은 창조적인 활동의 물질적 원천이다. 육체적인 힘없이 창조적인 활동은 있을 수 없다.

사람들은 자기의 육체적 기관만으로는 창조적인 활동을 수행할 수 없으며 자연 물질을 가공해서 만든 노동 도구를 위시해 물적 수단을 이용해서 창조적인 활동을 펼친다. 물질적, 기술적 수단은 인간의 육체적 기관의 연장이다. 사람들은 노동 도구를 위시해서 물질적, 기술적 수단을 발전시키고, 그것을 많이 가짐으로써 자연과 사회를 개조하고 변혁하는 활동을 발전시킨다.

인간은 자기의 창조력을 객관화함으로써 대를 이어 그것을 축적하고 발전시킬 수가 있으며, 창조력을 한없이 발전시킬 수 있다. 물질적·문화적 수단은 개개인의 신체에 모두 체현되어 있지 않지만, 그것은 인간의 사회적 집단에 체현되어 사회적으로 이용되고 발전한다.

창조적인 능력은 기능과 질質, 양量의 면에 있어서도 고찰할 수 있다.

기능면에 대해서 본다면 창조적인 힘은 인식 능력과 실천 능력으로 나누어진다. 인간은 인식 능력을 갖고 인식 활동을 한다. 인간은 인식을 통해서 창조적 활동에 필요한 과학적 지식을 체득하고, 그것을 발전시킨다. 이와 같이 인식 능력은 인간의 창조적 능력이 된다.

실천 능력은 자연과 사회를 개조하는 능력, 자연의 사물 현상의 형태를 변화시키고 새로운 사물 현상을 만들어 내는 능력과 낡은 사회 관계를 없애고 새로운 사회적 관계를 만들어 낼 수 있는 능력이다. 인간은 실천 능력을 가짐으로써 세계를 정신적으로 지배할 뿐 아니라 현실적으로 자기의 요구에 맞게 개조하고 그것을 지배하는 주인이 된다.

창조적인 힘은 주체로서의 인간이 갖고 있지만 객관적 대상에 작용하는 힘이다. 따라서 창조적인 힘을 작용하는 대상에 따라서 구분할 수 있는데, 대별하여 자연을 개조하는 창조력, 사회를 개조하는 창조력, 인간을 개조하는 창조력으로 고찰할 수 있다.

자연을 개조하는 인간의 창조력에 있어서 주된 것은 인간의 육체적인 힘과 자연을 개조하는 수단인 노동 도구 등의 물질 기술적인 수단이다. 자연을 개조하는 창조력은 생산력이다. 자연을 개조하는 창조력, 생산력은 노동과 노동 도구 등의 물질 기술적 수단으로 나눌 수 있다. 기본은 인간의 노동력이다.

사회를 개조하는 창조력은 자연을 개조하는 창조력과는 다르다. 사회의 주인이 되려고 하는 요구와 자연의 주인이 되려고 하는 요구는 다른 바, 그것을 실현할 수 있는 대상이 다르기 때문에 자연을 개조하는 창조력과 사회를 개조하는 창조력과는 다르다.

인간을 개조하는 창조적인 힘에 있어서 주된 것은 인간을 자주적으로 창조적인 존재로 키우는 교육과 문화이다.

인간을 개조하는 창조적인 힘인 교육과 문화는 사람들에게 자연과 사회에 대한 지식을 부여하며, 세계를 인식하고 변혁할 수 있는 창조적 능력과 사회적 인간으로서의 자질을 육성한다. 체계적인 교육을 통해서 사람들은 인류가 쌓아 올린 사상과 문화를 배우고, 자연과 사회에 대한 올바른 견해를 갖게 되며, 자연과 사회를 개조하기 위한 과학과 기술을 배우고, 사회의 주인으로서의 책임과 역할을 다하는 자질과 품성을 몸에 지니게 된다.

인간을 개조하는 힘을 키우는 활동은 자연과 사회를 개조하는 활동에 선행되어야 하는 중요한 활동이다. 인간 개조를 훌륭하게 수행해야만 자연을 개조하는 창조력과 사회를 개조하는 창조력이 발전하는 것이다. 당연히 인간을 개조하는 창조력은 그 이외의 모든 창조력을 키우는 기초가 된다.

자연을 개조하는 창조력, 사회를 개조하는 창조력, 자기를 개조하는 창조력, 이 세 가지는 인간의 3대 창조력이라고 말할 수 있다.


## 3) 자주성과 창조성의 상호 관계

인간의 자주성과 창조성은 밀접히 관련되어 있으며 통일적으로 발현된다. 인간의 본질적 속성을 이루는 자주성과 창조성은 사회적 존재인 인간이 동시에 체현하고 있는 속성이다. 인간이 자주성만을 갖고 창조성을 가지고 있지 않다든가, 창조성만을 갖고 자주성을 갖고 있지 않다는 것은 있을 수 없다.

자주성과 창조성은 한편이 다른 한편으로부터 파생되었다든가, 한편으로 귀착하는 것은 아니다. 자주성과 창조성은 독자적 의의를 갖는 인간의 본질적 속성이다.

자주성과 창조성은 통일적으로 작용하며 인간은 자주성이 있기 때문에 창조성을 발휘하고, 창조성이 발휘됨으로써 자주성을 견지堅持할 수 있다.

인간의 자주적 요구는 창조적 능력의 수준에 따라서 제기된다. 자연과 사회를 개조하고 변혁하는 창조적 능력의 한도 내에서 자주적 요구가 제기된다. 인간이 창조적 능력을 갖는다 해도 자주적인 요구가 없다면 그것은 현실적으로 창조력으로써 작용할 수가 없다.

이와 같이 자주성과 자주적 요구의 조절과 통제하에서 창조적인 힘이 작용하고, 창조적 힘에 입각해서 자주적 요구가 제기되고 실현되는 곳에 자주성과 창조성의 상호 관계의 특징이 있다.

자주성과 창조성은 밀접히 통일되어 있지만 사람들의 생활과 발전 과정을 보면 반드시 일치하는 것이 아님을 알 수 있다. 사람에 따라서 자주적인 사상의식의 수준은 높지만 창조적 능력은 상대적으로 열등한 경우가 있으며, 반대로 창조적인 능력은 높지만 자주적인 사상의식은 떨어질 수도 있다.

인간의 존엄과 가치는 자주성과 함께 창조성에 의해서도 평가되지만 보다 중요한 것은 자주성, 자주적 사상의식이다.

사회적 존재인 인간에게 있어서 자주성은 생명이며, 자주성, 자주적 사상의식에 의해서 인간의 가치와 존엄이 결정된다. 인간의 온갖 활동은 자주적 요구를 실현하기 위한 것이며, 자주적 요구를 실현할 때 비로소 인간은 자주적인 사회적 존재로서의 존엄과 가치를 갖고 인간답게 살아갈 수가 있다. 자주적인 사상의식을 가질 때 인간은 자주적 요구를 행동목표로 내세우고, 그 실현을 위해 자주적으로 활동할 수가 있다.

인간에게 있어서는 창조성도 귀중하다. 그러나 창조성, 창조적 능력은 자주적 요구를 실현하는 기본 수단이며 그 자체가 목적이 되지는 않는다. 창조성은 자주적 요구를 실현하는 기본 동력 수단이 되므로 중요한 것이다.

인간의 본질적 속성에 대한 올바른 이해를 얻기 위해서는 자주성과 창조성을 동등하게 고찰해야 하지만 우선 자주성부터 고찰해야 한다. 창조력 그 자체는 목적이 아니라 어디까지나 목적을 실현하기 위한 수단이며, 창조력을 주로 하여 고찰하는 것은 수단을 기본으로 하는 것이다. 만일 인간의 자주성을 보지 않고 창조성만을 본다면 인간을 자기를 위한 것이 아니고 타인을 위해 사는 존재로 보는 견해에 빠지게 된다.

물론 창조성도 인간의 본질적 속성을 이루며 창조성에 대한 이해 없이는 인간의 본질적 속성을 과학적으로 이해할 수는 없다. 그러나 창조성을 주로 해서 본다든가, 창조성에만 귀착시켜 본다면 인간의 본질적 속성 그 자체를 정확히 이해할 수 없게 된다.

인간중심철학은 역사상 처음으로 인간이 자주성을 갖는다는 것을 해명하고, 그것과의 관계에서 창조성을 갖는다는 것을 해명함으로써 인간의 본질적 속성에 대한 철학적 해명을 준 것이다.

## 3. 사회적 협조성

### 1) 사회적 협조성의 규정 배경

인간의 본질적 특성으로서의 「사회적 협조성」을 논하기에 앞서, 「인간의 본질적 특성」의 분류에서 '의식성' 대신에 '사회적 협조성'으로 대체된 경위에 대하여 먼저 짚어보고자 한다. 그 이유는 인간의 본질적 특성에 관한 분류가 인간중심철학을 창시한 황장엽 선생에 의해 일부 변경된 부분이 있기 때문이다.

선생께서 1997년 4월 망명하고 2년 후인 1999년도에 발간된 그의 저서 『개인의 생명보다 귀중한 민족의 생명』에서는 인간의 생명 활동의 기본 특징으로 자주성과 창조성, 의식성을 동물의 생명과 구별되는 인간 생명의 기본 특징이라고 규정했다.[33)]

그다음 해인 2000년 출간된 『인간 중심 철학의 몇 가지 문제』에서도 「동물의 삶의 요구가 환경에 종속되어 있다면 인간의 삶의 요구는 환경에 예속되지 않고 인간 자신의 창조적 힘에 의거하고 있다. 그러므로 이러한 인간의 삶의 요구를 자주적인 삶의 요구라고 하는 것이다. 또 이러한 자주적인 요구를 실현하기 위하여 객관세계를 개조하는 창조적 능력도 인간에게만 고유한 것이다.

자주적인 요구와 창조적 능력은 인간 생명에만 고유한 특징이라고 볼 수 있으며, 이것을 근거로 하여 인간에게 고유한 속성이 자주성과 창조성이라 하는 것이다. 자주성은 곧 자주적으로 살려는 요구이며, 창조성은 곧 객관세계를 자기 요구에 맞게 개조할 수 있는 창조적 능력이다. 자주성과 창조성은 의식적으로만 작용한다. 의식성은 인간에게 고유한 정신

---

33) 황장엽 저, 『개인의 생명보다 귀중한 민족의 생명』, 1999. p.143

작용으로서 인간의 본질적 속성에 속한다.」라고 기술되어 있다.(본고 116쪽 〈그림1〉 참조)

그러나 2001년 발간된 『인생관』에서는 「사회적 인간으로서의 생명의 기본 특징은 자주성과 창조성, '사회적 협조성'이다. 행복한 생활의 훌륭한 주체로 되기 위해서는 자주성과 창조성, 사회적 협조성의 수준을 높여야 한다. 자주성은 자기의 이해관계를 옳게 타산할 수 있는 의지와 용기를 내용으로 하고 있다. …창조성은 창조적 능력이다. 그것은 자기의 목적을 실현하는 데 필요한 방법에 관한 지식과 그 지식을 활용할 수 있는 실천 능력이다. …인간의 생활은 반드시 사회적 협조 관계 속에서 진행되는 만큼 사회적 협조를 강화하는 것은 행복한 생활을 위한 투쟁에서 매우 중요한 의의를 가진다. 인간은 개인적 존재인 동시에 집단적 존재이다. 고립된 개인으로서는 살 수 없기 때문에 사회적으로 협조하는 것이 불가피하다.」라고 하였다.[34]

여기서는 '의식성'이 삭제되고 '사회적 협조성'으로 대체된 것을 알 수 있다. 아마도 그 이유는 자주성과 창조성에도 의식성은 수반된다고 보았기 때문이며, 사회적 협조성이 뒤늦게 삽입된 것은 선생께서 위의 『인생관』을 집필할 무렵인 2001년경, '개인주의와 집단주의'의 원리를 발견한 것과 무관하지 않으리라 생각된다. 물론 '개인주의와 집단주의'라는 용어는 철학사에 많이 등장하고는 있다.

같은 해인 2001년도에 출간된 『사회 역사관』에서도 「인간의 사회적 속성의 수준을 높이기 위한 인간 개조사업에서 기본이 되는 것은 인간의 자주성과 창조성, 사회적 협조성을 강화하는 것이다.」라고 서술함으로써 앞의 『인생관』에서와 같은 내용으로 인간의 본질적 속성을 거론하고 있

---

34) 황장엽 저, 『인생관』, pp.373~374

다.[35](본고 116쪽 〈그림2〉 참조)

그러나 4년이 경과 한 후 2005년도에 간행된 『민주주의 정치철학』에 서는 「인간은 자주성과 창조성, 사회적 협조성과 의식성을 지니고 사회 적으로 결합되어 서로 협조 협력함으로써 자기의 운명의 주인으로 될 수 있다. 고립적으로는 사회적 존재로 될 수 없으며 인간으로서 살 수도 없 다. 개인은 사회적 집단의 한 성원으로서만 자기 운명의 주인으로서 살 수 있다.

사회적 존재인 인간은 사회생활 과정에서 획득한 자주성과 창조성, 사 회적 협조성과 의식성과 같은 사회적 속성을 구현한 생활력에 의거하여 자기의 생존을 보장해 나간다.」[36]라고 하였고, 아울러 「사회적 집단의 생 명의 기본 특징은 자연을 개조할 수 있는 창조적 능력을 가지고 있다는 것만이 아니다. 자주성과 창조성, 사회적 협조성과 의식성이 다 사회적 집단의 생명의 기본 특징이다.

자주성은 세계의 주인, 자기 운명의 주인으로서 끝없이 살며 발전하려 는 사회적 존재의 삶의 요구이며, 창조성은 세계와 자기 자신을 끝없이 개조하여 발전시켜나갈 수 있는 창조적 능력(발전 능력)이고, 사회적 협조성 은 개인의 생명과 생명을 결합시켜 사회적 집단적 생명체를 만들고 협조 협력의 힘을 끝없이 확대해 나가게 하는 친화력(결합 능력)이다.

사회적 생명체의 생명의 이러한 특성은 사회적 생명체의 주동성, 능동 성을 대표하는 사회적 의식을 통하여 세계의 주인, 자기 운명의 주인의 속성으로서 작용하게 된다.」라고 함으로써 '의식성'이 다시 추가되었음 을 엿볼 수 있다.

2007년에 출간된 『청년들을 위한 철학 이야기』에서는 「자주적으로 살

---

35) 황장엽 저, 『사회역사관』. p.171
36) 황장엽 저, 『민주주의 정치철학』, p.88

려는 요구를 '자주성'으로, 창조적 능력을 '창조성'으로, 사회적 협조 능력을 '사회적 협조성'이라 부르며, 이것을 사회적 존재인 인간에게 고유한 3대 속성이라고 볼 수 있습니다. …이 세 가지 속성은 사회적 존재인 인간 생명의 기본 특징입니다. 세 가지 본질적 속성은 상대적으로 다른 측면을 가지고 있지만 인간 생명의 속성으로서 뗄 수 없이 연결되어 있으며 통일적으로 작용합니다.

이 세 가지 특성은 결국 사회적 존재의 생명력, 즉 주동성과 능동성의 표현인 만큼 인간 생명의 주동성과 능동성의 최고 표현인 사회적 의식과 결부되어서만 작용합니다. 이런 점에서 사회적 의식성은 인간 생명의 3대 특성을 총괄하는 특성이라고 볼 수 있습니다. 자주성, 창조성, 사회적 협조성은 의식성을 떠나서 작용할 수 없지만 자주성, 창조성, 사회적 협조성을 떠난 의식성은 내용이 없는 형식과 같이 무의미한 것입니다.

의식성은 인간의 3대 특성과 유사한 내용을 가진 특성인 것이 아니라 3대 특성의 능동성을 보장하는 공통적인 운동 형식입니다.」[37]라고 되어 있다.(본고 116쪽 〈그림3〉 참조)

2008년도에 저술된 『인간 중심 철학원론』에서도 「인간 중심 철학은 자주성과 창조성, 사회적 협조성, 의식성을 인간 생명의 본질적 특징으로 지적하고 있다. 이와 같은 본질적 특징의 수준은 끊임없이 변하지만 그것이 동물과 구별되는 사회적 존재인 인간 생명의 본질적 특징이라는 데는 변함이 없다.」라고 하였다.[38]

이상에서 살펴본 바와 같이 「인간의 본질적 특성」에 관한 규정糾正의 흐름은 인간중심철학의 창시 이후부터 2000년까지는 인간의 본질적 특성으로는 자주성과 창조성, 의식성으로 규정되었고, 2001년부터 2005년

---

37) 황장엽 저, 『청년들을 위한 철학이야기』, 시대정신, p.79
38) 황장엽 저, 『인간 중심 철학원론』, 시대정신, 2008, p.95

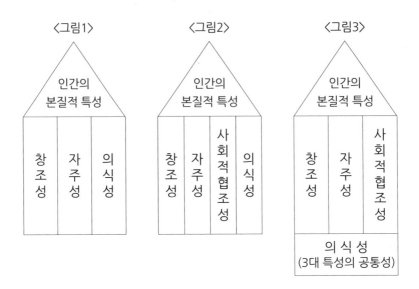

**〈그림〉 3대 특성과 의식성과의 관계**

〈그림1〉

인간의 본질적 특성

| 창조성 | 자주성 | 의식성 |

〈그림2〉

인간의 본질적 특성

| 창조성 | 자주성 | 사회적협조성 | 의식성 |

〈그림3〉

인간의 본질적 특성

| 창조성 | 자주성 | 사회적협조성 |

의 식 성
(3대 특성의 공통성)

도의 『민주주의 정치철학』이 출간되기 전까지는 의식성이 빠지고 자주성과 창조성, 사회적 협조성으로 규정하였으며, 2005년 『민주주의 정치철학』이 출간된 이후부터는 배제排除되었던 의식성이 다시 부활되어 자주성, 창조성, 사회적 협조성, 의식성으로 규정됨으로써 논리의 발전적 재정립이 있었음을 엿볼 수 있다.

그러나 의식성은 위의 〈그림3〉에서 볼 수 있는 바와 같이 3대 특성(자주성, 창조성, 사회적 협조성)과 동격의 특성이 아니라 3대 특성의 능동성을 보장하는 공통적인 운동 형식인 것이다.

## 2) 집단적 존재로서의 사회적 협조성

인간 생활은 인간이 자기의 생명력을 보존하고 발전시키기 위하여 진행하는 자기보존 운동이라고 볼 수 있다. 그러나 인간은 고립된 개인으로서는 살 수도 없고 이 세상에 태어날 수도 없다. 인간은 개인적으로 생명력을 가지고 있는 개인적인 존재인 동시에 서로 결합되어 집단을 이루고 협조하지 않고서는 살 수 없는 사회적 집단적 존재이다.

사회적 협조성은 인간이 개인적 존재인 동시에 집단적인 존재라는 인간의 사회적 존재의 기본 특성에 기초하고 있는 인간의 본성이다. 모든 개인이 자기의 생명을 가지고 있으며 자기의 삶의 요구를 실현하기 위하여 생명 활동을 하고 있다는 점에서 인간은 개인적인 존재라고 볼 수 있다.

그러나 인간의 생명은 혈연적으로나 사회적으로 연결되어 집단적인 생명체를 이루고 있으며 집단적으로 삶의 요구를 실현하기 위한 생명 활동을 진행하고 있다. 이 점에서 인간은 집단적 존재라고 볼 수 있다.

인간은 고립된 개인으로서는 살 수도 없고 대를 이어 생존하고 발전할 수도 없다. 이런 점에서 역사의 주체, 사회적 운동의 주체는 개인이 아니라 사회적 집단이라고 볼 수 있다.

그러나 사회적 집단은 개인들로 이루어져 있으며 개인들의 역할을 통하여 사회적 운동이 진행된다. 개인과 떨어진 집단이란 존재할 수 없다. 집단을 떠난 개인도, 개인을 떠난 집단도 존재할 수 없다.

인간은 사회적으로 협조 협력함으로써만 자기 운명을 자주적으로 창조적으로 개척해 나갈 수 있는 사회적 존재이다. 인간의 생명력은 삶의 요구와 삶의 힘으로 이루어진다. 그러나 인간은 개인적인 동시에 집단적 존재인 만큼 개인적 생명력과 함께 그것을 결합시킨 집단적 생명력을 가지고 있다.

집단적 존재로서의 인간의 본성과 개인적 존재로서의 인간의 본성은
서로 모순되는 점이 있지만, 개인들이 서로 결합되어 집단을 이루고 협조
하지 않고서는 위대한 집단의 생명을 지닐 수도 없고 개인의 생명의 특성
을 살릴 수도 없다. 개인들이 지니고 있는 인간으로서의 공통성과 개인으
로서의 특수성을 다 같이 살리는 방향에서 사람들이 서로 결합되어 집단
적으로 협조하는 것이 필요하다.

개인의 생명의 특수성을 살리지 않고 공통성만을 살리는 방향에서 사
람들을 결합시켜서는 개인의 생명과 질적으로 구별되는 집단의 위대한
생명력을 얻을 수 없다. 또 인간 생명의 공통성에 기초하지 않고 개인의
생명의 특수성만 살리려고 하여서는 집단으로서의 결합 자체가 불가능
하다.

생명과 생명이 서로 결합되어 운명을 같이 하려는 인간의 본성에 기초
하여 집단주의가 나오게 되며, 개인의 독자성을 살리려는 인간의 본성에
기초하여 개인주의가 나오게 된다. 생명과 생명이 결합되려는 데서 사랑
이 나오게 되며, 개인의 독자성을 살리려는 데서 자존심이 나오게 된다.
집단주의와 개인주의, 사랑과 자존심은 서로 대립되어 있으면서도 인간
의 본성으로 통일되어 있다. 이 양자를 통합시켜 나가려는 인간의 요구가
사회적 협조성이다.

생명과 생명이 결합되어 서로 협조하며 운명을 같이 하게 되면 사람들
은 개인의 생명으로서는 상상할 수 없는 위력한 생명을 지니게 된다. 그
러므로 사람들이 서로 결합되어 집단을 이루고 협조해 나가는 것은 인간
의 운명 개척에서 반드시 필요하다.

여기서 문제가 되는 것은 개인마다 자주성과 협조성의 수준에서 차이
가 있고 특성에서도 차이가 있음에도 불구하고 자기 개성에 맞게 결합될

것을 요구한다는 점이다. 남성과 여성이 결혼할 때도 자기 특성에 맞는 대상을 선정하여 결합하려고 하는 것처럼, 사람들은 사회적 결합에서도 개인들의 개성을 살리는 조건에서 결합하려고 한다.

그러므로 사회집단의 공동의 요구에도 맞고, 개인들의 개성에도 맞게 사회적인 결합을 실현하는 것이 어려운 과업으로 내두된다. 이 문제의 해결은 인간의 목적의식적인 노력을 통해서만 실현될 수 있다.

사회적 협조성은 사람들이 서로 결합되어 협조함으로써 개인으로서는 지닐 수 없는 위력한 생명을 지니려는 요구와 그것을 실현해 나가는 인간의 능력을 말한다. 창조성이 자연을 개조하여 자연의 힘을 인간의 힘으로 전환시킴으로써 인간이 보다 위력한 생활력을 지니도록 하는 데 이바지한다면, 사회적 협조성은 사회를 구성하고 있는 개인들의 결합관계를 합리적으로 개조함으로써 인간의 사회적 협력의 막강한 위력을 지니는 데 이바지하게 된다.

인간의 창조적 능력을 발전시키는 것이 인간의 운명 개척에서 절대적으로 필요한 것처럼 사회적 협조 능력을 발전시켜 사회적 협조의 위력을 지니는 것이 인간의 운명 개척을 담보하는 필수적 요인으로 된다. 바로 그렇기 때문에 사회적 협조성을 자주성, 창조성과 함께 인간의 사회적 본성의 하나로 인정하는 것이다.

개인의 경우이든, 민족과 인류의 경우이든 인간의 발전 수준을 평가할 때는 반드시 자주성과 창조성과 함께 사회적 협조성의 발전 수준을 포함시켜야 한다. 사회적 협조성이 발전된 국민은 승리하고 그것이 약한 국민은 패배를 면치 못한다. 화목하지 못한 가정은 행복하지도 못하고 생활력도 약하며, 당파싸움만 하고 분열되어 통일을 이루지 못하는 민족은 자주적으로 발전할 수 없다.

결국 이런 국민은 집단의 자주성을 존중히 여기지 못하고 개인의 이익만 생각하는 사람들이다. 이런 국민은 재능이 있고 총명하여도 크게 발전하지 못한다.

사회적 협조성은 사회적 집단의 삶의 요구와 이익의 공통성을 수호하는 원칙에 기초하여 개인들의 삶의 요구와 이익의 특수성을 실현해 나갈 것을 요구한다. 삶의 요구와 이익의 공통성, 사회 공동의 이익과 인류 발전의 공동의 요구를 무시한 개인의 특수성은 허용될 수 없다.

인간이 개인적 존재인 동시에 집단적 존재라는 특징은 영원히 변하지 않는다는 점에서 양자의 본질적 특징을 통일시켜 나가는 사회적 협조성도 인간의 본성으로서 변함없을 것이다.

사회적 협조성은 인간의 자주성과 창조성, 의식성과 밀접히 연결되어 있다. 사회적 협조성도 의식적으로만 작용할 수 있다. 인간의 의식이 없이는 사회적 협조성도 있을 수 없다. 사회적 협조는 인간의 자주성의 협조이며 창조성의 협조이다. 자주성과 창조성을 떠난 사회적 협조란 있을 수 없다.

## 4. 공통적 속성으로서의 의식성

### 1) 의식의 개념

동물과 달리 인간은 목적의식적으로 행동한다. 의식을 가지고 있다는 것은 동물에 비해 인간의 우월성을 견지하는 가장 중요한 특징이자 인간에게만 고유한 특성이다. 그러므로 의식성은 인간의 본질적 특징의 하나라고 볼 수 있다.

마르크스도 "의식적인bewusst 삶의 활동이 바로 인간을 동물의 삶의 활동과 구분시켜준다. 바로 그것 때문에 인간은 유적類的 존재[39]이다. 혹은 인간은 오직 유적 존재이기 때문에 의식적 존재, 즉 그 자신의 삶이 자기에게 대상인 것이다."[40]라고 하였다.

마르크스주의는 의식이 인간 생명의 본질적 속성, 즉 사회적 인간의 본질적 속성이라는 것을 밝히지 못하였다. 마르크스는 의식을 사회적 의식이라고 정당하게 지적하였지만, 그 본질을 역시 인간을 사회적 존재의 반영으로 보았기 때문에 사회적 의식의 참다운 본질을 밝히지 못하였다. 사회적 의식의 본질을 그 무엇의 반영으로 볼 것이 아니라 사회적 존재의 속성으로 보아야 한다.

---

39) 유적 존재[Gattungswesen, species-being, 類的存在]: 마르크스에서 '유적 존재'란 자연적 존재이자 사회적 존재로서의 인간의 보편적 존재 방식이다. 그것은 노동과 노동생산물을 통해 확인되고 실현된다. 이러한 점에서 유적 존재는 개별적 개인적 존재 방식이 아니라 자연적, 사회적 존재로서 인간의 총체적인 존재 방식이다. 포이에르바하의 '유적 존재'가 종교 분석을 통해 도출한 사랑과 연대감으로 완성되는 유적 존재라면, 마르크스의 '유적 존재'는 육체를 가진 자연적 인간이 노동을 통해 대상 안에 실현하고 확인할 수 있는, 동물과는 다른 인간만이 가지고 있는 존재 방식이라 할 수 있다.
40) 양승태. 〈마르크스의 인간 본성 문제 재고〉, p.113

인간은 의식성을 본질적 속성의 하나로 가지고 있는 존재, 의식적으로 생활하고 활동하는 사회적 존재이다. 의식성이란 한마디로 말하여 세계와 자기 자신을 파악하고 개변改變하기 위한 모든 활동을 규제하는 사회적 인간의 속성이다. 의식은 처음부터 타고난 것이 아니라 사회생활 과정에서 형성되는 사회적 속성이다. 인간은 의식성을 가지고 있는 까닭에 자기 자신도 포함하여 세계가 어떻게 형성되고 발전하는가를 파악하고 개변하기 위한 활동을 해나갈 수 있는 것이다.

의식성이 의식을 가지고 있는 사람에게만 고유한 성질이라는 것은 더 말할 여지가 없는 사실이다. 의식이 뇌수의 기능이며 세계를 반영한 관념적 현상이라면 의식성은 인간의 모든 활동을 규제하고, 조절하고 통제하는 성질이다.


인간이 자주적으로 살려는 요구를 자주성으로, 창조적 능력을 창조성으로, 사회적 협조 능력을 사회적 협조성으로 부르며, 이것을 사회적 존재인 인간에게 고유한 3대 속성이라고 볼 수 있다.

이 세 가지 속성은 결국 사회적 존재의 생명력, 즉 주동성과 능동성의 표현인 만큼 인간 생명의 주동성과 능동성의 최고 표현인 사회적 의식과 결부되어서만 작용한다.

이런 측면에서 사회적 의식성은 인간 생명의 3대 특성을 총괄하는 특성이라고 볼 수 있다. 자주성, 창조성, 사회적 협조성은 의식성을 떠나서 작용할 수 없지만 자주성, 창조성, 사회적 협조성을 떠난 의식성은 내용이 없는 형식과 같이 무의미한 것이다. 의식성은 인간의 3대 특성과 유사한 내용을 가진 특성인 것이 아니라 3대 특성의 주동성과 능동성을 보장하는 운동 형식이다.

황장엽은 「의식성은 자주성과 창조성, 사회적 협조성을 다 포괄하고 있지만 기본 바탕은 삶의 요구라고 볼 수 있기 때문에 의식성의 발전은 자주적 요구의 발전, 자주성 발전의 표현으로 보아야 한다. 또 의식성을 자주성과 뗄 수 없이 결부시켜 이해함으로써만 공허한 의식성, 관념론이나 신비주의에 빠지지 않고 인간의 주동성과 능동성의 집중적 표현으로서의 정신력의 진정한 가치를 옳게 평가할 수 있게 되었다.」라고 했다.[41]

그러면 의식이란 무엇인가?

의식은 인간의 육체 기관 가운데서 가장 발달된 기관인 뇌수의 고급한 기능이다. 뇌수는 인간의 생명 활동에서 중추적인 역할을 하며, 뇌수의 기능인 의식은 인간의 모든 행위를 지휘한다. 물론 동물도 뇌수를 가지고 있으며 동물의 뇌수 역시 동물의 생명 활동에서 중추적인 역할을 한다. 그러나 동물의 뇌수는 객관적 사물 현상의 직접적인 자극에 의하여 이루어지는 구체적인 감성적 반영의 기능만을 수행한다.

그러면 사회적 인간의 본질적 속성으로서의 의식성의 표현이란 무엇인가.

의식성의 표현은 첫째, 인간이 세계와 자기 자신을 파악하기 위한 모든 활동을 자주적 요구와 이해관계의 실현에 복종시켜 나간다는 것이다. 동물의 활동과는 달리 인간의 모든 활동에는 의식된 목적이 있는 법이다. 인간이 어떠한 사물을 보든지 또는 어떠한 활동을 하든지 언제나 자기의 자주적 요구와 이해관계를 척도로 하여 보고, 생각하고, 행동하며 또 자주적 요구와 이해관계의 실현에 목적을 둔다.

둘째, 그것이 인식과 실천 활동에서 발휘하는 인간의 의지와 창조력을 규제한다는 것이다. 인간은 의식성을 가지고 있는 까닭에 목적 달성을 위해서 인내성과 용감성을 발휘하며 강한 의지를 가지고 끝까지 수행하는

---

41) 황장엽, 『철학이야기』. p.79

것이다.

　지금까지 사회적 존재인 인간의 세 가지 본질적 속성과 그 공통적인 속성으로서 의식성에 관하여 살펴보았다. 그런데 인간의 본질적 속성에 대한 통일되고 완성된 견해를 갖기 위해서는 3대 속성과 그 공통성으로서의 의식성과의 함수 관계를 알아두는 것이 바람직할 것이다.
　자주성과 창조성, 사회적 협조성 그리고 의식성은 다 같이 인간의 본질적 속성이면서도 제각기 다른 측면을 표현한다.
　자주성이 세계의 지배자로서의 인간의 지위를 표현하는 성질이라면 창조성은 세계의 개조자로서의 인간의 역할을 표현하는 성질이며, 사회적 협조성은 인간이 개인적 존재인 동시에 집단적인 존재라는 인간의 사회적 존재의 기본 특성에 기초하고 있는 인간의 본성이다
　의식성은 세계를 지배하고 개조하기 위한 자기 활동을 규제하고 조절 통제하는 성질을 표현한다.

　자주성과 창조성, 사회적 협조성과 의식성은 이렇게 서로 구별되면서도 인간 활동에서 통일적으로 발현된다.
　사회적 협조성은 사회를 구성하고 있는 개인들의 결합관계를 합리적으로 개조함으로써 인간의 사회적 협력의 막강한 위력을 지니는 데 이바지하게 됨으로써 인간의 3대 특성과 밀접한 관계를 맺는다.
　의식성은 자주성과 창조성, 그리고 사회적 협조성의 담보이다. 자주성에 대한 인간의 요구와 이해관계는 의식성에 의하여 자각되며 세계를 인식하고 개조하기 위한 창조적 활동과 사회적 협조성도 의식성에 기초하여 이루어진다. 즉 인간은 의식성을 가지고 있는 까닭에 세계의 주인으로 살며 발전하려는 자각도 가지게 되고 세계를 인식하고 개조하는 활동도

자기의 요구와 이해관계에 맞게 목적의식적으로 해나갈 수 있는 것이다.

인간이 의식을 가지게 됨으로써 자주적으로 창조적으로 활동할 수 있는 만큼, 의식의 능동적 작용은 곧 인간의 능동적 활동을 대표한다고 해도 과언이 아니다.

다만 관념론자들이 생각하는 것처럼 의식을 물질과 독립적으로 존재하는 그 어떤 정신적 실체와 같이 생각하면서 그 능동성을 주장하는 것은 잘못이다. 그렇지만 의식을 인간의 생명 활동에 대하여 생명의 중요성인 뇌수가 진행하는 지휘 기능으로서 그 능동적 역할을 인정하는 것은 전적으로 옳다.

인간의 능동성을 높이려면 무엇보다 먼저 의식 수준을 높여야 한다.

관념론은 발전된 물질적 존재의 속성인 의식(정신)을 물질적 존재와 분리시켜 독립적 실체와 같이 보면서 그 주동성과 능동성을 신비화하고 속성이 그 물질적 모체를 지배하는 것같이 사태를 왜곡하였다면, 마르크스주의 유물론은 인간의 속성인 의식을 인간 생활의 물질적 조건의 반영으로 보면서 인간의 속성으로서의 주동성과 능동성을 거세하는 과오를 범하였다.

생명체의 속성으로서의 생명의 기본 특징은 삶의 요구와 힘이다. 의식은 삶의 요구와 힘이 장성함에 따라 그것을 통일적으로 관리하는 생명체의 지휘 기능(관리 기능)으로 발생하였다.

인간이 타고난 본능적 삶의 요구와 힘은 그 자체만으로 인간의 생명으로서 작용할 수 없으며, 오직 의식 기능과 결부되어야만 인간의 생명으로서 자주적으로 창조적으로 작용할 수 있다. 따라서 의식은 인간 생명의 필수 불가결의 구성 부분이 된다.

## 2) 의식의 본질

인간중심철학은 인간과의 관계에서 인간을 중심에 놓고 의식의 본질을 새롭게 해명하고 있다.

의식은 인간만이 갖는 것으로 인간의 생명 활동을 보증하는 작용을 한다. 그리하여 인간과의 관계에서 의식의 본질을 해명해야만 하는 것은 명백한 것이다. 그런데 철학 사상에 있어서는 오랫동안 이렇게 명확히 문제 설정이 되지 않고, 많은 경우 물질과의 관계에서 의식의 본질이 고찰되었다. 이미 제1장에서 서술한 바와 같이 관념론자는 의식을 인간을 초월한 신비적인 실체로 생각하거나 현실 세계와는 무관한 주관적인 것으로 보고 있다.

유물론자는 종종 의식이 뇌수의 특수한 활동, 정신적 작용이라는 사실을 보지 않고 그것을 곧 물질적 실체로 보거나 뇌수의 생리적 작용으로 귀착시켜 생각했다.

마르크스주의는 의식이 고도로 조직화된 특수한 물질인 뇌수의 속성이며 물질세계의 반영이라고 설명하고 있다.[42]

이것은 움직일 수 없는 진리이다. 이 진리가 밝혀짐으로써 비로소 물질과 의식과의 상호 관계에서 어느 쪽이 일차적이며 어느 쪽이 부차적인가? 어느 쪽이 반영하고 어느 쪽이 반영되는가? 라고 하는 견지에서 의식의 본질이 해명되고 의식에 대한 관념론적 견해가 전면적으로 극복되었다.

---

42) 마르크스는 관념적인 것은 인간의 두뇌에서 개작(改作)되고, 가공된 물질적인 것이라고 말하며, 레닌은 「관념론 철학의 옹호자와 구별되는 유물론자의 기본 특징은 감각, 표상 그리고 인간의 의식 일반을 객관적 현실의 표상으로서 다루는 데 있다. 세계는 우리들의 의식에 반영하는 객관적 현실의 운동이다. 표상(表象), 지각(知覺) 등의 운동은 '나' 외에 있는 물질의 운동에 상응한다.」라고 말했다.(『레닌전집』大月書店 版 18권, p.257)

물질과 의식의 상호 관계의 견지에서 의식에 대한 과학적 해명이 이루어졌으므로 이제는 인간과의 관계에서 의식을 고찰하는 방향으로 나아가지 않으면 안 된다. 그렇게 해야만 의식의 본질을 전면적으로 해명할 수 있다.

인간의 의식은 인간 고유의 자주적이며 창조적 활동을 통일적으로 관할하는 뇌수의 특수한 활동, 즉 정신작용이다. 의식은 인간의 신체기관 속에서도 제일 발달한 뇌수의 고급한 기능이다. 뇌수는 인간의 생명 활동에서 중추적 역할을 한다.

동물의 진화 과정에서 신경 체계는 더욱 완성되어 중추신경계통이 생기고 뇌수가 발생했다. 그러나 동물의 뇌수는 아무리 발달된 것이라 할지라도 의식 작용을 할 수 없으며 의식적으로 생명 활동을 관할할 수가 없다.

고등동물의 오랜 진화 과정에서 다른 고등동물의 그것보다 질적으로 우수한 의식 작용을 하는 뇌수를 가진 인간이 출현하기에 이르렀다.[43] 인간의 뇌수는 유기체를 이루는 기관 속에서 가장 고급한 물질 기관이기 때문에 인간의 생명 활동을 통일적으로 관할하고 지배하는 등의 고급한 기능을 수행할 수가 있다.

인간의 뇌수는 두 가지의 면에서 인간의 생명 활동을 관할하는 기능을 수행한다. 그것은 우선 육체적 제 기관의 활동을 생리적으로 관할하는 기능을 한다. 뇌수는 인간의 육체를 구성하는 모든 기관의 활동을 통일적으로 관할함으로써 인간의 육체가 하나의 일체적인 통일체로써 움직이며

---

43) 인간의 뇌수는 진화의 산물이기 때문에 동물의 그것과 공통적인 면도 인정되지만 동물의 뇌수와는 질적으로 구별되는 복잡한 구조를 갖고 있다. 뇌수는 연수(延髓), 뇌교(腦橋), 중뇌(中腦), 간뇌(間腦), 소뇌(小腦), 대뇌반구(大腦半球)로 되어 있으며, 그중에서도 대뇌피질(大腦皮質)이 발달해 있다. 고등동물에게도 대뇌는 있지만, 인간의 대뇌피질은 보다 복잡한 구조를 갖고 있다. 대뇌는 크게 전두엽(前頭葉), 측두엽(側頭葉), 두정엽(頭頂葉), 후두엽(後頭葉)의 네 개의 부분으로 되어 있으나 인간에 있어서는 특히 전두엽, 측두엽이 발달해 있다.

객관세계와 물질대사를 할 수 있도록 한다. 뇌수의 이 기능은 인간의 뇌수에 고유한 기능은 아니다.

또한, 인간의 뇌수는 외부 세계와의 관계에서 인간의 자주적 창조적 활동을 통일적으로 지휘하는 기능을 하지만 뇌수의 이 고급한 기능이 다름 아닌 의식이다.

인간이 이해관계와 힘, 역량 관계를 올바로 산정하고 자주적이며 창조적으로 활동하는 데는 자신의 요구와 힘을 장악하지 않으면 안 되며, 그것들과의 관련하에 객관적 대상을 올바로 파악해야 한다. 이것은 뇌수의 의식적인 작용에 의해서만 가능하게 된다. 인간의 뇌수는 안팎에서 들어오는 통보를 자기의 요구에 부응해서 분석 종합하고 보관할 뿐만 아니라 그것들을 필요에 따라서 재결합하는 활동을 한다.

그래서 인간이 객관세계에 대해서 자주적인 요구를 의식적으로 제기할 수가 있으며, 그 실현을 목표로 창조적 활동에 필요한 지식을 획득하고, 요구 실현으로 목적의식적으로 활동할 수 있게 된다. 결국, 인간의 의식은 자주적인 요구와 창조적인 힘을 포함하고 인간을 자주적이며 창조적으로 활동하게 하는 작용을 수행한다.

이와 같이 의식은 인간의 자주적 요구와 창조적 능력을 포함해서 인간의 자주적이며 창조적인 활동을 관할하는 뇌수의 고급한 기능이라고 말할 수 있다. 확실히 여기에 인간 의식의 본질적 특징이 있다.

의식을 빼놓고서 인간은 자주적 창조적 존재로서의 자기를 자각할 수 없으며, 목적의식적인 자주적 창조적 활동도 불가능하다. 예를 들면 육체적 생명이 유지되고 있어도 의식이 그 기능을 다하지 않으면 인간은 자주적 창조적 활동을 수행할 수가 없다.

인간의 의식은 생물학적 속성인 것이 아니라 사회적 속성이다. 의식이 인간의 속성이라고 해서 그것을 생물학적 속성으로 본다면 의식의 본질을 정확히 이해할 수는 없다. 그것이 사회적 속성이라는 것을 명확히 해야만 의식의 본질은 올바르게 파악되는 것이다.


### 3) 의식의 작용

의식의 중요한 임무는 그 주체인 인간의 자주적이며 창조적인 활동을 가능하게 하는 것이다. 인간의 의식은 반영 작용(혹은 인식 작용), 행동을 계획하는 작용, 행동을 조절하는 작용을 통해서 이 임무를 수행한다.

인간이 자주적이고 창조적인 활동을 수행함에는 무엇보다도 자기와 자기를 에워싼 객관세계의 실태를 장악해야 한다. 그렇게 함으로써 이해관계와 힘, 역량 관계를 산정해서 행동 계획을 올바로 세우고 그에 따라서 올바로 행동하는 것이다. 인간은 뇌수의 반작용을 통해서 자기와 세계를 파악한다.

인간의 뇌수는 내외에서 유입되는 통보를 받아들이고, 특수한 기호체계(객관 대상에 상응하는 일정한 의미를 갖는 기호체계)의 형식에 보관(기억)하고, 필요에 따라서 그것들을 분석하거나 재결합해서 대상에 대한 새로운 인식을 얻게 한다. 확실히 이것이 뇌수의 반작용이며 인간은 이 반작용에 의해서 자기와 자기를 에워싼 주위 세계에 관한 지식을 지니게 된다. 따라서 반작용을 인식 작용이라고도 한다.

인간 뇌수의 반영 작용, 인식 작용은 크게 감성적 반영(감성적 인식)과 논리적 반영(논리적 인식)으로 구분된다.

감성적 인식은 감각기관을 통해서 사물 현상을 구체적으로 반영하는 인식 형태이다. 감성적 인식에는 감각, 표상表象이 있다. 감각은 대상의 개별적 측면의 반영이며 지각은 대상에 대한 통일적 반영이다. 대상은 이미 감각·지각된 것을 되살린 것이다.

감각이나 지각은 객관적 대상이 인간의 감각기관에 직접 작용할 때에 생긴다. 그런 의미에서 감각, 지각은 객관적 대상의 직접적 반영이다.

인간은 동물의 감성적 반영 능력과는 비할 데 없는 뛰어난 반영 능력을 갖고 있다. 중추신경계가 발달한 동물은 발달한 감성 능력을 갖고 있다. 인간의 눈에 비해서 까마득히 멀리까지 내다볼 수 있는 눈을 가진 동물(예를 들면 독수리)도 있다. 그러나 이들 동물의 감각기관은 아무리 발달한 것일지라도 인간의 감각기관과 같이 다양한 사물과 그들의 여러 가지 특징을 식별할 수는 없다.

물론 인간의 육체적 감각기관의 능력에는 한계가 있다. 그러나 인간은 육체적 감각기관의 능력을 보강하는 기구를 얼마든지 만들어 낼 수가 있으며, 그 기구의 힘으로 필요한 대상을 얼마든지 감각하고 지각할 수가 있다.

논리적 인식은 사물 현상의 내적 연관과 본질적 특성을 반영하는 인식 형태이다. 이것은 추상적 사유를 통한 인식 형태이다.

인간은 동물에게는 없는 추상적 사유 능력을 가지고 있기 때문에 추상적 사유에 의한 반영은 인간에게만 고유한 인식 형태이다. 인간은 추상적 사유에 의해서 감성적 인식으로는 직접 알 수 없는 사물의 내적이며 본질적인 연계를 파악하고, 사물의 일반적 속성과 운동 법칙을 인식할 수가 있다.

논리적 인식에 있어서는 인간의 인식이 객관적 조건에 제약되는 수동적 과정이 아닌, 자신의 요구에 따라서 진행되는 적극적 과정이라는 것이 한층 현저해진다. 객관적 대상과의 직접적인 작용은 없어도 추상적인 사유를 통해서 새로운 지식을 습득하는 것은 인간이 그에 대한 요구를 갖고 있기 때문이다.

　논리적 인식에는 개념 · 판단 · 추리라고 하는 형식이 있다.

　개념은 사물의 일반적이며 본질적인 표징을 반영한 사유형식이다. 추리적 사유에 의해서 사물의 비본질적인 징표徵表를 사상(捨象: 현상의 특성·공통성 이외의 요소를 버림)해서, 일반적이고 본질적인 징표를 선별해서 얻은 것이 개념이다. 인간은 개념을 통해서 사물에 대한 인식의 결과를 정착시키고 그것에 기초해서 인식을 심화시킨다.

　판단은 사물이 어떠한 속성을 가지며, 어떠한 형태로 존재하는가? 어떤 사물과 다른 사물과의 관계는 어떠한 것인가? 그리고 사물에 대한 인간의 관계는 어떠한 것인가 등을 해명하는 사유의 형식이다.

　추리는 기득旣得의 지식 · 판단으로부터 새로운 지식 · 판단을 이끌어내는 사유형식이다. 추리에 있어서는 전제가 되는 판단이 진리라면 그것이 논리적 규칙에 맞게 올바로 결합될 때 그 결론도 진리가 된다.

　감성적 인식과 논리적 인식은 밀접하게 연결되어 있다. 논리적 인식은 감성적 인식에 기초해서 성립한다. 물론 인간의 논리적 사유가 모두 감성적 인식에서 직접 출발하는 것은 아니다. 인간은 사전에 추상적 사유를 통해서 얻은 지식을 소재로 해서 논리적 사유를 하고, 나아가서는 추상적인 모델을 만들고 그것에 기초해서 사물의 본질과 운동의 법칙을 새롭게 발견할 수도 있다.

　추상적인 사유 능력이 끊임없이 높아지고 추상화의 수준이 높아지는 것은 인간의 인식 능력 발전의 합법칙성이라고 말할 수 있다. 그러나 이것은 추상적 사유에 의한 논리적 인식이 감성적 인식과 무관계라든가 현실 세계에 대한 지식을 포함하지 않는다는 것을 의미하지 않는다.

　인간의 의식은 반작용, 인식 작용만을 수행하는 것이 아니라 인간의 행동을 계획하는 작용도 한다. 인간 고유의 활동은 목적의식적인 활동이다. 인간은 실제 행동에 앞서서 자신의 행동을 설계한다고 하는 점에서 동물과는 구별된다.

인간은 행동 이전에 목적을 세우고 그 실현을 위한 행동을 설계한다.

이것은 인간의 자주적 · 창조적 활동이 올바로 수행되도록 하기 위한 필수 조건이다. 인간이 행동 목적을 달성하려면 여러 가지 수단을 합리적으로 이용해야 한다. 목적은 수단에 의해서만 달성된다. 수단이 쓰이지 않는다면 목적은 그대로 이용되지 않고 남게 된다.

인간이 목적을 세우고 그 달성을 위해 행동 계획을 세우는 데 있어서는 의식 작용이 그것을 뒷받침한다. 인간은 외부 세계와 직접 접촉하지 않아도 사고가 가능하기 때문에 자기의 요구에 비추어 개조 변혁되는 미래의 현실을 관념적으로 묘사하고 예견할 수 있다. 또한 자기의 힘을 객관세계의 다른 대상, 그 운동 법칙에 대한 지식을 토대로 수단의 합리적인 이용 방법을 구상할 수가 있다.

인간의 의식은 이와 같이 반영 작용, 계획 작용, 조절통제 작용을 수행한다. 의식은 이 3가지의 작용에 의해서 인간의 자주적 · 창조적 활동을 가능하게 한다.

의식의 이들 3가지 작용은 서로 관련되어 있으면서도 독자성을 갖고 있는 작용을 한다. 어느 것이 일방으로 다른 것을 해소시키면 인간의 자주적 · 창조적 활동을 관할하는 의식의 활동을 올바로 이해할 수는 없다.

인간의 행동을 계획하는 작용은 반영된 자료, 의식의 결과를 창조적으로 활용해서 새로운 행동을 설계하는 과정이며 결코 반작용은 아니다. 세워진 계획에 따라서 인간을 현실적으로 움직이는 작용이 반영 작용이 아닌 것은 논의의 여지가 없을 정도로 명백하다. 계획 작용, 조절통제 작용을 반영 작용으로 귀착시키면 인간의 의식에 대한 올바른 이해를 얻을 수 없다.

인간의 뇌수는 반작용과 함께 계획 작용, 조절통제 작용을 옳게 수행함으로써 비로소 인간의 자주적·창조적 활동을 유지할 수가 있다. 의식이 비록 현실 세계를 올바로 반영하더라도 인간의 활동을 지휘할 수가 없다면 그것은 아무런 의미도 없을 것이다.


### 4) 자주적 사상의식의 특성

인간은 의식을 통해서 현실세계의 실태를 있는 그대로 파악할 뿐만 아니라, 자신의 요구와 그와 연관한 객관적 대상에 대한 이해관계를 자각한다. 인간의 본질적 요구와 이해관계를 체계적으로 포함하는 의식이 바로 사상의식이다.

인간은 자신의 요구와 이해관계를 자각하면서 그 실현을 위한 수단과 방도, 과학적인 이론과 방법을 지니는 데에도 이해관계를 갖고 있다. 그러므로 광의로 사상의식이라고 할 때에는 과학 이론과 방법을 포함시킬 수도 있다. 그러나 고유한 의미에서의 사상의식은 인간의 요구와 이해관계를 직접 내포한 의식인 것이다. 이것은 지식과는 구별된다.

인간의 요구와 이해관계를 올바로 반영해서 인간의 운명 개척에 공헌하는 사상의식은 진리이며, 요구와 이해관계를 잘못 반영해서 인간의 생존과 발전을 저해하는 사상의식은 허위이다.

진리의 사상과 의식, 과학적이며 혁신적인 사상과 의식만이 인간의 요구를 올바로 제기하고 그 실현을 위해 목적의식적으로 행동할 수가 있다.

사상의식에서 가장 중요한 것은 자주적인 사상과 의식이다. 자주적인 사상의식은 자신의 운명의 주인으로서의 자각이며, 자기의 운명을 스스로 개척한다는 의지이다.

인간은 의식을 통해서 객관세계뿐만 아니라 자기 자신까지도 파악한다. 인간은 자기를 에워싼 세계를 떠나 자기를 볼 수가 있으며, 자기의 특징과 세계와의 관계를 이해할 수 있다. 자기에 대한 인간의 이해는 의식의 발전과 더불어 심화된다.

자주적인 요구, 세계와 자기의 운명의 주인으로서 자주적으로 살아가려고 하는 요구와 그것을 기준으로 하는 객관세계의 다른 세상에 대한 이해관계를 체계적으로 자각한 것이 자주적 사상의식이다. 일반적으로 인간의 요구와 그와 관련된 이해관계를 반영한 의식을 사상의식이라고 한다면, 자주적인 사상의식은 인간의 본질적 요구, 자주적인 요구와 그와 관련된 본질적 이해관계를 체계적으로 반영한 것이다.

자주적인 사상의식은 자기 자신에 대한 자각이라고 하는 의미에서 자기의식이라고 말할 수 있다. 그러나 자주적인 사상의식을 단지 자기의식으로만 본다면, 그것에 대한 올바른 이해라고 볼 수 없다.

인간은 자주성과 창조성을 가진 사회적 존재, 물질적 존재이며 그런고로 세계와 자기 운명의 주인이 된다. 확실히 이와 같은 자신의 본질적 특징을 자각한 것이 자주적인 사상의식이다.


자주적인 사상의식은 자주성과 창조성을 가진 주인으로서의 자기를 자각한 의식이기 때문에 인간을 자주적으로 창조적으로 활동시키는 작용을 수행할 수가 있다. 인간이 자주적인 사상의식을 갖게 되면 자주적인 요구를 실현하려는 강한 욕망을 갖게 되고, 그 실현을 목표로 하는 활동에 있어서 정열도 적극적으로 발휘할 수 있고 강한 의지를 갖게 된다.

사상의식은 인간의 요구와 이해관계를 반영하기 때문에 요구와 이해관계를 달리하는 사람들은 같은 사상의식을 가질 수 없다.

사상의식은 인간의 행동을 규정하는 결정적인 요인이다. 사상의식은 인간의 요구와 이해관계를 반영한 것이기 때문에 사람들의 행동을 규정하는데 결정적인 역할을 한다. 이미 고찰한 바와 같이 사상의식은 인간의 행동 목적과 방향을 규정하고 올바른 행동이 이루어지도록 이끈다.

물론 과학지식도 인간의 행동을 규정하는 필수 요인이다. 과학지식은 객관적 현실의 반영이기 때문에 인간이 실현성 있는 목적을 정하고 현실성 있는 행동 계획을 세우게 한다. 과학지식 없이 인간은 목적의식적인 자주적이며 창조적인 활동을 전개할 수 없다.

그러나 사상의식과 과학지식과의 관계에 있어서 규정적인 것은 전자이다. 그것은 사상의식이 지식을 지배하기 때문이다. 사상의식에 의한 과학적 인식의 방향과 대상, 그리고 과학지식의 이용 방향과 정도가 좌우된다. 과학지식은 인간의 행동에 있어서 목적 실현을 위한 수단으로써 이용된다. 그렇다고 해서 사상의식이 인간의 행동을 추진하는데 과학지식의 역할을 대신하는 것은 없다. 사상의식이 지식을 지배하는 것은 확실하지만 과학적 지식 없이는 올바른 사상의식의 형성은 불가능하다.

인간은 건전한 사상의식과 함께 과학적 지식을 갖지 않으면 자주성과 창조성을 발휘해서 자연과 사회개조에 주인으로서 참가할 수가 없다. 따라서 과학지식의 역할을 무시하는 것은 큰 잘못이다. 자연과 사회의 개조, 개혁과 촉진을 위해서는 과학 발전에 많은 힘을 기울이지 않으면 안된다.

사상의식은 사람들의 행동을 규정함에 있어서 자연과 사회의 개혁 · 개조와 건설 사업에 있어서 결정적인 역할을 한다. 인간의 사상의식은 관념적인 것이기 때문에 그 자체로서는 객관적 대상을 움직이게 하거나 변화시킬 수는 없다. 그러나 인간의 사상의식은 인간의 물질적인 힘이 객관세계 개조의 방향으로 움직이도록 작용하기 때문에 그것은 물질적 세계를 개조하는 현실적인 힘이 되며, 자연과 사회의 개조에 있어서 결정적 역할을 하는 것이다.

사회적 의식과 개인적 의식의 상호 관계를 해명하는 것은 의식에 대해서 올바른 이해를 갖는데 매우 중요한 뜻이 있다.

인간의 의식은 사회적·역사적으로 축적되고 발전해서 풍부하게 된다. 사상의식이나 지식은 언어에 의해서 객관화되기 때문에 사회적·역사적으로 축적되고 대를 이어 계승되고 발전하며 풍부해진다. 사회적·역사적으로 축적된 사상의식이나 지식은 사회 공동의 정신적 부로 된다. 이와 같이 해서 형성된 정신적 부를 사회적 의식이라고 한다.

사회적 의식의 주체는 인간의 사회적 집단, 요컨대 사회이며 사회적 의식은 사회에 체현되면서 사회적 운동을 이끌고 그것을 추진하는 지도적 작용을 한다. 사람들의 사회적 유대가 넓어져 자주성을 목표로 하는 인간의 창조적 활동의 범위가 확대·강화됨에 따라 사상의식이 발전하고 과학지식이 축적되며, 사회적 의식은 한층 풍부하고 다양한 내용을 품게 된다.

사회적 의식은 개별적 인간에 체현되어야만 존재할 수 있으며 작용한다. 각 개인의 의식이 발전하면 사회적 의식도 발전한다. 이와 같이 사회적 의식과 개인적 의식은 밀접히 연결되어 있다.

# 제3절__ 사회적 존재로서의 인간

인간의 본질적 특징은 인간이 자주성과 창조성, 사회적 협조성 그리고 의식성을 가진 존재라는 데 있다. 그러므로 인간의 본질적 특징에 대해서 충분히 이해하는 데는 이들 특성과 더불어 사회적 존재에 대한 올바른 이해가 중요하다.


## 1. 사회적 존재의 일반적 특징

인간중심철학은 사회적 존재에 대해서 과학적인 이해를 부여하고 사회적 존재로서의 인간의 특징을 명확히 한다.

사회적 존재라고 하는 범주는 마르크스주의에서도 중요한 범주로써 취급되었다. 마르크스주의는 사회적 의식과의 관계에서 사회적 존재에 대한 이해를 주었다. 마르크스는 「인간의 의식이 그 존재를 규정하는 것이 아니라, 오히려 인간의 사회적 존재가 그 의식을 규정하는 것이다」(『경제학 비판』 서문)라고 했다.

이것은 물질의 1차성과 의식의 2차성에 관한 유물론의 원리를 사회생활 연구에 적용한 유물사관의 원리이다. 마르크스주의에서는 물질이 의식 밖에 독립적으로 존재하는 객관적 실재라면 사회적 존재는 사회적 의식 밖에 있는 것, 사회생활의 물질적 조건이다. 사회생활의 물질적 조건에 있어서 기본은 생산력과 생산 관계이며 지리적 환경이라든가 인구도 여기에 포함된다.

사회적 존재에 의해서 사회적 의식이 규정된다. 이와 같이 사회적 존재와 사회적 의식을 구별해서 사회적 존재의 1차성을 해명한 것은 유물론의 원리를 관철하는 데 있어서 중요한 의의를 갖고 있다. 그러나 사회적 존재를 사회적 의식의 밖에, 그것과 독립하는 존재로서 고찰하는 데 그친다면 인간이 사회적 존재라는 것은 논증할 수 없다.

그것은 인간이 사회적 의식 밖에, 그것과 독립하는 존재가 아니라 사회적 의식을 갖는 사회적 존재이기 때문이다. 인간 이외의 모든 존재는 사회적 의식을 갖지 않는 존재이다. 인간만이 사회적 의식을 갖는 물질적 존재, 의식적인 사회적 존재이다. 그런고로 사회적 존재에 대해 올바로 이해하는 데는 의식과의 관계에서 고찰하는 것에 머무르지 않고 자연적 존재와 구별되는 사회적 존재의 근본 특징을 정확히 해명하지 않으면 안 된다.

사회적 존재란 요컨대 사회를 구성하는 물질적 존재이다. 사회적 존재의 중요한 특징은 생물학적인 생래生來의 자연적 존재가 아니라 사회생활 과정에서 인간 자신에 의해서 목적의식적으로 만들어지는 데 있다.

모든 물질적 존재는 속성과 결합 구조(제 요소 간의 결합 관계)의 두 개의 면에서 규정되지만 사회적 존재도 이 두 개의 면에서 그 특징을 규정할 수가 있다. 바꿔 말하면 사회적 존재는 사회적 속성을 가지며 사회 관계·사회적 결합 방식에 의해서 결합되는 존재이다.

따라서 사회적 존재로서의 인간의 특징을 이해하는 데는 인간이 사회적 속성을 갖는 것과 사회적 관계에 의해서 결합된다고 하는 두 가지의 면을 밀접히 관련시켜 고찰해야 한다.

마르크스주의는 인간은 사회적 관계를 맺고 살아가는 것을 해명함으로써 인간을 사회적 존재로 이해함에 있어서 중요한 문제를 제기했다. 그러나 여기에 머무르면 사회적 존재의 본질적 특징을 포괄적으로 파악할 수는 없다.

모든 물질적 존재의 운동은 그 고유한 속성에 의해서 규정된다. 따라서 사회적 존재에 대한 이해는 그것을 운동과의 관계에서 파악하고 그 속성을 명확히 해야만 한다.

운동과의 관계에서 볼 때, 사회적 존재는 사회적 운동의 주체이다. 사회적 운동의 주체는 사회적 운동을 일으키고 추진하는 속성을 가진 존재, 바꿔 말하면 사회적 운동의 원인이 되는 속성과 사회적 운동능력을 갖는 존재이다. 사회적으로 결합해서 살아가는 존재만이 이와 같은 속성을 갖는 것이며, 따라서 사회적 운동의 주체가 된다. 인간은 자주성과 창조성, 사회적 협조성을 갖고, 사회적 관계에 의해서 사회적으로 결합되어 살아가는 물질적 존재이기 때문에 사회적 운동의 주체, 사회적 존재가 된다.

자주성과 창조성, 사회적 협조성을 갖는 인간만이 사회적 운동의 주인이 되는 것이다.

인간의 본질적 속성인 자주성과 창조성, 사회적 협조성은 사회적 속성이며, 사회적 속성은 인간의 사회적 집단·사회적 결합체에만 체현되어 있다. 그런고로 인간을 자주성과 창조성을 갖는 사회적 존재라고 할 때, 인간이란 무엇보다도 인간의 사회적 집단을 의미한다. 물론 개인도 사회적 집단의 유기적 구성원으로서 자주성과 창조성, 사회적 협조성을 갖는다. 그런고로 개인도 자주성과 창조성을 갖는 사회적 존재라고 말할 수 있다. 그러나 사회적 존재로서의 인간은 무엇보다도 인간의 사회적 집단이다.

인간의 사회적 집단만이 사회적 속성인 자주성과 창조성, 사회적 협조성을 갖고 있으며 사회적 운동의 주체가 된다. 여기서 인간이라고 하는 개념이 어떻게 사용되는가를 고찰할 필요가 있다. 인간이라고 하는 개념은 인간의 사회적 집단(사회·민족·계급 등)을 염두에 두고 사용되고, 때로는 인류를 염두에 두고 사용되는 경우도 있다. 구체적인 개인도 인간이라고 하는 범주에 들어간다.

사회적 존재로서의 인간은 사회적 속성을 갖는다고 하는 점과 사회적 관계에 의해서 사회적으로 결합해서 살아간다고 하는 점에서 자연적 존재와 구별된다. 따라서 여기서는 이 두 개의 점을 나누어 사회적 존재로서의 인간에 대해서 고찰하기로 한다.

자주성과 창조성, 사회적 협조성이 인간의 본질적 속성이므로 그것이 사회적 속성이라는 것을 해명한다면 인간이 사회적 속성을 갖는다고 하는 것이 해명될 것이다.

## 2. 인간의 본질적 특성은 사회적 속성

자주성과 창조성, 사회적 협조성과 의식성은 사회적, 역사적으로 형성되고 발전하는 인간의 사회적 속성이다. 이들 속성은 선천적인 것이 아니라 사회 역사적으로 형성되고 발전하는 사회적 속성이다.

인간의 본질적 속성을 이루는 자주성의 발전 정도는 자주적인 사상의식 발전의 수준에 종합적으로 표현되며 창조성과 창조력 발전의 정도는 창조적 노동력에 쓰이는 과학지식과 노동 도구를 위시한 물질 기술적 수단의 발전 수준에 종합적으로 표현된다.

인간만이 사회 역사적으로 형성되고 발전하는 정신적 재부와 물질적 재부를 갖고 있으며, 따라서 사회 역사적으로 형성되고 발전하는 사회적 속성을 갖는다.

물론, 동물도 본능적인 성질만을 갖는 것이 아니라 생존하는 과정에서 새로운 속성을 획득한다. 동물의 본능적 속성 자체가 처음부터 본능적인 것이 아니며, 동물이 획득한 여러 가지의 속성이 장기간에 걸쳐 반복되는 과정에서 선천적인 본능으로 응고한 것이다. 따라서 동물은 생존 과정에서 획득한 속성과 생활력을 개체에 체현하고 생물학적 유전을 통해서 자손에 넘겨주는 것이다.

동물과 달리 인간은 자신의 속성과 생활력을 객관화할 수 있으며 객관화한 것을 재차 자신의 것으로 해서 이용한다. 이것은 인간의 속성과 생활력이 개체의 틀을 넘어서 객관화된 사회적 부富로, 사회의 생활력으로 되며 어느 개인이 아닌 사회적 집단에 의해서 이용되고 현재뿐만 아니라 역사적으로 대를 이어 이용된다고 하는 것이다.

인간은 언어에 의해서 사상과 지식을 객관화할 뿐 아니라 객관화된 것을 자기의 것으로 만든다. 따라서 사상의식과 지식 같은 정신적 재부를 사회적으로 축적하고 후대로 계승하는 것이다. 인간은 정신적 재부를 객관화할 수 있기 때문에, 그것을 창조한 개개인은 사망하더라도 정신적 재부는 사회적 재부로써 남은 사회의 생활력이 된다.

사회적으로 만들어지고 발전하는 정신적 재부는 사회에 속하게 되며 사회적으로 이용된다.

인간은 창조력을 형성하는 물질적 힘도 객관화하고 사회 역사적으로 축적하고 발전해 간다. 인간은 물질세계의 속성과 물질세계에서 작용하는 힘을 정신적으로 지배할 뿐만 아니라, 그것에 기초해서 물질세계의 속성과 그 힘을 자기 자신의 속성과 힘으로 전환시킨다. 물질을 떠난 속성이란 있을 수 없기 때문에 인간이 외부 세계에서 작용하는 물질적 속성을 획득할 때는 반드시 그 속성을 체현한 물질을 획득하게 된다.

인간은 외부 세계에서 획득한 물질적 대상을 육체에 저장하는 것이 아니라, 단지 그 물질적 속성이 인간이 요구하는 방향에서 작용하도록 그 형태만을 바꾸고 객관화한 형태로 보존하고 이용한다. 이리하여 인간은 선천적인 속성과 그것을 체현한 물질적 실체인 육체만을 갖는 것이 아니라 획득한 속성과 함께 체현한 물질적 수단을 갖고 있는 것이다.

노동 도구를 위시한 물질적 수단은 인간에게 장악되고 인간의 창조적 활동에 기여하는 인간의 물질적 힘이다. 인간에 의해서 획득된 물질적 수단은 객관화된 형태로 보존되고 이용되기 때문에 그것들은 사회 역사적으로 축적되어 발전한다. 노동 도구를 위시해 물질적 수단을 사회적 의식, 정신적 재부와 마찬가지로 사회에 속하며 사회의 창조력으로써 작용한다.

이와 같이 인간은 사회 역사적으로 형성되고 축적된 정신적·물질적 재부, 자주성과 창조성, 사회적 협조성과 의식성을 자기의 육체에 직접 체현할 뿐만 아니라 그 일부는 객관화된 물질·문화적 수단으로 구체화해서 소유한다.

그런 이유로 인간을 자주성과 창조성, 의식성을 갖는 사회적 존재라고 할 때, 그것은 사회 역사적으로 형성되고 발전하는 자주적인 사상의식과 창조적 능력을 자기의 육체에 구현할 뿐만 아니라 사회적 속성을 체현한 물질 문화적 수단을 갖는 인간을 가리키고 있다.

물론, 인간의 자주성과 창조성을 객관화된 형태로 체현하고 있는 물질 문화적 수단은 인간 외에 객관적으로 존재한다. 그것들은 인간의 요구에 따라서 개조되어 기능하는 것이지만, 자연적인 물체이므로 그것은 자연적 존재라고 말할 수 있을 것이다.

그러나 물질 문화적 수단은 인간에 의해서 사회 역사적으로 형성되고 인간의 정신적·물질적 힘을 체현하고 있으며, 사회에 속하면서 인간에 봉사한다고 하는 점에서는 사회적 속성인 자주성과 창조성, 사회적 협조성과 의식성을 체현하고 있는 산 인간과 함께 사회를 만드는 물질적 요소이며 사회적 존재가 된다.

자주성과 창조성, 사회적 협조성과 의식성을 체현하고 있는 산 인간과 물질 문화적 수단은 다 같이 사회적 존재라고 말할 수 있지만, 여기서 기본을 이루는 것은 어디까지나 산 인간이다. 물질 문화적 수단은 자주적인 사상의식과 창조적 능력을 체현하고 있는 산 인간과 동등한 의의를 가질 수 없다.

양적으로 볼 때 인간이 자기의 육체에 체현하고 있는 생활력에 비교하면 물질 문화적 수단에 구현되어 있는 생활력이 보다 큰 비중을 차지한다.

그러나 그것이 사회적 존재로서 기본으로는 될 수 없다. 자주적인 사상의식과 창조적인 능력을 가진 산 인간이어야 물질 문화적 수단도 만들고 이용할 수 있다. 그것들은 산 인간을 떠나서 사회의 생활력으로서 작용할 수 없다. 물질 문화적 수단은 아무리 유력한 것일지라도 산 인간의 운동을 떠나서는 사회적 운동이 될 수 없으며 사회적 존재로서의 가치를 갖지 못한다.

## 3. 사회적 관계에 기초한 사회적 결합

사회적 운동의 주체, 사회적 존재로서의 인간의 중요한 특징의 하나는 인간이 사회적 관계에 의해서 결합되어 사회적 집단을 만들어 살아가려고 하는 것이다.

세계에서 사회적 관계를 맺고 생활하며 활동하는 것은 오직 인간뿐이다. 인간은 사회적으로만 그 존재를 보존하며 자신의 목적을 실현해 간다.

사회적 존재, 사회적 운동의 주체로서의 인간은 개인이 아닌 사회적 집단이다. 사회적 운동은 개인의 활동이 아닌 인간의 집단·사회의 운동이다. 따라서 사회적 운동의 주체는 개별적인 인간이 아닌 사회적 집단이다.

사회와 떨어진 개별적인 인간은 사회적 속성인 자주성과 창조성, 사회적 협조성과 의식성을 가질 수가 없기 때문에 사회적 운동을 할 수 없다. 사회적 속성을 갖는 존재이어야만 사회적 운동이 가능하고, 사회적 속성은 단지 사회적 집단에 의해서 만들어지고 발전한다.

물론 개인을 떠난 사회적 운동은 있을 수 없다. 사회적 존재는 개별적인 인간과 동떨어진 추상적인 존재는 아니다. 사회는 인간에 의해서 만들어진다. 개별적인 인간의 존재와 역할을 떠나서는 사회는 존재도 발전도 할 수 없다. 그러나 사회는 분산해서 살아가는 고립된 개인들의 기계적인 모임은 아니다. 사람들이 사회적으로 결합되면 개인과 질적으로 다른 물질적 실재實在가 된다.

사회는 공간적으로나 시간적으로도 사람들이 유기적으로 결합되어 있는 일체적인 생명체이다. 사회는 일체적인 유기체로서 개인이 갖는 속성과 구별되는 새로운 속성을 갖는다. 사회는 개인의 생활적 요구와 질적으로 다른 사회적 요구를 가지며, 개인들의 생활력을 기계적으로 합쳐진 것과는 비교할 수 없는 커다란 사회적 생활력을 갖게 된다.

사회 역사적으로 축적되고 발전하는 정신적 및 문화적 재부, 자주성과 창조성은 유기적 결합체로써 사회에 속한다.

개인은 사회의 유기적인 구성원, 사회의 성원이 됨으로써 자주성과 창조성을 갖는 것이며, 사회적 속성인 자주성과 창조성을 가짐으로써 사회적 존재가 된다. 개인은 사회의 성원이 되며 사회에 의해서 역사적으로 축적된 정신적·물질적 재부의 일부분만을 가질 뿐이다. 개인은 사회가 갖는 생활력을 초월한 생활력을 가질 수 없다.

물론 개인도 다른 생물학적 존재에 비하면 질적으로 우월한 존재이다. 그러나 개인은 사회에 결합되지 않고는 사상의식과 지식을 갖지 못하고 사회적 존재가 될 수 없다.[44]

개인과 사회적 집단의 관계에서 어디까지나 기본을 이루는 것은 사회적 집단이다. 사회적 집단이 있어야만 개인들이 태어나고 사회적 존재로서 발전할 수 있다. 사회를 꾸미는 개인들은 이 세상에 태어나 죽지만, 사회는 개인들의 존망에는 관계없이 일체적인 유기체로써 존재하고 발전한다.

인간은 사회적 관계로 결합됨으로써 사회적 운동의 주체가 된다. 사회

---

44) 인간은 생물학적으로는 다른 생물학적 존재보다 뛰어나지만, 인간의 집단·사회로부터 완전히 격리되면 사상·의식과 지식을 가질 수 없다는 것은 야성인(野性人)을 예로 들면 잘 알 수 있다. 하나의 실례만을 들어보기로 한다. 1920년 인도의 고 탐리 마을의 산림에서 늑대와 같이 살던 여자아이가 그녀보다 작은 유아와 함께 발견되었다. 아마도 유아시절 암컷 늑대가 납치해 와서 늑대의 젓으로 키웠다고 생각된다. 당시 11세라고 추정되는 여자아이는 '가말라'로 이름 지어 고아원에서 키웠다. (함께 발견된 유아는 이윽고 사망했다.) 처음 가말라의 성질은 늑대와 전적으로 다르지 않고, 음식을 손을 사용하지 않고 먹으며, 낮에는 자거나 웅크리고 밤이 되면 벌떡 일어나 짖는 것이었다. 말은 전혀 못하고 알아듣지 못했다. 날쌘 사지(四肢) 보행은 잡기 힘들 정도로 빨랐다. 이와 같은 성질은 오랫동안 없어지지 않고, 고아원에 와서 2년이 경과해도 닭을 보면 사지로 잡고, 숲속으로 운반해서 생고기를 그대로 먹었다. 5년 이상 지나서 겨우 두발로 서서 두세 마디의 말을 했다.

적 관계는 사회적 존재의 결합 구조이다.

다른 모든 물질적 존재와 마찬가지로 사회적 존재도 일정한 결합 방식과 구조에 따라서 통일체로서 결합된다. 사회적 존재를 통일체로 결합시키는 결합 방식, 구조가 사회적 관계이다.

사회를 꾸미는 개인들은 모두 자기의 고유한 자주적인 요구와 창조적 능력을 갖고 있다. 이와 같은 점에서 사회를 만드는 사람들은 공동생활을 하고 사회의 통일을 보장하는데 공통인 이해관계를 갖고 있다. 바꾸어 말하면, 사회를 만드는 사람들은 개인으로서 서로 다른 이해관계를 가짐과 동시에 사회의 한 성원으로서 공통의 요구와 이해관계를 갖는 것이다.

요컨대, 사회는 차이성을 내포하는 통일체이다. 사회생활은 사회 성원이 자주적인 생활적 요구를 창조력에 의거해서 실현하는 과정이다. 따라서 사회가 통일체로써 생존하고 발전하는 데는 사회를 형성하는 제 성원의 다른 요구를 통일시키고, 공통 목표를 실현할 수 있도록 사람들의 지위를 통일적으로 규정하며, 공통 목표를 실현하기 위해 창조력을 가진 사람들이 담당해야 할 역할을 통일적으로 규정할 필요가 있다.

이와 같이, 지위와 역할을 통일적으로 규정한 질서의 체계가 사회적 관계이다. 사회적 관계의 강고한 체계가 사회제도이다. 사회제도는 한편으로는 사람들의 자주적 요구를 통일시키고 그 실현을 보장하기 위한 사회적 관계의 체계이며, 다른 측면에서는 사람들의 창조력을 통일적으로 발휘시키고 그들의 역할을 보장하는 사회적 관계의 체계라고 말할 수 있다.

사회적 관계는 사회적 존재인 인간의 결합체로서의 사회의 내부 구조 체계이다. 사회적 존재로서의 인간은 자주성과 창조성, 사회적 협조성과 의식성을 가질 뿐만 아니라 그것을 객관화한 형태인 물질·문화적 재부를 가진 만큼, 인간의 결합체로서의 사회 속에는 살아있는 인간과 함께 물질·문화적 수단도 포함된다.

그런고로, 사회적 관계에는 살아있는 인간을 하나로 통일시키는 체계뿐만 아니라 인간과 재부를 통일시키는 체계도 있게 된다. 살아있는 인간과 인간에 의해서 창조된 물질·문화적 부의 결합은 인간이 그 재부를 소유하는 형식으로써 만들어진다. 인간에 의해서 창조된 재부는 모든 인간의 소유가 된다. 소유관계는 살아있는 인간과 사회적 존재의 일부분인 물질적 재부를 결합시키는 사회의 내부 구조체계이다.

사회적 체계·사회제도는 인간과 재부로 만들어지는 사회적 존재를 하나의 사회적 운동의 주체로 결합시키는 내부 구조체계이다. 자주성과 창조성, 의식성을 지니며 물질·문화적 수단을 가진 인간이 사회를 만드는 물질적 실체라면 사회적 관계는 인간의 결합 방식과 형식이 된다.[45]

사회적 관계와 사회제도는 크게 정치제도, 경제제도, 문화제도로 구분된다.

인간은 사회의 주인이 되려고 하는 요구, 자연의 주인으로 되려고 하는 요구, 자기 자신의 주인이 되려고 하는 요구를 가지며 이 요구를 실현하기 위한 생활을 한다. 사회의 주인이 되려고 하는 요구를 실현하는 생활, 바꾸어 말하면 사람들의 사회적 지위와 역할을 통일적으로 관리하는 것과 관련한 생활은 정치생활이며, 자연의 주인이 되려고 하는 요구를 실현하는 것과 관련한 생활은 경제생활이고, 자기 자신의 주인이 되려고 하는 요구를 실현하는 것과 관련한 생활은 문화생활이다.

---

45) 일반적으로 일상생활 과정에서 사람들 사이에 결합되는 연계와 교제를 사회적 관계라고도 말한다. 여기서의 사회적 관계는 사람들의 사회적 결합 방식·사회의 내부구조라고 하는 의미로 사용하게 된다.

사람들의 사회적 지위와 역할·사회적 관계를 관리하고 개조하는데 사회의 성원이 차지하는 지위와 역할을 규제하는 사회 관계의 체계가 정치 제도이며, 자연을 개조하고 물질적 재부를 생산하고 향유하는 사람들이 차지하는 지위와 역할을 규제하는 사회적 관계의 체계가 경제제도이며, 인간 자신을 유력한 사회적 인간으로 키우고 사상 문화적 재부를 창조하고 소유하는데 있어서 사람들이 차지하는 지위와 역할을 규제하는 사회적 관계의 체계가 문화제도이다.

인간의 사회적 관계는 동물의 관계와 근본적으로 다른 새로운 것이다. 그것은 인간이 생물학적으로 선천적인 것이 아니라 사회생활 과정에서 목적의식적으로 만들어지고 발전하기 때문이다. 사회제도·사회적 관계는 사회적 속성에 의해서 자주적인 사상의식과 창조적 능력의 작용에 의해서 맺어진다.

사회적 관계와 사회제도는 사회사상의 지휘하에 인간의 목적의식적인 창조적 활동에 의해서 형성된다. 낡은 사회제도의 청산과 새로운 사회제도의 수립은 새로운 정치사상의 지도하에 사회를 개조하는 국민 대중의 개혁 운동에 의해서 만들어진다. 이와 같은 의미에서 사회적 관계와 사회제도는 인간의 창조적 투쟁의 산물이다. 그것은 사회의 물질적 및 정신적 재부와 마찬가지로 창조적 노력에 의해서 획득된 것이다.

사회적 관계나 사회제도가 인간에 의해서 창조되는 것은 그것이 임의의 개인의 주관적 의사에 의해서 창조되는 것을 의미하지 않는다. 그것은 사회적 사상이나 의식과 사회적 창조력의 수준에 상응해서 사회적으로 만들어져 변혁된다. 사회적 관계와 제도는 개개인의 존망과는 관계없이 존재한다. 그런고로, 사회적 관계와 제도는 개인에 대해서는 객관적 조건이 된다.

그것은 사회의 물질적 및 문화적 재부와 마찬가지로 개인의 주관적 의사와는 관계없이 객관적으로 존재하며 개인에 속하는 것이 아니라 사회에 속한다.

　사회적 관계는 개인의 의사에 관계없이 객관적으로 존재할 뿐만 아니라 사회도 객관적으로 존재한다. 사회적 관계에 의해서 인간의 사회적 집단의 발전이 규정되는 것은 아니다. 사회적 집단의 주체는 다름 아닌 사회적 집단이다. 사회적 관계가 사회적 집단 그 자체를 만드는 것이 아니라 자주성과 창조성, 사회적 의식과 사회적 창조력을 갖는 사회적 집단에 의해서 사회적 관계가 개혁되는 것이다. 인간, 즉 사회적 존재는 자주적인 사상의식과 창조력·개혁적 능력에 상응해서 목적의식적으로 사회 관계를 발전시켜 간다.

　인간의 자주성과 창조성, 자주적인 사상의식과 창조적 능력이 발전함과 동시에 그것에 상응해서 사회적 관계도 합리적인 것으로 끊임없이 개선되고 완성되어 간다. 이와 같이 사회적 관계는 생물학적·자연적 존재의 결합 방식과 질적으로 다른 사회적 결합 구조이며, 확실히 사회적 관계로 결합됨으로써 인간은 사회적 운동의 주체, 사회적 존재가 된다.

　사회적 존재에 대한 고찰을 마침에 있어서 사회적 존재도 물질적 존재이며 인간이 사회적 존재가 되는 생물학적·자연적 기초를 갖는다는 것에 대해서 언급해 두지 않으면 안 된다.

　자연적 존재와 사회적 존재를 엄밀히 구별해서 인간이 생물학적·자연적 기초를 갖는다는 것을 보지 못한다면 사회적 존재로서의 인간의 본질적 특징을 올바로 이해할 수가 없다.

　인간은 다른 생명 물질과 질적으로 구별되는 사회적 존재이기는 하지만, 인간이 생물학적 생명을 가지며 그것이 사회적 속성을 갖게 되는 물질적 기초가 되는 것은 의심할 여지가 없다. 사회적 존재도 다름 아닌 물질적 존재이다. 세계에는 물질적 존재가 아닌 어떠한 존재도 있을 수 없다. 물질적 실체, 즉 인간의 육체를 떠난 사회적 존재는 있을 수 없다.

인간은 생물학적으로 가장 뛰어난 육체를 가짐으로써 다른 생물학적 존재보다도 높은 요구와 생활력을 가질 뿐만 아니라 사회적 속성을 지니고 사회적으로 결합된다. 바꿔 말하면, 인간의 우수한 육체는 인간의 자주성과 창조성, 의식성, 사회적 협조성을 지니는 물질적 기초가 된다.

인간의 육체는 유전을 통해서 태어난다. 그리고 여기에는 생물학적 법칙이 작용하고 있다. 인간에게도 유전은 다른 생명체와 마찬가지로 유전자에 의해서 유전정보가 세대에서 세대로 전달됨으로써 실현된다. 생물학적 유전을 떠나서는 인간 자체가 존재하지 않으며 유전정보는 인간의 육체적 구조의 특징을 규정한다.

그러나 인간의 사회적 속성인 사상의식과 창조력은 유전에 의해서 계승·발전되는 것이 아니다. 생물학적 유전자에는 인간의 사상의식이라든가 지식이 포함되지 않으며, 단지 사회적 의식을 지니고 사회생활을 수행하는 육체적 구조의 특징만이 포함되어 있다.

이와 같이 생물학적 육체를 떠나서는 인간은 사회적 존재가 될 수 없다. 그것은 사회적 존재가 되는 자연적·물질적 기초가 되는 것이다. 인간은 사회적 속성을 갖고 사회적 관계로 결합되어 사회적 존재가 된다. 여기에 자연적 존재와 본질적으로 구별되는 인간의 고유한 특징이 있다.

# 제3장

## 개인주의와 집단주의의
## 일반적 특성

# 제1절__ 개인주의와 집단주의의 개념과 특성

## 1. 개인주의와 집단주의의 개념

우리들은 개인주의와 집단주의에 대하여 쉽게 이해하고 있는 것 같이 생각하고 있지만 실상은 상상외로 이에 대한 이해가 부족하다.

대부분의 사람들(학자들을 포함해서)은 '개인주의는 즉 자본주의요, 집단주의는 곧 공산주의'라는 생각을 갖고 있다. 따라서 집단주의라는 말만 꺼내도 공산주의를 연상하게 되고 단어 자체에 거부감을 갖기도 한다. 그러면 자본주의적 민주주의(자유민주주의)를 상징하는 개인주의는 최선의 진리이고, 공산주의 또는 사회주의를 상징하는 집단주의는 우리들이 영원히 경계해야 할 대상인가. 개인주의는 자유민주주의 사회에만 있는 것이고 집단주의는 사회주의 사회에서만 존재하는 것인가.

지금까지 개별 학문의 분야인 철학이나 역사학, 정치학, 사회심리학을 위시한 각 분야에서 이 분야에 대한 깊이 있는 연구가 미흡했던 것만은 사실이다. 그러나 이 분야에 대한 연구가 전혀 없었던 것도 아니다.

또한, 개인주의가 먼저인가 집단주의가 먼저인가 하는 문제는 암탉과 달걀의 문제와 같다. 이 문제를 논리적이거나 철학적인 문제로 다루든, 역사적인 문제로 다루든 개인과 집단은 떼어 놓을 수 없는 문제이다. 이들은 서로가 서로를 필요로 하며 상호 보완적이기 때문에 대립되는 것은 아니다.

영국의 형이상학적 시인인 던(Jone Done)은 "인간은 섬島도 아니며, 그 자체로 완결될 수 없다. 모든 인간은 대륙의 한 조각이요, 본토의 한 부분이다."라고 하였다. 여기에는 진리의 일면이 담겨있다.

한편, 고전적 개인주의자인 밀(J. S. Mill)은 「사람들은 함께 모아 놓았을 때도 다른 종류의 실체로 바뀌지 않는다.」[46]라고 하였다.

황장엽 선생은 인간의 생명과 관련지어 말하기를 "인간은 개인적 존재인 동시에 집단적 존재인 만큼 모든 사람은 개인적 생명과 함께 집단적 존재의 구성원으로서의 생명을 동시에 지니고 있다"고 주장한다. 그뿐 아니라 "모든 인간은 자기 개인의 생명을 실현하기 위하여 생존할 뿐만 아니라 집단적 생명의 보존을 위한 생존 활동을 진행한다"고 하였다.

그리하여 인간은 개인적 생명의 요구가 실현되었을 때 기쁨과 행복을 느낄 뿐 아니라 집단의 생명의 요구가 실현되었을 때, 온 집단이 다 같이 기쁨과 행복을 느끼게 된다고 갈파喝破함으로써 개인주의와 집단주의에 관한 견해에 있어서 과거의 학자들과는 그 차원을 달리하고 있다.

그러나 개인주의와 집단주의에 대한 학문적 연구는 사회심리학자들 사이에서는 일반적인 특성으로서의 개인주의적 경향이나 집단주의적 경향을 측정하기 위해서 많은 노력을 해온 것은 사실이나 아직까지 개인주의와 집단주의가 갖는 철학적이고 정치 이념적인 측면에서의 방향 제시에 대한 연구는 미미한 형편이다.

개인주의Individualism와 집단주의Collectivism라는 용어를 최초로 사용한 것은 18~19세기 영국의 정치 사상가들이었다. 개인주의는 자유주의 liberalism와 동의어이며, 그것이 포함하고 있는 의미는 개인의 최대한의 자유, 개인이 마음대로 가입 탈퇴할 수 있는 임의의 집단의 존재, 집단의 활동에 개인의 평등한 참가라고 하는 사고방식이었다.

개인주의와 대비되는 용어는 권위주의Authoritarianism다. 그것은 개인의

---

46) E. H. Carr 저, 곽복희 옮김, 『역사란 무엇인가』, pp.52~53.

자유를 부정하고 개인에 대해서는, 예를 들면 국왕과 같은 권위가 원하는 바에 따라 복종할 것을 요구하는 것이었다. 그 당시에는 무법 상태나 무정부 상태를 피하기 위해서는 권위에의 복종이 불가결하다고 하는 사고방식이 널리 확산되고 있었다.

18세기에는 아메리카 혁명(모든 사람은 평등하게 창조되고, 행복을 추구하는 것)과 프랑스 혁명(자유, 평등)의 개인주의적인 개념이 대두되었고, 그 후에는 「집단주의」라고 명명命名 되는 반발을 불러일으키게 되었다.

존 로크(John Rocke)의 개인주의에 대항해서 J. J. 루소(Jean Jacques Rousseau)는 집단주의를 내세웠다. 그는 개인의 자유가 인정되는 것은 그것이 일반 의사一般意思에 의해서 지지支持되는 경우에 한한다고 하는 「사회계약설」을 제창했다.[47]

그는 국가라는 것은 성원(국민) 각 개인의 자유의사의 상호계약에 의하여 형성된 것이며, 그 상호계약에 의거하여 성립된 공적公的이고 일반적인 인격의 의사야말로 일반 의사라고 역설하였다.

경제학에 있어서는 정부는 경제활동에 간섭해서는 안 된다고 하는 자유방임주의의 개인주의(예를 들면, 국부론의 Adam Smith)는 정부가 생산수단을 소유해야 한다는 마르크스주의적인 집단주의의 주장과 대립했다.

정치학에 있어서는 한편으로 「가능한 한 정부는 관여하지 말아야 한다」라고 하는 자본주의가 존재하고, 한편으로는 파시즘이 존재했다. 파시즘은 리더는 국가의 의사를 체현하고 있기 때문에 국민 모두는 그의 의사에 복종하지 않으면 안 되었다. 사회민주주의, 사회주의, 공산주의는 무통제無統制의 자본주의와 파시즘과의 사이에 위치하며 집단주의적 경향이 강하다. 개인주의와 집단주의에 흡사한 구성개념은 철학과 모든 종류

---

47) Harry C. Triandis 저, 新山貴弥·藤原武弘 편역, 個人主義 と 集團主義, 北大路書房, 2002. p.20

의 사회과학에서도 이용된다.

이상과 같이 각 분야에서 사용하고 있는 개인주의와 집단주의의 용어에 대하여 트라이언디스(H. C. Triandis) 같은 학자는「개인주의와 집단주의라고 하는 용어는 세계의 여러 지역에서 사용되기는 하나 여러 가지 의미를 포함하고 있다. 또한 용어의 의미가 매우 애매하기 때문에 개인주의와 집단주의를 측정하는 것은 매우 어렵다.」라고 하였다.[48]

그러나 비록 그 용어가 여러 가지 '의미'를 포함하고 있고 매우 '애매'하기는 하나, 필자가 보기에는 관련 학자들이 '개인주의' '집단주의'에 대한 용어의 정의에 대해서는 크게 신경을 쓴 흔적은 찾아보기가 어렵다. 왜냐하면 개인주의와 집단주의에 관한 연구는 그 용어의 정의에 따라 크게 좌우될 소지가 없기 때문인 듯하기도 하다.

그 이유로는 개인주의와 집단주의에 대한 정의가 몇몇 학자들의 주장이 거의 대동소이할 뿐 아니라 본고稿를 구성함에 있어서도 하등의 문제가 될 수 없기 때문이다.

따라서 본고稿에서는 C. H. Hui가 밝힌 내용으로 개인주의와 집단주의에 대한 정의定義를 대신하고자 한다. 그 이유는 그 의미가 간단명료하다고 판단되었기 때문이다.

그는 말하기를 '개인주의Individualism'란 그룹 또는 집단에 대한 감정적 독립 상태를 의미하는 한편, '집단주의Collectivism'란 그룹과의 협력적, 친밀한 관계를 유지하며 그룹의 조화, 단결, 의무 및 복종의 상태를 의미한다.(Hui, 1983)라고 정의하였다.[49]

---

48) H. C. Trandis. 전게서. p.2
49) 손정미, 〈컨벤션서비스 품질인식에 관한 비교 문화적 고찰: 개인주의와 집단주의 문화를 중심으로〉 한국관광 논문집, 제5호(2006), pp.163~176. 재인용

개인주의는 서구의 자유주의Liberalism를 기틀로 하여 발생된 것으로 '인간의 이성'을 중시하며 개인의 권리를 지키기 위해 법과 규율이 마련되고, 그 결과 개인주의 문화권의 구성원들은 자율적이고 자주적이며 개인의 주장이 강하고 사생활과 선택의 자유를 중시하는 경향이 높다.

집단주의 문화권의 구성원들은 집단의 안녕과 복지, 사회질서를 최우선으로 하며 상호의존, 도움, 배려, 공동운명, 복종 등을 중시한다.(Ukchol & Triandis, 1994) 개인주의와 집단주의에 대한 이론적 근거는 그간의 연구를 통해 입증되어 온 바, 대표적인 연구로는 Hofstede G.(1980, 1984)가 50개국 이상 국가의 개인 지수(IDV)를 도출하기도 했다.[50]

여기서 '집단주의'는 영어로 Collectivism을 가리킨다. Collectivism은 대개 집산주의集産主義로 번역되고 있으며 맥락에 따라서는 '집산주의'로 번역하는 것이 타당한 경우도 있다. Collectivism이 '집단이나 사회의 이익을 위하여 재산 통제를 옹호하는 교리'로 정의될 때에는 '집산주의'로 번역하는 것이 타당하다.[51]

미국의 유명한 사회학자인 데이비드 리스먼은 『개인주의의 재검토(1954)』를 쓰면서, 미국에서 부상하는 집단적 순응주의를 설명하고 비판하기 위해 집단주의를 'groupism'이라는 표현을 사용하기도 하였다. 그러나 대부분의 학자들은 집단주의를 'Collectivism'이라고 사용하고 있으며 필자도 이에 동의한다.


개인주의와 집단주의의 두 이념의 중간 지점에 이 양쪽의 요소를 함께 안고 있는 통합주의Unionism도 존재했다. 이것은 E. F. 스미스가 주장한 것으로 개인주의의 극단과 사회주의의 극단 사이에 존재했다.

---

50) 손정미, 동게서, p.165
51) 김명환, 〈보수당 F. E. Smith의 집단주의〉 영국 연구, 통권 제16호(2006.12). p.141

개인주의자들은 자기 향상의 본능만을 가진 인간을 바탕으로 국가를 조직한 반면, 사회주의자들은 조직의 능력만을 가지고 있는 인간을 바탕으로 국가를 세웠다는 것이다. 그러나 이 두 이념 모두 해악을 끼쳤는데, 개인주의는 협동과 희생을 무시했으며 사회주의는 경쟁의 욕망을 무시했다고 주장한다.

통합주의는 이 두 이념 모두를 배격하면서도 한 편으로는 이 두 이념의 일정 부분을 받아들였다. 예컨대 F. E. 스미스가 모든 계급에 대해 '직업의 안전'을 내세웠을 때 그는 사회주의 주장을 받아들이고 있는 셈이며, 반면에 인간이 자신의 잠재력과 재능을 개발할 기회를 가져야 함을 강조했을 때 그는 개인주의 편에 서 있었다.

그러나 본고稿에서는 통합주의에 대한 언급은 피하고 연구의 주제에 맞추어 개인주의와 집단주의에 한정하여 고찰하기로 한다. 이어서 개인주의와 반개인주의(궁극적으로는 집단주의로 발전함)의 역사는 어떻게 전개되어 왔는가를 살펴본다.

## 2. 개인주의와 집단주의의 특성

개인주의와 집단주의 이론(Markus & Kitayama, 1991; Triandis, 1989, 1995)이 문화 차이를 조명하는 틀로서 거론된 것은 오래전부터이지만 크게 주목을 받고 경험적인 연구의 이론적 틀로서 자리를 잡게 된 것은 Hofstede(1980)의 연구 이후다. 그에 따르면 문화는 여러 가지 차원으로 나누어 볼 수 있는데 그중 가장 대표적인 차원이 개인주의 차원과 집단주의 차원이다.(Hofstede, 1991, 1995) 개인주의 · 집단주의 구분의 기본적인 출발점은 개인주의 문화에서는 개인을, 집단주의 문화에서는 집단을 기본적인 사회 단위로 보는 데 있다.(Nakano, 1970; Hui & Triandis, 1986) 다시 말하면, 개인주의 문화와 집단주의 문화를 구분하는 것은 사회 구성원들이 우선시하는 것이 개인인지個人認知 집단인지集團認知에 기초하고 있다는 것이다.[52]

아래에 제시한 것은 그 전부는 아니지만 집단주의적 특성과 개인주의적 특성을 나열해 본 것이다.

① **자기 지각**: 집단주의자는 집단을 사회 지각의 기본단위로 이용하고 있다. 반면에 개인주의자는 개인을 사회 지각의 기본단위로 이용한다. 집단주의자의 사회 지각은 개인을 둘러싼 관계성에서 구성된다. 반면에 개인주의자의 사회 지각의 초점은 그 관계성을 갖는 개인에 해당된다. 집단주의자는 자주 능력에 관해서 현실적인 자기 지각을 행하는 것에 반하여, 개인주의자는 종종 실재 이상의 자기 지각을 행한다.

---

52) 한유화, 정진경, 〈2요인 자아존중감 척도: 개인주의적 및 집단주의 요인〉 韓國心理學會誌. 2007,Vol.21, No,4, pp.118~119

② **귀속**: 사건에 의미를 부여하는 기본적인 요소, 그것은 사람들이 행하는 귀속이다. 개인주의자는 집단주의자보다도 사건을 빈번히 내적으로 개인적인 원인에 귀속하는 것에 반해서, 집단주의자는 외적인 원인에 귀속시키고 있다.

③ **동일성과 감정**: 집단주의자 간의 동일성은 관련성과 집단 성원에 의해서 정의된다. 개인주의자의 동일성은 자기가 소유하는 것과 자기의 경험에 기초한다. 놀라운 것은 아니지만 집단주의자의 감정은 타자에 초점을 맞추기 쉽고(예: 공감성), 개인주의자의 감정은 자기에게 초점을 맞추며(예: 분노) 길고 지속적이다.(상황에 수반하여 변화할 필요가 없다.)

④ **인지**: 집단주의자는 집단 내의 요구사항을 생각한다. 반면에 개인주의자는 개인적인 요구, 권리, 능력, 자기가 행한 계약에 초점을 맞추기 쉽다.

⑤ **동기부여**: 집단주의자의 동기부여 구조는 타자의 요구에 대한 수용이나 적응을 반영하고 있다. 개인주의자의 기본적인 동기부여 구조는 내적인 욕구, 권리, 능력(사회적 압력에 인내하는 능력을 포함)을 반영한다. 집단주의자는 개인주의자 간에 일반적인 「수행량 = 능력 × 노력」이라고 하는 공식을 사용하지 않는다. 그들은 「수행량 = 능력 + 노력」이라고 하는 공식을 사용한다.
개인주의자는 수행량을 개인의 질(質)로서 보기 때문에 만일 어떤 사람이 능력이 없거나 노력을 하지 않으면 그 수행량이 오르지 않는다고 생각한다. 반면에 집단주의자는 수행량을 집단의 질로서 보기 때

문에 만일 집단의 성원이 능력이 있고 집단의 다른 성원이 노력을 하면 성공도 가능하다고 생각한다.

⑥ **태도**: 집단주의자는 사교성(예: 나는 친구와 가깝게 사는 것이 좋다), 상호의존성(예: 만일 필요한 경우는 가족에게 재정적인 지원을 의뢰하는 것이 가능하다)을 중시한다. 그래서 가족 존중(예: 늙은 양친은 자식들과 죽을 때까지 함께 살아야 한다)을 반영하는 태도를 좋아한다. 반면 개인주의자는 자립(예: 집단이 방해가 된다면 나는 혼자서 일을 한다), 쾌락주의(예: 나는 즐거운 생활에 가치를 둔다), 경쟁(예: 나는 제일(第一)이 되고 싶다) 그리고 내집단內集團에서 정서적인 분리(예: 만일 형제가 학교에 사표를 내더라도 나는 그것에 관심이 없다)를 중시한다.

집단주의자 간에는 내집단의 누군가에 반대하는 의견을 갖는다면, 확실하게 좋지 않은 표현을 한다. 개인주의자 간에는 태도가 가장 중요하고 규범은 이차적인 것이다.

⑦ **규범**: 개인주의 문화보다도 집단주의 문화에 있어서는 남녀의 역할에 합의가 있다. 집단주의자는 자원을 내집단 성원에 분배할 때는 평등한 요구를 기초로 하고, 외집단外集團 성원에 분배할 때는 공평(각각의 공헌의 정도에 따른다)을 기초로 한다.

⑧ **가치**: 집단주의자의 가치는 안전, 양호한 사회적 관계, 내집단의 조화 그리고 개인화된 관련성을 포함한다. 집단주의에 관해서는 「보존」과 「조화」, 또한 개인주의자에 관해서는 「지적 자율」과 「정서적 자율」의 각각 두 개의 가치 유형을 보아왔다. 집단주의자의 가치(가족의 안전, 사회적 질서, 전통의 존중, 양친이나 윗사람에 대한 존중, 안전, 예의 바름)와 개인주의자의 가치(호기심을 갖는 것, 관대함, 창조적인 것, 적극적으로 변화 있는 생활

을 하는 것, 많은 즐거움을 갖는 것)의 대비對比는 어느 국가에서나 찾아볼 수 있다.

⑨ **사회적 행동**: 집단주의자는 개인주의자보다도 상황에 대응해서 행동을 변화시킨다. 일반적으로 집단주의자는 친족, 동료, 이웃, 지인에 대해서는 조금씩 다른 행동을 하지만, 알지 못하는 사람에 대해서는 같은 모양으로 동일한 행동을 한다. 집단주의 문화에서는 개인주의 문화에서보다 상황이 사회적 행동에 다대한 영향을 미치는 결정적인 요인이 되고, 개인의 인간성이 명확히 나타나지 않는다.

집단주의자는 사회적 상황이 즐겁게 되기를 기대한다. 집단주의자는 새로운 집단이나 알지 못하는 사람을 다룸에 있어서 개인주의자보다도 스킬skill이 결여되어 있다. 그러나 일단 관계성을 구축하게 되면 친밀하게 되고, 관계성을 오랫동안 지속하게 된다.

집단주의자 간에는 사회적 행동, 특히 여가시간을 보내는 사회적 행동은 소집단으로 행하는 것이 많다. 이에 반해 개인주의자는 커플couple로 하는 사회적 행동을 좋아한다.

⑩ **프라이버시에 대한 태도**: 집단주의자는 어떤 사람에게 관계되는 사건은 집단의 사건이기도 하다. 또 친구는 상호 간에 개인적인 문제에도 관심을 가져야 한다고 생각한다. 집단주의자는 사적으로 개인이 무엇을 하고, 무엇을 생각하고 있는가를 알기도 하고, 그것을 관리하는 것마저 당연하다고 생각한다.

개인주의자는 사람은 자기 자신의 사건에 주의를 기울여야 하고, 프라이버시는 존중되고, 어떠한 일도 자유롭게 생각하는 것이 가능하다고 생각한다.

⑪ **커뮤니케이션**: 집단주의자는「나의 것은 당신의 것」이라고 말하는 것처럼 여겨지고, 개인주의자는「나의 것은 나의 허가 없이 사용해서는 안 된다」고 주장하는 것처럼 생각된다. 대화에 있어서는 집단주의자는「우리들」을 잘 사용하고, 의미를 전달함에 있어서는 문맥(소리의 높이, 몸짓, 자세 등)에 의존한다. 개인주의자는「나」를 사용하는 경향이 강하고 내용 그 자체를 강조한다.

집단주의자의 커뮤니케이션은 문맥과 상대방의 감정에 대한 염려가 중시되고, 내집단의 타인을 격하시키는 일은 피한다. 이에 대해서 개인주의자의 커뮤니케이션은 명확함을 중시한다.

⑫ **도덕성**: 집단주의자의 도덕성은 상황에 의존적이고, 그 궁극의 가치는 집단의 행복이다.

집단주의 문화에 있어서 도덕성은 많은 룰을 튼튼하게 지키는 것과 결부되어 있다. 개인주의자는 '거짓말을 하는 것'은 계약을 파기하는 것으로 본다. 계약은 매우 중요한 것이기 때문에 계약을 파기하는 것은 심각한 위반이다.

개인주의자는 태도와 행동이 일관一貫되지 않는 것을 불협화不協和라고 간주하는 반면, 집단주의자는 그것을 성숙成熟하다고 간주한다.

⑬ **책임**: 집단주의 문화에 있어서 집단주의자는 성원 한 사람이 잘못한 행위에 대해서도 책임을 진다. 이에 반해서 개인주의 문화는, 책임을 져야 하는 것은 단지 그 개인뿐이다.[53]

위에서 본 바와 같이 '개인주의 사회'에서는 사회 구성의 기본단위를

---

53) H. C. Triandis, 전게서, pp.72~83

독립적이고 자기 완비적인 개인 존재에서 찾기 때문에 인간 일반과 자기 자신을 타인과 명확하게 구별되는 개별적 존재로 받아들여, 이러한 자기를 드러내고 자기 독특성을 실현하는 데서 삶의 의의를 찾을 수 있다고 본다. 그러므로 개인주의 사회에서는 '개인 중심의 인간관'과 함께 '독립적 자기관' 또는 '분리적 자기관'이 지배적인 특성을 띠고 있다.[54]

토크빌은 곳곳으로 퍼져나가는 개인주의의 주된 특성이 내향적인 사생활이라고 한다. 그는 『미국의 민주주의(1835)』에서 "개인주의는 새로운 사상이 탄생시킨 최근의 표현 형태이다"라고 주장한 뒤, 다음과 같이 덧붙이고 있다.

"각 시민으로 하여금 집단에서 분리되고 가족이나 친구와 함께 따로 떨어져 살고 싶은 마음을 일으키는 어떤 평온하고 사려 깊은 감정, 개인주의란 바로 그러한 감정이다. 결과적으로 그는 자기만의 작은 사회를 만든 뒤 큰 사회는 기꺼이 포기하는 것이다…."

우리는 개인주의가 이미 서유럽 전체에서 일어난 집단적 현상은 아닌지 사회학적인 질문을 해볼 수 있다. 그러나 확실한 것은 극소수의 특권층이 독점하던 개인적 독립성을 19세기 전반에 이르러 보다 많은 소수의 사람들이 획득하게 되었고, 이들이 대다수에게 개인화의 모범이 되었다는 사실이다.

그 가운데서도 도시의 신흥 부르주아 계급에 속하는 젊은이들은 전통적 가족주의에서 벗어나 가족의 보호 없는 삶을 시도함으로써 이런 움직임에 원동력이 된다. 배우자를 얻기 위해 사랑의 감정을 우선하건 아니면 출세하기 위해 개인적 야망을 우선하건, 그들은 '우선적으로 자기에 의

54) 조긍호, 〈동아시아 집단주의와 유학사상: 그 관련성의 심리학적 탐색〉 韓國心理學會誌, 2007. Vol.21.No.4.p.25

한 자기의 삶'이라는 새로운 규범을 채택한다고 그 특성의 일단을 피력하고 있다.[55]

'집단주의 사회'에서는 사회 구성의 기본단위를 사람들 사이의 관계와 이러한 관계의 원형인 가족과 같은 일차집단이라고 보기 때문에, 인간 일반과 자기 자신을 이러한 관계 속의 존재로 받아들여, 이러한 관계나 집단을 떠나서는 인간 존재의 의의를 찾을 수 없다고 생각한다. 그러므로 집단주의 사회에서는 「관계중심적 인간관」과 함께 「상호주의적 자기관」 또는 「관계적 자기관」이 지배적인 인간관과 자기관으로 떠오르는 것이 그 특성이다.[56]

그러나 우리 인간은 개인주의적인 사람과 집단주의적인 사람으로 절대적으로 나누어져 있는 것이 아니라, 두 가지의 요소를 다 공유하고 있지만 집단주의 요소보다 개인적인 특질이 강한 사람은 개인주의자라고 볼 수 있고, 개인주의 요소보다 집단주의적 특질이 강한 사람은 집단주의자로 지칭할 수 있는 것이다.

물론 이와 같은 특징은 개인과 집단의 환경이나 문화, 사회, 정치적 환경에 따라서 크게 좌우되기도 한다. 예를 들어 정치적인 환경인 경우, 자본주의 사회에서 성장한 사람은 개인주의적이고, 사회주의 국가에서 생활한 사람은 집단주의적인 특징을 띠게 되는 것이다. 따라서 우리는 환경에 따라 우리 내부에 잠재된 두 요소를 개인과 집단의 요구에 맞게 적절히 구사해야 할 것이다.

---

55) Alain Laeurent, 전게서. p.64
56) 조긍호, 전게서. p.25

## 제2절_ 개인주의와 집단주의의 역사

### 1. 개인주의의 역사

지금 세계는 개인주의가 서구 문명의 본질이자 현대성現代性의 진앙지라고 주장하는 것은 흔한 일이 되었다. 예컨대 루이 뒤몽이나 앙리 망드라스가 그런 주장을 하는데, 뒤몽은 '현대의 이념적 위상을 개인주의라는 말로 가리키고 있으며' 망드 라스는 '개인주의는 발전을 거듭하여 이제 이데올로기가 아니라 모든 사람에게 공통된 존재 방식이 되었다'고 생각한다.[57]

이러한 개인주의의 역사는 어떠한 발전 과정을 거쳐 성장해 왔는가를 알아보자. 개인주의의 핵심 요인인 개인의 삶의 목적과 사회의 관계(도시국가)가 철학자들의 관심사가 된 것은 그리스 시대부터였으며, 이는 아리스토텔레스 사상의 모호성에 의해서도 입증된다.

아리스토텔레스는 인간을 공동체에서 벗어나서는 존재할 수 없는 시민이자 '사회적 동물'로 보면서도『니코마스 윤리학』에서는 "진정한 선은 개인적이고, 우리는 개인의 선과 행복을 추구하고, 스스로 자족해야 하며 정의 또한 각자의 미덕에 따라 평가된다."라고 주장했다.

고대 시대에 어렴풋이 모습을 비춘 개인화의 잠재적 가능성은 폐쇄적이고 조직적인 공동체가 가하는 지속적인 압력 때문에 억눌리고 무력화된다. 그때 기독교가 부상하면서 기존의 공동체를 간접적이지만 양방향

---

57) Alain Laeurent. 전게서, p.9

兩方向에서 전복시키고 무너뜨린다. 즉 기독교는 인간을 자유롭고 유일한 인격체로서 철저하게 내면화시키는 한편, 부족이나 국가에 대한 종속 상태에서 해방시킴으로써, 개인을 보편적 인간성을 동등하게 구현하는 존재로 만드는 것이다.

사실 개인적이고 초월적인 신에 기초한 기독교는 심층적 차원에서 해방과 개인화를 불러오는 역동적인 힘이기 때문이다.

물밑에서 진행되던 기독교적 개인화가 사고방식과 정치철학, 유럽 사회구조에 최초로 효력을 발휘한 것은 13세기와 14세기에 들어서면서부터다. 이 전환기에 의미심장한 사회적 · 문화적 변화가 일어나고, 개인이 사회의 '가시적인' 기본 요소가 되는 경향이 나타난다. 개인에 관한 새로운 존재론이 서서히 준비되는 한편, 개인화된 주체는 법의 근본적 범주(신학적인, 그러나 뒤에는 세속적인)가 되어간다.[58]

정신적 · 법률적 측면에서 이미 상당한 준비 기간을 거친 개인은 15세기부터 새로운 삶의 방식을 통해 그 모습을 구체화하기 시작한다. 그리고 그에 따라 전통과 집단, 서열적인 세상의 질서에서 해방되는 경향을 보인다.

개인의 자율성이라는 역동적인 기독교 사상 외에도 개인화를 돕는 수많은 요인들의 결합이 이런 변화에 긍정적으로 작용한다. 이러한 유례없는 호조건 속에서 소수이기는 하지만 새로운 유형의 인간이 나타난다. '나'를 말하고, 자기 행위의 주인이 '나'라고 보는 이들의 태도는 실제로 자신에 대한 주권과 개인의 독립성을 표현하는 행위로 나타날 수밖에 없었다.

그리하여 15세기 말, 스스로 자기 운명의 주인이고자 하는 개인이 서구 역사에 등장하는데, 그는 독창성에 신경을 쓰고 위험을 좋아하는 한편,

---

58) 동게서. pp.26~31

세계주의적이며 향락주의적인 인간의 모습을 띠고 있다.[59]

몽테뉴는 자신이 최초의 위대한 개인주의자임에 자부심을 느끼며, '자아'가 도래하고 종속관계를 내면적으로 거부할 수 있게 된 것을 흔쾌히 찬양하면서 그의 『수상록(1580)』에 이렇게 적고 있다.

세상에서 가장 중요한 일은 자기 자신이 될 줄 아는 것이다……. 모든 사람이 자신을 직시해야 한다. 나는 내 안을 들여다보고 오직 나 자신과 관계하며, 끊임없이 자신을 생각하고 다스리며 음미한다. 우리의 한 부분은 사회의 몫이지만, 가장 귀중한 부분은 우리 자신의 몫이다……. 타인에게는 자신을 빌려주어야 하지만, 자신에게만은 모두 주어야 하는 것이다.

종교 개혁과 르네상스가 끝나갈 무렵, 개인주의적 가치 체계는 문화적 차원에서 형태를 갖추기 시작했다. 하지만 그 자체로 성찰의 대상이 되거나 충분한 효과적인 이데올로기로 자리 잡지는 못했다.

그러나 고유한 자신의 기반을 확신하는 이 '내적' 개인은 스스로를 의식하고 다스리면서, '외적' 개인이 이미 시작한 혁명적인 해방의 물결에 합법성과 왕성한 활력을 제공한다. 개인주의가 확산되는 결정적 순간은 스스로 생각할 수 있는 권리(비판적 합리주의)와 자신을 위해 살 수 있는 권리(사적 이익에 대한 관심)가 결합하는 바로 이 시기이다.

17세기에 일어난 결정적인 의미론적 혁신은 이런 개인의 모습을 반영하고 있다. 즉 고유성과 보편성을 지닌 인간을 지칭하는 '개인'이라는 용어가 사용되기 시작한 것이다.

영국인에게 있어서 '권리장전'이 개인의 자유와 권리는 합법적이고 양

---

59) 동게서. pp.34~35

도할 수 없음을 인정한 직후인 1960년에 발표된 『시민 정부론』은 사회 속에 개인주의의 토대를 세우는 진정한 증명서라 할 수 있다. 로크는 여기에서 인간 각자(개인)는 자신의 유일한 주인으로서 자유롭게 행동할 수 있는 자연법을 절대적 명제로 설정하고 있다.

로크는 오직 자연법이 지배하는 상태를 가정하면서, 이런 상태가 '완전한 자유의 상태'라고 주장한다.

"이런 상태에서 인간은 누구의 허락을 구할 필요도 없고, 타인의 의지에서 벗어난 채 자기 마음에 드는 일을 하며, 자연법칙의 한도 내에서 적절하다고 판단되면 자신의 일신과 소유물을 사용할 수 있다. 이 상태는 또한 어떤 예속이나 구속도 따르지 않는 평등의 상태이다"(4장).

이와 같은 상태에서 인간은 자신의 일신과 소유한 것을 원하는 대로 사용할 수 있는 확고한 자유를 지닌다.

모든 인간은 평등하고 독립적이며 자신을 보존할 의무가 있다"(6장). 이렇듯 "각자는 자신에 대해 특권을 갖고 있으며 어느 누구도 이를 넘볼 수 없다"(27장). "개인은 자신의 일신과 소유물에 대한 절대적 주인"이다(123장). 그의 이성은 그가 "자신의 이익을 위해" 살 수 있도록 허용하며(57장), "그는 뜻대로 행동할 수 있는 권리가 있다"(59장). 개인은 "자신의 일신뿐만 아니라 자신의 모든 행동과 작업의 주인이므로, 이러한 소유와 소유권에 대한 확실한 근거는 항상 그의 내부에 있다"(44장)라고 하였다.[60]

18세기 말 칸트가 인본주의적이고 합리적인 개인주의의 발달에 얼마나 강력하게 공헌했는가는 굳이 상기시킬 필요도 없을 것이다. 그는 『실천이성비판(1788)』에서 인간을 자신의 이성에 의해 완전한 독립성을 획득한 주체로 규정한다.

---

60) 동게서. p.51

개인주의가 지배적 가치 체계로 자리 잡는 순간, 개인주의는 '폭발적으로' 여러 경향으로 변화한다.

19세기 유럽의 개인주의는 18세기의 개인주의를 이어받았지만 엄청난 힘으로 부상한 자본주의와 '부르주아적' 민주주의의 공헌으로 풍요로워진, 특히 영국과 프랑스에서 활발했던 자유주의적 개인주의가 있는가 하면, 19세기 후반 자유주의적 개인주의가 침체의 경향을 띨 때 이를 계승하면서 보편주의적이며 민주주의적인 인본주의 가치의 승리와 동일시되는, 특히 프랑스에서 훨씬 '진보주의적'인 개인주의가 있었다.

그리고 이러한 개인적 자율성의 사회화와 부르주아화에 대응하는 단절의 개인주의, 다시 말해 극단적이고 무정부적이며 극소수가 옹호하고 비판적인, 세상을 저주하는 고독한 인간들이 찬양하는 개인주의도 있는 것이다.

이후 급속도로 발전한 개인주의는 19세기 이념적 차원에서 강력한 반발을 불러일으키기도 했지만, 다양한 경쟁적 형태를 띠면서 사회 전체로 확산된다.

20세기 전반에도 신랄한 비판과 거부의 움직임이 있었지만, 개인주의는 결국 자유민주주의 사회의 최상의 가치로서 인정받기에 이른다.

그리하여 개인주의는 서구 문화의 지배적 특징으로 군림하게 되지만, 자신에 대한 극단적인 소유권을 주장하는 극소수파(미국인)의 경향과 대다수가 선택하는 대중화의 경향 사이에서 갈등을 겪기도 한다. 대중화시킬 경우 개인주의는 무미건조해지고 생기를 잃게 마련이다. 어쨌든 이러한 두 경향 때문에 개인주의는 새로운 비판을 받고 있는데, 그것은 고독과 불평등이라는 현대의 문제와 관련되어 있다.[61]

---

61) 동계서, pp.21~22

개인주의가 때로는 개인의 해방을 앞두고 반개인주의가 제기한 소송은 유럽 사회의 개인화 과정을 막지는 못했다. 단지, 이로 인해 개인이 해방되는 데에 때로 제동이 걸리고 장애가 있었을 뿐이다. 때로 이런 현상이 일어난 까닭은 개인주의의 힘찬 추세를 저지할 수 있는 것은 아무도 없었지만, 반대의 입장은 일반화되는 개인주의의 흐름과 형태에 영향을 미쳤기 때문이다. 사실 개인주의의 역사는 개인주의에 대한 거부의 역사이기도 하다.

## 2. 집단주의의 역사

개인화 과정이 상당히 진전된 시점인 20세기 초에 개인주의 역사가 지닌 근본적이면서도 역설적인 차원을 되돌아볼 필요가 있다. 이 차원을 고려하지 않고서는, 사실 어떤 것도 제대로 이해할 수 없다. 그것은 다름 아니라 18세기 말부터, 즉 개인주의가 패권을 잡기 시작하면서 개인주의와 변증법적 관계를 맺으며 격렬한 반개인주의적 반응이 나타났다는 사실이며, 이는 급기야 집단주의로 발전했던 것이다.

개인적인 독립의 자유로운 확산을 반대하는 이 입장은 담론뿐 아니라 행동에 있어서도 합리적이고 정상적인 비판의 수준을 넘어선다.

개인주의에 대한 논의와는 반대로 개인의 자유에 대한 불관용不寬容과 이런 태도를 나타내는 정치이념 또는 문화 경향에 초점을 맞출 때, 서구에서 등장하여 정착된 개인주의적 가치 체계가 진정으로 어떤 사회학적, 더 나아가 인류학적 의미를 갖는지 보다 잘 이해할 수 있다. 일반적으로 받아들여지는 것과는 달리, 모든 사람들이 개인적 자유의 출현을 인류의 진보로 평가한 것은 아니었다.

반대로 반개인주의적 입장에서 조명할 때, 진정한 개인주의의 이념적·역사적 상황은 정확하게 평가될 수 있다. 다시 말해 개인주의는 단번에 아무 문제없이 합의의 대상이 된 것이 아니라 경쟁하는 두 '모델' 가운데 하나였을 뿐이고, 가혹한 투쟁을 치렀지만 완전한 승리를 거두지 못한 채 겨우 조금씩 적을 압도해 나갔던 것이다.

'개인주의' 라는 용어가 1820년대와 1830년대에 프랑스에서 출현했을 당시, 이 용어를 만들었던 사람들은 열정적인 개인주의자이기는커녕 개인의 독립을 반대하는 적敵이었다. 그들은 인생의 의미와 좌표를 제공하고 그럼으로써 인간에게 안정감을 주는 계급과 종교적 전통과 지역적 유대감으로 엮어진 옛 공동체 사회질서가 사라지는 것에 대해 불안하고 분노하는 사람들이었다.

메트르는 개인주의를 경멸하는 선두주자로서 중세의 유기적이고 조화로운 세계를 그리워하는 반혁명주의자였다. 그는 1820년부터 '인간들이 분리되는 현상과 정치적 신교주의'를 비판하고, '프랑스에 대한 징벌이라 할 절대적 개인주의'를 고발한다. 뒤이어 생시몽주의자들이 조심스럽게 이 용어를 다시 사용하면서, 계몽주의와 인권선언에 의해 뜻하지 않게 불행한 개인이 된 인간의 이기주의를 한탄한다.

앙팡탱은 이미 '개인주의의 폐습'을 공격한 바 있고, 바자르는 개인주의의 이론을 무질서 '개인주의'라는 용어가 1820년대와 1830년대에 프랑스에서 출현했을 당시, 이 용어를 만들었던 사람들은 열정적인 개인주의자이기는커녕 무질서 · 무신론 · 이기주의와 결부시키면서 그것이 신성시되는 것이 한심하다"라고 비난하였다. 『생시몽주의 설명(1830)』[62]

메트로는 『절대 권력의 기원(1794~1796)』에서 사회에 대한 유기체적 · 교권주의적 견해를 전개한다.

"개인적 능력으로 축소된 인간의 이성은 종교적 · 정치적 단체를 창설하는 것뿐 아니라 보존하는 데도 완전히 무능력하다."

또한, 초개인적 · 초월적 실체로서 국가를 옹호한 피히테는 『자연법의 근거(1796)』에서 이렇게 말한다.

"따라서 인간의 개념은 절대로 한 개체(개인)에 대한 개념이 아니다. 이는 생각할 수 없는 일이기 때문이다. 인간의 개념은 종種에 대한 개념이

---

62) 동게서, pp.91~93. 재인용 ★생시몽주의란 C. H. R. 생시몽의 인간해방 사상을 이어받아 완성 실천한 사회개혁자 사상의 총칭이며, 이는 19세기 전반 시대정신의 하나를 대표하며 근대사회주의의 성립과 프랑스 산업혁명의 전개에 불멸의 발자취를 남겼다.

다.”

개인의 의지보다 상위인 유기적 공동체의 전체론적 가치 체계를 근거로 이처럼 일찍부터 개인주의에 대한 적대감이 표출되는데, 이는 전통적 사회형태를 복원하려는 노력으로 이어진다.

반개인주의자들은 개인의 해방을 저지하는 규정을 채택하게 함으로써 잠정적이기는 하지만, 수사학적 차원을 넘어 법적 제도적 차원에서 그들의 반혁명적 선택을 프랑스에 강요하기도 했다.

1930년대 초 '공동체적' 인격주의는 가톨릭 사상가들을 묶는 지구적 구심점이었다. 개인주의에 대한 이들의 적대감은 약간 좌경화되면서 더욱 정치적 성격을 띠게 된다. 또한 이들은 개인을 무참하게 비판하면서 자유주의적 자본주의의 공모자요, 수혜자요, 이기주의적 '부르주아'의 모습이 개인주의의 실상이라고 말한다.

이와 같은 운동은 마침내 거세게 밀려드는 나치와 파시스트의 전체주의로 이어지게 된다. 전체주의는 개인을 폭력적으로 '전체'(국민, 종족, 국가)에 종속시키려 하였고, 군중 속에 군서 동물群棲動物처럼 파묻히도록 조건화시켰다.

개인의 해방에 대한 점증적인 적대감은 여러 번의 파동을 타고 다양한 형태를 띠면서 불연속적으로 나타났다. 1830년과 1850년 사이에는 '유토피아적' 사회주의에 의해, 1920년부터는 공산주의의 출현으로, 끝으로 1945년 이후에는 진보적 기독교인의 참여로 강화된 모든 마르크스주의적·사회주의적 좌익의 차원에서 개인주의에 대한 적대감이 표현되었다.

유토피스트인 카베에 따르면 “세상이 시작된 이래 두 개의 거대한 체계가 인류를 나누어 가지면서 다투고 있다. 개인주의 체계가 하나이고, 공산주의 체계가 다른 하나이다. 인간은 본질적으로 사회적 존재이므로, 개인주의는 그의 본성과 어긋나 보이는 반면, 공산주의는 인간 본성의 필연적 결과이다." 『구원은 융합 속에 있다(1845)』

이러한 견해는 점차 강화되면서 마침내 2월 혁명(1848)의 폭발에 부분적으로 이바지한다. 그리고 '노동의 권리'를 인정하는 사건이 보여주듯이 이 혁명을 뚜렷한 반개인주의의 방향으로 끌고 간다.

마르크스-레닌의 이념과 전투적 태도가 성장하면서 마침내 1920년대부터 개인적 자유에 대한 진보주의자의 공격이 새롭게 시작되었다. 그런데 이번 공격은 원색적이고 대규모로 펼쳐지며 매우 과격한 양상을 보였다.

전체적 집단주의와 개인적인 자유 사이의 철저한 반목은 개념적으로 동어 반복同語反復일뿐이며 자명한 역사적 사실이다. 1920년에서 1950년까지의 소련 공산주의만 봐도, '조직적 지식인'과 '집단적 노동자'를 고발하는 배후에는 개인의 자유를 송두리째 제거하려는 목적이 숨어 있었다.

그러나 미국에서는 개인주의가 활력적이었으며, 개인주의는 단말마斷末魔의 최후의 고비가 아니라 성장을 위한 과도기적 위기를 겪고 있었던 것이다.

이와 같은 역사 속에서 성장한 개인주의와 집단주의는 각각 나름대로의 특질과 특성을 지니고 있었다.

## 제3절__ 개인주의와 집단주의의 상관성

### 1. 개인주의와 집단주의의 생명관

인간중심철학에서는 개인이 생명을 가지고 있을 뿐만 아니라 사회적 집단도 생명을 갖고 있다고 본다.

개인은 태어날 때부터 육체적 생명을 타고나지만 사회생활 과정에서 사회적 존재의 속성을 체득하면서 육체적 생명은 사회적 속성의 주도하에 작용함으로써 사회적 생명으로 전환한다. 아울러 사회적 집단도 생명을 가진 개인들로 이루어져 있는 만큼 개인들의 생명을 결합시킨 사회적 집단도 생명을 가진 존재인 것은 틀림없다.

개인의 생명이 개인의 존재를 보존하려는 속성이라면, 사회적 집단의 생명은 사회적 집단의 존재를 보존하려는 속성이라고 말할 수 있다.

사회적 집단적 생명체는 개인적 생명의 결합체인 만큼 개인을 떠난 사회적 집단이 있을 수 없고, 사회적 집단을 떠난 개인이 있을 수 없다는 것은 명백하다. 이런 점에서 개인적 존재와 집단적 존재는 운명을 같이하고 있으며, 개인과 집단의 이익은 근본적으로 일치하는 것이다.[63]

사람들은 흔히 개인만이 생명을 갖고 있으며, 집단은 생명을 가질 수 없다는 오류를 범하고 있다. 인간은 처음에 개인적으로 존재하다가 고립적으로는 살아갈 수 없기 때문에 집단을 이룬 것이 아니라 그와는 반대로 처음부터 개인적 존재인 동시에 집단적 존재로 출발하였다.

---

63) 황장엽 저. 『민주주의 정치철학』, p.118

인간은 원래 고립된 개인으로서는 태어날 수도 없다. 따라서 개인이 먼저 존재했는가, 집단이 먼저 존재했는가를 따지는 것은 무의미하다고 볼수 있다. 개인과 집단은 동시에 존재한 것이기 때문이다. 세상의 모든 존재물은 개별적인 것과 집단적인 것이 통일되어 존재한다는 원리적인 공통성을 갖고 있다.

인간의 선조들이 동물과 같은 상태에 있을 때도 집단으로서의 생명체와 집단의 구성원으로서의 개별적인 생명체가 동시에 존재하였다.

개인주의 사상가들은 개인들이 자신들의 생존과 발전을 더 잘 보장하기 위하여 집단을 이루도록 계약을 체결하였다는 사회계약설을 주장하기도 하였다. 그러나 이들은 집단을 떠난 개인은 태어날 수도 없고, 존재할수도 없다는 단순한 진리를 망각하고 있다고 볼 수 있다. 개인들이 결합되어 이루어진 사회적 집단은 개인들이 지니고 있는 개인적 생명과는 질적으로 구분되는 위력한 생명이다.

고립된 개인으로서는 후대를 생산할 능력을 갖지 못한다. 즉 남성과여성이 결합되어 가족이란 집단을 이루게 되면 후대를 생산하고 키워나가는 새로운 생명력을 갖게 된다. 따라서 개인의 생명은 당대當代로 끝나지만, 집단의 생명은 대를 이어 계속 존속된다. 이러한 견지에서 개인의생명은 유한하지만, 집단의 생명은 무한하다고 볼 수 있다.

개인의 생명은 자기 한 대로서 끝나는 것이 명백함에도 불구하고 인간은 영생할 것을 염원한다. 이것은 바로 개인이 영생하는 집단의 한 성원으로서 개인의 유한한 생명과 집단의 무한한 생명을 지니고 있다는 사실과 관련되어 있다. 개인은 자기 개인의 생명을 보존하기 위하여 힘쓸 뿐아니라 집단의 생존과 발전에 대하여 절실한 이해관계를 가지고 있다. 집단의 영생을 기원하는 염원이 개인의 유한한 생명을 집단의 생명과 결부시켜 자기 자신의 영생까지 실현해 보려는 염원으로 전환하게 된다. 이와 같은 염원은 소박하게도 후대가 대를 이어 계속 생존하고 번영할 것을 바라는 감정으로 표현된다.

개인의 생명은 집단의 생명의 한 구성 부분이다. 그러므로 집단의 생명은 개인의 생명보다 귀중하다. 이런 점에 비추어 개인의 생명보다는 가족의 생명이 더 귀중하며, 가족의 생명보다는 민족의 생명이 더 귀중하고, 민족의 생명보다는 인류의 생명이 더 귀중하다고 말할 수 있다.

그렇다고 하여 개인은 집단에 무조건 복종하는 입장이 아니라 집단의 운명을 책임지는 입장에서 주인답게 대하여야 한다. 개인은 자신의 유한한 생명이 지닌 고유한 특성을 충분히 살리면서 집단의 발전에 이바지하기 위해 노력하여야 한다.

원래 인간의 생명은 대를 이어 연속적으로 변화·발전하여 가는 연속적인 존재이지만 개별적인 사람들을 단위로 볼 때는 인간의 생명은 한 세대로 마감을 하는 불연속적인 존재이다. 개인은 인간 생명의 불연속적인 측면만을 대표할 수 있을 뿐 연속적인 면은 대표하지 못한다는 사상이 인간 중심의 철학적 입장에서 본 개인주의와 집단주의의 생명관이다.

위에서 설명한 개인의 생명과 집단의 생명의 상호 관계를 정리하면 다음과 같이 요약할 수 있다.

첫째, 개인의 생명 실현과 집단의 생명 실현을 어느 한편에 치우치지 않고 균형적으로 실현해 나갈 때, 집단의 생명력과 개인의 생명력이 다 같이 최대한으로 강화된다.

둘째, 개인의 생명 실현에 치중하게 되면 집단의 생명력 발전이 뒤떨어지게 되어, 결국 개인의 생명력 발전도 뒤떨어지게 된다.

셋째, 집단의 생명력 실현에 더 치중하게 되면 개인의 생명력 발전이 뒤떨어지게 되어 그것들을 결합시킨 집단의 생명력 발전도 뒤떨어지게 된다.

　이상과 같이 집단의 요구에 일방적으로 치중하는 집단주의와 개인의 요구에 일방적으로 치중하는 개인주의는 다 같이 집단의 요구에 배치되며 집단의 정상적인 발전을 저해하는 결과를 가져온다. 집단의 생명력의 정상적인 발전은 오직 개인의 이익과 집단의 이익을 균형적으로 통일시켜나갈 때만 보장된다.

## 2. 대립물의 통일로서의 개인주의와 집단주의

원래 인간은 개인적 존재인 동시에 집단적 존재이기 때문에 인간 사이의 이해관계는 차이성과 동일성의 양면을 가지고 있다. 즉 개인적 존재로서의 이해관계 차이성과 집단적 존재로서의 이해관계 동일성(공통성)이다. 이런 점에서 인간 사이의 이해관계의 대립과 통일은 언제나 균형 상태에 있는 것은 아니다. 대립이나 통일의 한 측면이 더 강화될 수 있다.

대립이 약화되고 통일이 강화될 때는 생명을 주고받는 사랑의 관계로 결합될 수도 있고, 통일이 약화되고 대립이 강화될 때는 목숨을 걸고 서로 싸울 수도 있게 된다.

일반적으로 강자와 약자가 대립될 때 강자가 승리하고 약자가 패배하는 것이 불가피한 것같이 보인다. 그러나 강자와 약자는 강약의 차이성과 함께 강약의 공통성도 가지고 있다. 일반적으로 강자는 양적으로 그 구성요소가 다양하고 내부 관계가 복잡하지만, 약자는 양적으로 구성요소가 단순하고 내부 상호 관계도 단순하다. 강자는 통일을 보장하는 것이 비교적 어렵고, 약자는 통일을 보장하는 것이 비교적 쉽다.

대립물의 통일의 변증법은 인간의 운명 개척에 있어서 중요한 의의를 가진다. 모든 사람은 누구나 서로 다른 삶의 요구와 능력을 가지고 있으며 자기의 생존을 보장하기 위하여 생존 활동을 한다. 매 개인들은 서로 분리되어 자기 존재의 독자성을 보존하려고 한다. 이러한 측면에서는 인간은 서로 대립되어 있는 개인적 존재라고 볼 수 있다.

그러나 인간은 공통된 삶의 요구와 능력을 가지고 있으며 서로 결합되어 하나의 통일된 집단으로서 자기 존재를 보존하려고 한다. 이러한 측면에 있어서는 인간은 하나로 통일되어 있는 집단적 존재이다.

인간 존재의 기본 특징은 개인적 존재로서의 대립성과 집단적 존재로서의 통일성이 결합되어 대립물의 통일을 이루고 있다는 것이다. 이로 인해 개인적 존재의 독자성을 보장하는 대립성과 집단적 존재의 결합을 실현하는 통일성을 다 같이 보장하도록 사회 관계를 관리해 나가는 것이 사회발전을 담보하는 중요한 전략적 원칙이라는 결론이 나오게 된다.

대립과 통일을 다 같이 보장해야 한다는 것은 양자를 절반씩 혼합해 간다는 것을 의미하지는 않는다. 목적에 맞게 양자를 통일시켜 나가는 것이 필요하다. 집단을 떠난 개인도, 개인을 떠난 집단도 존재할 수 없기 때문에 양자의 목적과 이해관계는 근본적으로는 일치되지만 집단의 운명을 개인이 대표할 수는 없다. 개인의 운명은 집단과 결부되어 집단적으로 종합하게 된다.

대립물이 통일되어 있다는 것은 대립을 보존하려는 힘의 작용과 통일을 보존하려는 힘의 작용이 동시에 작용하고 있다는 것을 의미한다. 상반되는 두 힘이 동시에 작용하기 때문에 통일과 대립이 같이 상대적인 것으로 된다.

사물의 발전은 대립물의 통일의 확대, 강화를 의미한다. 대립물의 통일의 확대, 강화를 보장하기 위해서는 사물 발전에 부정적인 요인을 반대하는 투쟁의 노력과 긍정적 요인을 이끌어 화합하기 위한 노력을 동시에 진행하지 않으면 안 된다.

어떤 사물이든지 대립되어 있는 다른 사물과 결합되어 협조하지 않고서는 발전할 수 없다. 결합과 협조는 발전의 동력이다. 대립과 투쟁이 발전의 동력이 되는 것이 아니라 대립을 극복하기 위한 투쟁을 통하여 결합과 협조를 강화하는 것이 발전의 동력으로 된다. 개인주의와 집단주의의 관계도 마찬가지이다. 투쟁 자체에 목적이 있는 것이 아니라 협조와 통일을 강화하는 데 이바지하는 것에 목적이 있는 것이다.

그러나 대립을 극복하기 위한 투쟁은 반드시 필요하며 대립을 극복하고 협조와 통일을 강화하는 데 이바지하는 것만큼 투쟁은 발전에 기여한다고 볼 수 있다. 대립을 극복하기 위한 투쟁을 떠나서는 통일을 이룩할 수 없다.

## 3. 사랑의 원리로 본 개인주의와 집단주의

지금도 많은 사람들은 물질과 물질이 결합하면 새로운 물질이 나온다는 것에 대해서는 다 인정하면서도 인간의 생명과 생명이 결합되면 새로운 생명이 나온다는 것에 대해서는 관심을 갖지 못하고 있다. 또한 개인이 생명을 갖고 있다는 것은 누구나 다 인정하지만, 개인과 개인이 결합되어 새로운 공동의 생명이 나온다는 것에 대해서는 이해하려고 하지 않는다.

사람의 생명은 혈연적으로 뿐 아니라 사회적으로도 연결되어 있다. 역사적으로나 사회적으로 서로 연결되어 있는 생명의 결합관계를 보지 못하고 개인의 생명만을 보려고 하는 사람은 나무만 보고 숲을 볼 줄 모르는 사람이다.

생명과 생명의 결합은 남녀 간의 사랑에서도 찾아볼 수 있다. 남녀 간의 사랑의 결과 새로운 세대가 생산되고, 가족이 형성되며 가족적인 사랑이 생겨난다. 남녀 간의 사랑이 참다운 사랑으로 계속 발전하자면 육체적인 결합은 물론, 인격적인 사랑의 결합인 사회적 생명의 결합으로 이루어진다.

남녀 간의 사랑은 어디까지나 개인 대 개인의 결합이다. 인간은 개인의 유한한 생명을 사회적 집단의 무한한 생명과 결합시켜야 한다. 사람과 사람이 결합되어 서로 사랑하게 되면 사람은 개인의 생명만이 아니라 생명과 생명이 결합되어 질적으로 발전한 큰 생명을 자기의 생명으로 지니게 된다.

10명의 사람이 결합되면 개인 생명력의 10배의 생명력을 갖게 되는 것이 아니라 수천, 수만의 생명력을 갖게 되는 소위, 시너지 효과를 거둘 수 있는 것이다.

사랑은 인간이 개인적인 동시에 사회적으로 결합된 집단적 존재라는 것, 즉 인간이 지니고 있는 생명은 사회적 집단의 영원한 생명과 결부되어 있다는 사실에 기초하여 생명과 생명이 결합하려는 요구를 충족시켜주고 있는 가장 고귀한 사회적 인간의 기쁨이다. 사람은 고립되어 고독하게는 살 수 없고, 서로 결합되어 믿음과 사랑 속에서 살 것을 요구하는 것이 인간의 중요한 사회적 본성이라는 것을 말해준다.

바꾸어 말하면, 사람을 사랑한다는 것은 사람을 무시하고 인권을 유린하는 자들을 증오한다는 것을 의미한다. 참다운 사랑은 사람들의 자주성을 존중히 여기는 조건에서만 이루어질 수 있다. 따라서 정치 생활은 철저한 민주주의에 기초하여 개인의 자주성과 창조성을 최대한도로 발양시켜야 하며, 이러한 민주주의가 보장된 기초 위에서 사회 공동의 요구와 이상을 실현하기 위하여 사랑의 원리에 따라 생사고락을 같이하도록 사람들을 결합시키고 협력을 강화하도록 하여야 할 것이다.

정의의 원리(평등의 원리)에 따라 인간의 자주성을 옹호하는 원칙과 사랑의 원리에 따라 사회적 집단을 하나의 사랑하는 집단으로 통일시키는 원칙은 인간관계에서 구현되어야 할 기본 원칙이다.

사회적 집단의 매개 성원은 모두 다 자기 특성을 가지고 있는 자주적인 존재이다. 개개인이 가지고 있는 이 특성을 실현하는 것이야말로 인간의 삶의 요구이고, 또 집단을 위하여 제 나름대로 특색 있게 이바지하는 길이다.

개인과 개인은 다 자기 특성을 가지고 자주성을 견지하고 있다는 점에서 서로 대립되어 있다고 말할 수 있다. 개인의 자주성을 무시하는 것은 대립을 없애자는 것이나 다름없다. 사랑의 관계도 인간관계인 만큼 역시 대립물의 통일이다.

개인의 유한한 생명을 사회적 집단의 무한한 생명과 결부시키는 데 있어서는 사랑이 필요하지만, 사랑 그 자체만으로는 인간의 삶의 목적이 될 수 없다. 생명이 결합하는 것은 기쁨과 행복으로 되지만, 그것으로 그친다면 인간 생활에서 전진을 보장할 수 없다. 그리고 공동의 이상을 실현하기 위한 목적이 없는 사랑은 침체에 빠지게 되며 행복을 주지 못한다.

개인의 공명 출세를 위하여 벌이는 창조적 활동은 현실적인 물리적인 평가는 받을 수 있어도 사람들의 참다운 사랑을 받을 수는 없다. 아울러 창조적 활동 자체를 이끄는 추동력에서도 제한성을 면치 못한다. 사회와 인류에 대한 뜨거운 사랑, 즉 집단의 사랑이 없이는 개인의 생명까지 희생시키는 열정을 가지고 헌신적으로 창조 활동을 벌일 수 없다.

사람들의 생명과 생명이 결합되어 서로 사랑하게 되면 개인의 생명과는 질적으로 구별되는 큰 생명을 지니게 되는 기쁨을 느끼게 되지만, 그 상태에서 만족하면 생명이 더 이상 발전하지 못한다. 자기의 생명력을 더욱 강화하기 위한 창조적 활동과 사회적 협조의 생명력을 강화하기 위한 활동을 계속 강화해 나가야 한다.

사회적 집단에 기쁨과 이익을 주는 사람들은 다른 사람들의 사랑과 존경을 받는다. 사회생활의 모든 단위, 모든 장소에서 사랑을 받는 사람들은 보람 있는 삶을 사는 사람들이다.

인간이 개인적 존재인 동시에 집단적 존재라는 특징은 앞으로도 변함이 없을 것이며, 개인과 개인이 서로 협조하면서도 경쟁할 수 있다. 개인은 자기의 이익을 더 많이 실현하기 위하여 경쟁할 수도 있지만, 사회적 집단을 위하여 더 큰 기여를 하고 사회적 집단으로부터 더 많은 사랑을 받기 위하여 경쟁할 수도 있다. 그러므로 개인 간의 경쟁을 개인의 이기주의적 목적을 추구하는 경쟁으로만 볼 수는 없다. 민주주의가 더욱 발전하여 개인 중심의 민주주의와 집단 중심의 민주주의가 결합된 상태에서도 개인 간의 경쟁은 사회적 협조와 함께 사회 발전의 중요한 원동력이 될 것이다.

오늘날 개인주의에 치중하다 보니 개인의 짧은 인생을 안일하게 사는 데만 관심을 돌리고 인류 집단의 영속적인 영원한 발전에 대한 관심이 약화되고 있다. 생명과 생명을 결합시키는 사랑에 대한 귀중성이 홀시 되고 있다.

가족에 대한 사랑, 민족에 대한 사랑, 국가에 대한 사랑, 인류의 영원한 미래에 대한 사랑이 약화되고 있다. 인류는 마땅히 이러한 개인주의적 천박성을 극복하고, 인류 발전의 계승성에 대한 올바른 이해에 기초하여 원대한 삶의 목표와 희망을 갖고 계속 발전해가는 생활관을 확립해야 할 것이다.

# 제4절__ 개인주의와 집단주의의 인생관

인간중심철학의 원리는 인간을 중심으로 하는 우주의 변화 발전 과정을 밝혀주는 세계관적 원리인 동시에, 세계와의 관계에서 인간의 생존과 발전 과정을 밝혀주는 원리이기도 하다.

세계에서 차지하는 인간의 지위와 역할로부터 규정되는 인간의 삶의 목적과 그 실현 방도에 관한 인생관은 그것이 세계관과 일치된다는 의미에서 세계관적 인생관이라고 말할 수 있다. 그러나 일반적으로 인생관이라고 할 때에는 세계관적 인생관을 전제로 하면서도 주로 개인과 집단과의 관계, 즉 사회적 집단에서 차지하는 개인의 지위와 역할에 규제되는 인간의 삶의 목적과 그 실현 방도가 기본문제로 제기된다.

그것은 인간이 사회적 집단을 이루고 있는 삶의 길을 개척해 나가는 집단적 존재인 동시에 모든 개인들이 다 자주적으로 살려는 요구를 가지고 그것을 자기의 창조적 힘으로 실현해 나가는 개인적 존재라는 사정과 관련되어 있다. 그리하여 인생관은 크게 개인주의적 인생관과 집단주의적 인생관으로 갈라지게 된다.

## 1. 개인주의의 인생관

개인주의적 인생관은 삶의 목적도 개인에게 있고, 삶을 실현해 나가는 힘도 개인에게 있다고 보면서 개인에게 충실하게 사는 것이 옳다고 주장하는 사상이다. 즉 삶의 과정은 개인이 자기의 삶의 요구를 개인의 생활력에 의거하여 실현해 나가는 개인적인 생명 활동인 만큼 삶의 주인은 어디까지나 개인이라는 것이다.

개인은 사회적 집단의 한 성원인 만큼 사회적 집단의 요구와 이해관계, 사회적 집단의 협력관계를 떠나서 고립적으로 살 수 없다는 것은 명백하다. 그러므로 개인주의 인생관에서도 사회적 집단의 요구와 이해관계, 사람들의 사회적 협력관계가 개인의 운명에 중요한 영향을 미친다는 것을 부정하지 않는다. 따라서 다른 사람의 이해관계는 아랑곳하지 않고 오직 자기의 이익만을 추구하는 개인 이기주의와 개인주의는 구별된다.

그러나 개인주의 인생관에서는 사회적 집단을 삶의 주체로 보는 것이 아니라, 오직 개인만을 삶의 주체로 인정한다. 사회적 집단을 개인들이 자기의 삶의 요구를 실현하는 데서 반드시 의거하지 않으면 안 되는 사회적 환경, 또는 사회적 생활 조건으로 간주하고 있는 것이다.

개인주의 인생관은 개인을 삶의 주체로 인정하는 만큼 개인의 생활에 대한 외부로부터의 간섭과 구속을 반대한다. 사회적 집단으로부터의 간섭, 낡은 관습과 도덕으로부터의 간섭 등 온갖 간섭과 통제를 반대하고 개인이 자기의 삶의 요구를 자유롭게 충족시킬 것을 주장한다. 이러한 점에서 개인주의적 인생관은 필연적으로 자유주의와 결부되게 된다. 결국 개인주의적 인생관은 개인의 자유와 행복을 기본 목적으로 내세우는 인생관이라고 볼 수 있다.

개인주의는 경제적으로는 자본주의적 시장경제를 통하고, 정치적으로는 다당제 의회민주주의를 통하여 그 정당성과 생활력을 꾸준히 확충하였으며, 과학·문화 분야에서도 획기적인 성과를 이룩하였다. 이러한 각 분야의 성과에 기초하여 개인주의 사상은 금세기의 지도적인 사상으로 자리 잡게 되었으며, 사회생활 전반에 깊이 뿌리내리게 되었다.

개인주의의 가장 큰 장점은 대집단에 있어서 개인 간의 관계와 생산 및 분배의 활동에 있다. 대집단에 있어서 개인주의의 이점은 다음과 같은 것을 보여준다. 즉 개인의 인권의 보장, 사회에 있어서 다문화주의의 가능성, 민주적인 사회 관계, 범죄의 제재制裁가 집단의 연대책임이 아니고 가해자 본인만으로 국한한다는 것, 진보나 기술 혁신의 환영, 개인의 창조성, 자유, 고도의 기술 습득 및 달성을 강조하는 것이 있다.

반면에, 개인주의의 일반적인 단점으로는 고독감과 사회적인 지원 Support의 부족과 결부되어 있고, 가정 내의 갈등이나 이혼에도 관련되어 있다(Brodbar & Jay, 1986). 개인주의는 사람들을 「소외감이나 나르시시스트narcissist적인 자기도취에 대해서 무방비하고, 협소한 자기 관심의 추구에로 이끈다.」라고 지적하고 있다.[64]

뿐만 아니라 수직적 개인주의자 간의 극단적인 경쟁심은 불안과 욕구불만을 낳게 되고, 경쟁심 그 자체가 최우선시 되는 경우는 창조성을 방해하게 된다는 것이다(Helmreich, Beane, Lucker, & Spence, 1978).

폭력, 소년비행과 범죄, 그 외에도 고독감, 불안 및 가정 내 갈등은 개인주의와 관련되어 있다(Hsu, 1983; Macfarlane, 1978: D. Sinha. 1988)고 한다.

'신하Sinha'는 급격한 사회적 변화가 인도인의 정신위생을 위협하고 있고, 가족의 결속이 붕괴되고, 폭동, 테러 행위, 자살, 소년비행, 범죄, 기타 사회적 질서를 문란하게 하는 현상이 결과적으로 나타나고 있다고 한다.

---

64) H. C. Triandis. 전게서. pp.186~187

'웨스코트(Wescoatt, 1988)'는 과잉한 자유는 소외감 및 치열한 경쟁의 원인이 되고 있다고 한다. '도노휴(Donohue, 1990)'는 과잉 자유는 아동 범죄, 미성년 임신, 마약 복용, 자살, 살인, 홈리스home less, 부부 이별, 이혼 및 에이즈와 관련되어 있다고 한다.

이와 같은 일반적인 비판 외에도 인간중심철학의 견지에서는 개인주의 인생관(사상)은 나름대로 더욱 심중한 약점을 지니고 있다는 것을 지적하고 있다.

첫째, 개인 이기주의와 자유방임주의로 기울어질 수 있는 위험성이 크다는 것이다.

개인주의자들은 자유주의가 자유방임주의와 다르다는 것을 열심히 강조한다. 자유주의는 남의 자유와 사회 공동의 자유를 침해하지 않는 테두리 안에서 개인의 자유를 최대한 추구한다는 것이다. 그러나 자유주의는 개인의 요구와 이익을 자유롭게 실현하려는 개인주의의 표현인 만큼, 결국 사회공동의 자유를 보장하기 위한 사회질서를 지키는 것보다 개인의 요구를 자유롭게 충족시키는 방향으로 기울어지게 된다. 이렇게 되면 개인 이기주의로, 나아가 자유방임주의로 넘어갈 위험성이 크다.

둘째, 세계의 주인, 자기 운명의 주인으로서 살아가려는 인간의 염원을 실현하는 데 장애가 될 수 있다.

사회는 사람들과 사회적 재부와 사회적 관계로 이루어져 있으며, 이 세 요소가 옳게 결합되어 사회적 운동의 하나의 주체로 되어야만 사회적 존재로서의 인간의 우월성을 충분히 발휘할 수 있다.

인간은 자기의 힘에 상응한 욕망을 성취하려고 한다. 방대한 사회적 재부를 지니고 사회적 관계로 결합된 사회적 집단은 위대한 힘을 지니고 있기 때문에 세계의 주인, 자기 운명의 주인으로서 끊임없이 발전하려는 욕망을 제기할 수 있다. 그러나 개인은 자기의 한 대代로 끝나는 짧은 생명만을 타고난 무력한 존재이기 때문에 개인주의적 입장에서는 세계의 주인, 자기 운명의 주인으로서 살려는 욕망 자체를 제기할 수 없다.

개인주의적 입장에 선 개인으로서는 사회적 운동의 참다운 주체로 될 수 없으며 세계의 주인, 자기 운명의 주인으로서 생활을 누릴 수 없다.

그러나 개인의 자유와 행복을 위하여 창의성을 발휘하는 것은 정당하지만, 개인의 요구와 이익이 사회적 집단의 요구와 이익에 배치되는 것은 옳지 않다. 사회적 집단의 공동의 요구와 이익을 무시하고, 사회적 집단의 위력에 의거하여 자기의 운명을 개척하려 하지 않고, 자기의 이익을 위해 사회적 집단의 이익을 희생시키거나 고립적으로 자기 운명을 개척하려고 하는 것은 스스로 사회의 주인으로서의 지위를 포기하는 것이나 다름없는 그릇된 삶의 태도이다. 이러한 관점에서 개인주의는 사회적 존재로서의 자기의 근본 이익의 일면을 배반하는 과오를 범하고 있는 것이다.

셋째, 개인주의적 입장에서는 영원한 삶을 희구하는 인간의 염원을 해결할 수 없다. 인간의 일생은 짧지만 사람들은 영생을 염원한다. 그리하여 사람들은 자기 세대에서는 실현 불가능한 원대한 희망과 계획을 세우고 많은 사람들과 연계를 맺으며 많은 일을 벌여 놓는다. 그러나 자기가 계획한 일을 다 끝내고 죽는 사람은 없을 것이다.

개인주의 입장에서는 영생하려는 염원을 실현할 수 없기 때문에 생을 부정하는 허무주의에 빠지거나 일시적인 안일과 향락만을 추구하는 쾌락주의에 빠지게 된다. 그러나 인간은 개인적 존재인 동시에 사회적, 집단적 존재이다. 개인의 출생과 사망에 관계없이 사회적 집단의 생명과 생활은 계속 보존되고 발전하고 있다. 이것은 개인의 생명이 사회적 집단의 생명의 한 구성 부분으로서 사회적 집단의 생명과 뗄 수 없이 결부되어 있다는 것을 말해준다.

따라서 개인은 자기의 생명을 최대한으로 잘 실현하기 위해 최선을 다해야 하지만, 그것은 반드시 사회적 집단의 생명의 요구에 부합하는 것이어야 한다. 모든 개인들이 날 때부터 개체 보존의 본능적 요구와 종 보존의 본능적 요구를 가지고 있는 것처럼, 인간은 개인으로서 최대한 잘 살려는 삶의 목적과 함께 사회적 집단의 한 성원으로써 사회적 집단의 번영과 발전에 이바지하려는 삶의 목적을 가지고 있다. 우리는 이 두 가지 목적을 가지고 살아야 하며, 이 두 목적의 실현을 통일시켜 나가는 것이 올바른 삶의 길이라고 볼 수 있다.

## 2. 집단주의의 인생관

인간 중심의 철학적 입장에서 집단주의의 인생관을 서술하기에 앞서, 우선 이 분야를 앞서 연구한 학자들의 사회문화적인 측면에서의 집단주의에 관한 관점부터 소개해 보고자 한다.

일반적으로 집단주의의 장점은 사회적 지표에 의해서 보고 있다. 예를 들면 농촌지역이 도시보다도 안정된 사회는 급속히 변화하는 사회보다 청소년의 비행이나 범죄율이 낮다는 것은 분명하다.

사회적인 통제, 특히 자기 통제가 저하되면 분명히 범죄율이 올라간다. 1980년대에는 많은 산업국가에 있어서 극단적인 개인주의와 경쟁성에 의해 특징지어졌고, 일본을 제외한 모든 국가에서 범죄율이 30%나 증가되었음을 엿볼 수 있었다.

사람들의 감정적인 애착관계가 강한 사회에서는 살인율, 약물남용율, 이혼율 및 자살률이 낮다. '트림블(Trimble, 1944)'은 미국과 캐나다에 있어서 아미시파派 교도, 매노파派 교도나 기타 응집성이 강한 신앙 단체에서는 거의 약물남용의 문제는 없다고 진술하고 있다. '베이컨(Bacon, 1973)'은 아이의 부모 의존성이 높은 문화는 약물남용, 특히 알코올 남용이 적다고 한다. 집단주의 문화는 이상과 같은 측면에서 장점이 있다고 말할 수 있다.

집단주의는 사적 및 공적인 레벨에서 단점을 갖고 있다. 한 가지 예를 들면, 사적인 레벨에서는 유학이나 직업의 경우에 있어서 목표 달성에 가족과의 유대를 단절하는 것이 필요하더라도 그것에 대해서 큰 저항감을 갖고 있다는 것이다.

집단주의자가 가족으로부터 떨어짐으로써 더욱 홈 쇼크home shock가 된다는 것은 이미 실증되고 있다.

'어떤' 집단주의적인 자녀교육에서 가장 유해한 측면은 자녀의 자존심을 손상시키는 것이다. 순종하는 자녀를 육성시키는 것은 혁신적인 큰 인물을 육성하는 것과 연결되지 않는다. 국민 총생산의 효과를 통계적으로 통제한 경우 집단주의자가 낮은 행복도幸福度와 사는 보람이 낮은 상태에 있다는 것을 엿볼 수 있다. 이와 같이 생활 질의 지수가 낮은 것은 개인이 집단에 대한 무거운 의무나 자기실현의 달성에 대한 억제에 의한 불만을 반영하고 있는 것이다.

공적인 레벨에 있어서는 개인이나 정부의 관계를 고려하면, 극단적인 집단주의가 가장 큰 단점을 보이고 있다. 예를 들면 나치나 공산주의자는 개인의 목표를 억압하고 국가의 목표를 최우선으로 하는 정권을 수립하고 있다.

미국을 거점으로 하고 있는 백인 지상주의 단체(Ku Klux Klan, KKK)와 같은 극단적인 집단도 궁극적으로는 집단주의적이다.

집단주의가 투쟁을 수반하는 극단적인 상황에 있어서 민족적인 정화정책淨化政策으로 기우는 경우를 확인할 수 있다. 구舊 유고슬라비아에서는 1992~1994년간 개인주의자들은 독재적인 정권에 의해서 침묵을 강요당했다. 정권을 장악한 것은 고도로 집단주의적인 농민들이었다. 농민들의 지휘자는 국가주의를 구가한 정권을 확립했다.

집단주의자는 내집단內集團에 대해서는 지극히 지지적支持的이지만 전쟁 시에는 외집단의 사람들을 잔학하게 다루는 일도 있다. 일본제국군의 남경대학살, 나치에 의한 유대인 600만 대학살, 반스탈린주의자의 학살 등이 역사적인 증거로 남아있으며, 외집단에 대한 잔학행위는 개인주의보다도 극단적인 집단주의에 의해서 기인되고 있다. 또한 수직적인 집단주의 간에는 과학을 경시하는 경향이 있다. 그것은 독재자가 「진리」를 협박하기 때문이다. 예를 들면 히틀러는 아인슈타인과 같은 유대인 과학자를 잃는 것에 저항하지 않았다. 종교의 권위는 역사상 끊임없이 반과학적反科學的이었다.

그리스 정교회正教會는 「연구하지 말고 믿으세요」라고 하는 교리가 있다. 그 외에도 집단주의자는 개인주의자보다 정보를 독점하려고 하고, 외집단에 정보를 제공하려 하지 않는다.

집단주의자는 흔히 정치적(히틀러와 같은), 종교적(스페인의 이단자 심판), 때로는 예술적(스탈린이나 모택동의 '사회적 현실주의')인 집단주의 이데올로기를 강조한다.

그러면 인간중심철학의 견지에서 본 집단주의의 인생관은 어떠한 것인가를 알아보자.

인간중심철학에서는 집단주의적 인생관은 생명과 생활의 기본단위를 사회적 집단으로 보는 입장에서 출발한다. 그것은 인간의 삶의 목적을 사회적 집단의 생존과 번영에서 찾으며, 그것을 실현하기 위한 힘도 사회적 집단의 힘으로 인정한다. 집단주의적 인생관은 집단을 개인 생명의 모체로 인정하고 집단의 이익을 개인의 이익 위에 놓으며, 집단의 생존과 발전을 위해서 헌신적으로 투쟁할 것을 요구한다.

인간은 먼저 개인적 존재로서의 자기를 인식하고, 그다음에 사회적 집단적 존재로서의 자기를 인식하게 된다. 이것은 인간이 자기 자신에 대한 인식을 심화시켜 나가는 인식 발전의 순서라고 볼 수 있다.

개인적 존재로서의 인간의 귀중성을 자각하는 것은 비교적 쉽다. 그러나 사회적 집단이 개인의 운명과 어떠한 관계를 가지고 있으며, 집단의 이익이 개인의 이익보다 얼마나 귀중한가를 인식하는 것은 어려운 일이다. 그러므로 오늘날에 이르기까지도 개인이 생명을 가지고 있고 개인의 생명이 귀중하다는 데에 대해서는 잘 알고 있으면서도, 사회적 집단도 생명체로서 생명을 가지고 있으며 개인의 출생이나 사망에 관계없이 대를 이어 계속 삶의 길을 개척해 나가고 있다는 데에 대해서는 잘 인식하지 못하고 있는 사람들이 적지 않다.

집단주의 인생관이 사상적 조류로써 역사의 무대에 등장하게 된 것은 자본주의를 반대하는 사회주의 사상의 대두와 그 기원을 같이 하였다고 볼 수 있다. 자본주의 사회가 개인주의에 기초한 사회라면 사회주의 사회는 집단주의에 기초한 사회이다. 그러나 사회주의 사상은 마르크스의 계급주의와 결부됨으로써 계급주의적 집단주의 사상으로 전환되었다. 사회의 구성 부분인 계급의 이익을 지상의 이익으로 내세우는 계급주의는 결국 계급이라는 사회적 집단의 이기주의라고 볼 수 있다.

노동 계급주의적 집단주의가 인류 역사 발전에 엄청난 손실을 끼치고 엄중한 재난과 비극을 빚어낸 것은 소련식 사회주의 혁명과 사회주의 건설의 역사가 말해주고 있다.

계급주의적 집단주의자들이 계급적 이익을 옹호한다는 간판을 내걸고 사회 공동의 주인인 개인들의 민주주의적 권리를 억제하는 것이 옳지 않다는 것은 더 말할 필요도 없다. 그러나 개인주의자들이 민주주의적 자유만을 강조하면서 사회에 대한 통일적인 관리를 소홀히 하는 것도 잘못이다.

개인주의자들은 사회에 대한 통일적인 관리가 개인의 민주주의적 자유를 제한하는 것으로 이해하고 있지만, 사회에 대한 통일적 관리 없이는 개인의 민주주의적 자유도 보장될 수 없는 것이다.

또한, 개인주의자들은 법적 통제나 행정적 통제에 대해서는 중요한 의의를 부여하고 있지만, 사상 도덕적인 교육과 방조傍助의 중요성에 대해서는 응당한 관심을 돌리지 못하고 있다. 물질적인 관리에는 관심이 크지만 정신적인 관리에는 무관심하다는 것이다. 바로 이같은 인간 관리의 문제점이 오늘날 개인주의 사회의 중요한 결점이 되고 있으며, 이것이 개인주의적 자유민주주의 체제를 위협하는 주요한 원인이 되고 있다.

그러면 집단주의적 인생관의 기본 약점은 무엇인가를 인간 중심의 철학적 입장에서 살펴보기로 한다.

첫째, 집단의 운명(생존과 발전)의 중요성을 일방적으로 강조함으로써 개인의 운명 문제를 소홀히 할 수 있다는 것이다.

대代를 이어가며 자주적으로, 창조적으로 개척해 나갈 수 있는 사회적 집단과 그 구성원들인 개인의 운명을 비교해 보면 사회적 집단의 운명이 더 귀중하다는 것은 의심할 바 없다. 그러나 사회적 집단은 개인들의 결합체이다. 개인들이 없이는 집단도 있을 수 없다. 개인들은 사회적 집단에 종속된 한 부분인 것이 아니라 사회적 집단의 구성원들이며 사회적 집단의 운명의 공동 주인이다.

전체주의 국가들에서는 민족이나 계급의 운명을 관리하는 집단의 지도자라는 것을 내세우고, 그의 독재에 무조건 복종할 것을 자국민들에게 강요하였다.

집단주의 원칙에만 기초해서는 국가를 민주주의적으로 관리하는 문제를 해결할 수 없다. 집단주의적 원칙에서는 생산수단의 소유도 단일한 사회적 소유로 만들지 않을 수 없으며, 사상적 다양성과 정치적 대립도 허용할 수 없기 때문에 사상의 자유와 민주주의도 기대할 수 없는 것이다.

집단주의가 지배하는 사회에서는 개인의 다양한 삶의 요구를 자유롭게 충족시킬 수 있는 자유가 보장되지 않을 뿐 아니라, 국가와 사회 공동의 주인의 한 사람으로서 국가와 사회를 위하여 개인의 창의성을 발휘할 수 있는 자유도 억제되어 있다.

집단주의에 기초한 사회주의가 개인주의에 기초한 자본주의와의 경쟁에서 패망하게 된 가장 근본적인 원인은 사회의 주인인 사람들의 자주적인 삶의 요구와 창조적 힘을 억제한 것에 있었다고 말할 수 있다.

둘째, 집단주의적 인생관은 개인들이 수용하기 어려운 자기희생을 강요한다. 사람들이 자기 개인의 운명을 귀중히 여기고 개인의 자주적인 권리를 옹호하여 투쟁하는 것은 자연스럽고 당연하다고 볼 수 있지만, 개인의 운명보다도 사회적 집단의 운명을 더 귀중히 여기고 집단의 운명을 개척하기 위해 자기희생적으로 투쟁해 나가는 것은 쉽게 수용하기 어려운 것이다.

그러나 계급주의자들은, 자산계급은 이기주의적 근성 때문에 집단주의적 요구를 수용하는 것이 어렵지만, 무산계급은 이기주의가 없기 때문에 집단주의적 요구를 쉽게 수용할 수 있다고 주장한다.

공산주의자들은, 의식 수준이 낮고 생활 수준이 낮음으로써 공산당의 독재를 무조건 따라오는 근로대중을 집단주의 사상을 체득한 공산주의적 새 인간이라고 과대평가하면서, 그들에게 개인의 이익을 희생으로 하여 집단의 이익을 옹호하는 데에 대한 어려운 임무를 강요하였다.

뿐만 아니라 공산주의자들이 개인의 이익을 희생시켜 집단을 위하여 복무하며 남을 도와주어야 한다는 사상을 강조함으로써 집단주의가 이타주의적 경향과도 결부되게 되었다. 사람들이 자주적으로, 창조적으로 잘살려고 하는 것은 인간의 본성이며, 사회에 기여한 것만큼 평가를 받으려고 하는 것은 자주적인 인간의 응당한 권리이다.

이러한 인간들에게 사회적 본성과 응당한 권리를 버리고 오직 사회적 집단과 남을 위하여 자기희생적으로 사는 것을 선한 행동의 모범으로 내세우는 것은 인간의 자주적인 권리를 희생시키는 것을 장려하는 것이나 다름이 없다.

공산주의 통치자들은 자기를 희생시켜 사회적 집단에 복무하며 남을 도와주는 것을 공산주의 미덕으로 선전하고 있지만, 공산주의 체제의 지배층에서는 이른바 자기희생적인 공산주의 미덕의 실천자가 나오지 않고 있다.

셋째, 집단주의적 인생관은 개인에게서 자주적인 본성을 거세하고 개인을 집단의 요구를 실현하기 위한 수단으로 전환시킨다.

개인은 자기 개인의 운명의 주인일 뿐 아니라 사회적 집단의 생존과 발전을 실현하기 위한 사업에서도 공동의 주인의 지위를 차지하고 있다. 우리가 자기 조국과 민족을 위하여 헌신적으로 복무하는 것은 조국과 민족이 자기 운명의 모체로서 끝없이 귀중하기 때문이다.

사람은 개인을 위하여 살 것이 아니라 집단을 위하여 살아야 한다는 집단주의자들의 주장은 옳지 않다. 개인의 요구와 이익을 버리고 오직 집단의 요구와 이익만을 위하여 산다는 것은 개인을 삶의 주체로 보는 것이 아니라 집단을 위한 수단으로 보는 것이나 다름없다. 집단을 위한 수단은 곧 집단을 지배하는 자들의 수단인 것이다.

이론적으로는 전체가 개인을 위하는 것과 개인이 전체를 위하는 것은 동등해야 하지만, 특정한 독재국가들과 같이 집단주의의 규정이 집단이 우선하는 나라는 '하나는 전체를 위하여'만 실제이고, '전체는 하나를 위하여'는 허구인 경우도 있다.[65]

개인의 요구와 이익을 무시하고 오직 집단의 이익만을 강조함에 있어서 전형적인 것은 계급주의자들의 이른바 혁명적 인생관이다.

---

65) 김승철, 〈개인주의와 집단주의〉 北韓 통권385호(2004,1), p.174

혁명적 인생관이라고 하는 것은 백성을 위한 인생관이 아니라, 일반 백성을 노예화하고 지배하기 위한 통치자들의 반동적 사상이라는 것을 여실히 증명해 주고 있다. 혁명도 인간을 위한 사업이며 인간이 주인이 되어 진행하는 사업이다. 인간이 혁명을 위해 존재하며 혁명이 목적이고 인간은 수단인 것처럼 주장하는 것은 어불성설이다.

개인주의적 인생관과 집단주의적 인생관은 인간이 개인적인 존재인 동시에 사회적 집단적 존재라는 두 면 가운데서 각각 한 면을 대표하고 있다. 물론 어느 한쪽이 양적으로나 질적인 측면에서 장점이나 단점을 더 많이 지니고 있느냐 하는 주장을 제기할 수는 있겠으나, 양자는 다 같이 장점과 단점을 가지고 있다.

위에서 개인주의와 집단주의의 일반적인 장단점을 알아보고 아울러 인간중심철학의 입장에서 두 인생관의 약점과 제한성을 살펴보았다. 그러나 긍정적인 면이 없는 것은 아니다. 중요한 것은 개인주의적 인생관이나 집단주의적 인생관이 인간의 본질적 특징의 한 면만을 대표하는 약점을 가지고 있다는 것을 인정하고 어느 하나를 절대화해서는 안 된다는 것이다.

두 인생관은 대립물의 통일을 이루고 있기 때문에 인생관으로써 동등한 가치를 가지고 있다. 따라서 무조건 어느 인생관이 옳고 어느 인생관이 나쁘다고 단정하는 것은 옳지 않다. 사회발전의 수준과 일반 국민들의 사상문화 수준을 고려하여 두 개의 인생관을 통일시키는 방법을 실정에 맞게 규정하는 것이 필요하다.

이상과 같은 견해가 이른바 인간중심철학의 인생관이라는 것을 밝혀 두는 바이다.

# 제4장

세계에 있어서
인간의 지위와 역할

# 제1절_ 세계의 주인으로서의 인간의 지위와 역할

인간중심철학은 인간을 중심에 두고 인간과 세계와의 관계를 규명함으로써 세계와의 관계에서 인간에 관한 새로운 이해를 부여했다.

인간중심철학은 인간을 본위로 해서 철학의 근본 문제를 제기하고, 인간이 모든 것의 주인이며 모든 것을 결정한다고 하는 철학적 원리를 규명했다. 이것은 세계에서 인간의 지위와 역할을 해명한 명제이다.

인간이 모든 것의 주인이라고 하는 것은 인간이 세계에서 주인의 지위를 차지한다고 하는 것이며, 인간이 모든 것을 결정한다고 하는 것은 인간이 세계를 개조하고 발전시키는 데 결정적 역할을 한다는 것이다.

## 1. 세계에서 차지하는 인간의 지위

인간은 세계에서 주인의 지위를 차지한다. 세계는 물질만으로 구성되어 있으며 끝없이 다양한 물질적 존재의 통일로서 존재하고 있다. 통일적인 물질세계 가운데 다양한 물질적 존재 사이에는 여러 가지 다른 관계가 맺어진다. 비교적 낮은 발전단계에 있는 물질과 보다 높은 발전단계에 있는 물질, 하급下級한 물질과 고급한 물질은 각기 다른 지위를 차지한다.

발전 수준의 차이의 견지에서 볼 때, 인간과 그들을 둘러싼 세계의 물질적 존재와의 관계는 특이한 것이다. 인간은 세계에 존재하는 다른 모든 물질에 대해서 특수한 관계를 맺으며, 인간과 다른 모든 물질적 존재와의 관계는 병존竝存 관계가 아니며 인간이 다른 모든 것을 지배하고 종속시키는 관계이다. 즉 인간과 그를 둘러싼 세계와의 관계는 주인인 지배자와 지배를 받는 대상과의 관계로 된다. 여기에서 주인은 말할 것도 없이 인간이다.

인간이 세계에서 지배적 지위, 주인의 지위를 차지하는 것은 인간이 자주성을 갖는 사회적 존재라는 것과 관련있다. 자주성 때문에 인간은 자연의 속박을 뿌리치고 사회의 모든 종속에 반대하며, 모든 것을 자기에 봉사하도록 바꾸어 간다.

인간은 자주성, 즉 세계의 주인으로서 자주적으로 발전하려고 하는 속성을 가진 유일한 존재이다. 따라서 인간은 외부 세계에 구속되어 살아가는 것이 아니라 세계를 자기 요구에 따라 지배하면서 살아간다. 세계에 인간을 종속시키고 지배하는 것이 가능한 어떠한 존재도 있을 수 없다. 인간은 세계의 다른 모든 것을 지배하면서 살아가는 절대적으로 우월한 존재이다. 바로 이러한 것으로 인해 인간만이 세계를 지배하는 주인이 되는 것이다.

물론 인간이 세계를 지배하는 주인이라고 하는 것은 인간이 현실적으로 세계를 모두 지배하고 있다는 의미는 아니다. 세계는 시간적으로나 공간적으로도 무한하다. 현실 세계에는 인간의 지배를 받지 않고, 인간을 위해 봉사하지 않는 물질적 존재가 아직까지 수없이 많이 존재하고 있다. 따라서 인간이 무한한 이 세계의 모든 것을 지배하고 있다고 보는 것은 큰 잘못이다.

인간이 세계를 지배하는 주인이라는 것은 인간이 세계에서 주인의 지위에 있다는 것이지, 이미 그 모든 것을 지배하고 있다는 의미는 아니다. 세계에서 차지하는 인간의 지위에 관한 문제와 인간에 의한 세계의 지배 범위에 관한 문제는 별도의 문제다.

인간은 세계의 모든 것을 지배하는 것은 아니다. 그러나 세계에서 인간과 동등한 높이에서 지배적 지위를 차지하는 어떠한 존재도 없다는 것 또한 사실이다. 인간은 세계에서 지배적 지위를 차지하는 절대적으로 뛰어난 존재이다.

인간이 세계의 변화 발전에서 결정적 역할을 할 수 있는 것은 인간이 창조성을 가진 사회적 존재라는 것과 관련이 있다. 창조성 때문에 인간은 낡은 것을 변혁하고 새로운 것을 창조하면서 자연과 사회를 자기에게 한층 유용하고 유익한 것으로 개조해 간다.

인간은 창조적이며, 목적의식적으로 세계를 개조하고 운명을 개척해 가는 속성을 갖고 있기 때문에 주위 세계에 순응해서 살아가는 것이 아니라 세계를 개혁하고 개조하면서 살아가는 것이다.

모든 물질은 예외 없이 일정한 운동능력을 갖고 있다. 그러나 목적의식적으로 작용하는 창조적 운동능력을 갖는 것은 단지 인간뿐이다. 따라서 인간은 힘뿐만 아니라 객관세계에서 맹목적으로 작용하는 힘도 자기를 위하여 목적의식적으로 이용하고, 세계를 자기의 요구에 따라서 개조하고 지배할 수 있다.

인간이 세계를 개조하는 창조적 운동을 규정하는 결정적 요인이라고 하는 것은 결코 객관적 요인을 배제한다고 하는 의미는 아니다.

객관적 요인도 인간의 창조적 운동에 필요하다. 인간의 창조적 운동이란 확실히 객관세계를 개조하는 운동이다. 인간의 창조적 활동은 일정한 객관적 환경에서 이루어진다. 인간을 떠난 창조적 활동이 있을 수 없다는 것은 말할 필요도 없지만, 객관세계를 떠난 창조적 운동 역시 있을 수 없다. 객관세계는 인간의 요구와 의사에 관계없이 그 자체로서 존재하고 운동한다.

그러나 창조적 운동에서 인간과 세계의 상호작용을 문제로 할 때, 결정적인 것은 객관적 요인이 아닌 주체적 요인이다.

주체적 요인이란 인간이 체현하고 있는 자주적인 사상의식과 창조적 능력을 말한다. 인간의 자주적인 사상의식에 의해서 이 상호작용의 방향이 규정되고, 그에 따라 목적의식적으로 작용하는 창조적 능력이 이 상호작용을 추진하는 기본 동력이 된다.

창조적 운동을 통해서 성립하는 인간과 세계와의 상호작용은 인간을 주체의 입장에서 객관세계를 그 대상에 놓고 진행하는 양자 간의 상호작용이다.

객관세계는 인간의 창조적 활동의 대상으로써 객관적 조건이 될 수는 있어도 주체로는 될 수 없다. 객관적 대상이 인간에게 창조적 활동을 하도록 이끄는 것은 아니다. 객관세계는 인간에 대해서 이해관계를 갖고 대응하는 것도 아니고, 요구를 제기하는 것도 아니다.

창조적 활동의 주체는 어디까지나 인간이다. 인간은 객관적 대상을 위해 살아가는 것이 아니라 자기 자신을 위해 자기의 창조력을 발동해서 창조적 활동을 전개한다.

인간은 자주적인 사상의식과 창조적 능력의 주체이므로 객관세계와의 상호작용에서 항상 주도권을 쥐고, 이 상호작용이 자기를 위해 유리하게 활동하도록 이끌어간다. 창조적 발전을 통해서 이루어지는 인간과 객관세계와의 상호작용은 주체로서의 인간이 자기의 창조력에 의거해서 객관세계를 자기의 요구에 맞게 개조하고, 그것을 자기의 지배하에 끌어들이는 능동적이며 또한 적극적인 과정이다.

세계를 형성하는 물질적 존재의 상호 간에 있어서 지배와 피지배의 관계는 물질의 진화 과정에서 인간이 탄생하는 데 이르러서야 비로소 만들어지게 되었다.

그러나 생명 물질이 발생하고 진화하는 과정에 있어서도 세계에 있어서 주인, 지배자와 피지배자의 관계라고 하는 것은 성립하지 않았다. 따라서 목적의식적인 개조 운동, 창조적 운동도 있을 수 없었다. 생명과 무생물, 동물과 식물, 하등동물과 고등동물 등의 관계는 보다 발달한 물질과 저급한 물질이라고 하는 관계가 성립된다 하더라도 세계의 주인인 지배자와 지배의 대상이라고 하는 관계는 되지 않는다. 왜냐하면 인간 이외의 물질적 존재는 아무리 발달한 것일지라도 세계의 발전을 대표할 수 없기 때문이다.

인간 이외의 모든 물질적 존재는 객관적 조건이 허용하는 한도 내에서 발전할 수가 있다. 이 점에 있어서는 인간이 출현하기 이전 세계의 발전은 문자 그대로 자연발생적, 우연적이었다고 말할 수 있다. 생물의 진화 과정에서 진화의 법칙을 따르면서도 수많은 동식물이 계속해서 발전하지 못한 채 퇴화하고, 마침내 멸망을 어찌할 수 없었던 것은 그 실증이 된다.

생물의 필연적 진화 과정은 많은 우연적 계기에 의해서 동식물의 여러 가지 종種이 출몰한 과정이었다. 그런 이유로, 생명 물질의 발생으로 시작하여 고등동물의 출현에 이르기까지에는 대략 수십억 년이라고 하는 장기간의 진화 과정을 거치지 않을 수 없었다.

인간은 단순히 가장 발달한 물질적 존재라고 하는 것만이 아닌, 세계의 발전을 대표하는 물질적 존재인 한없는 발전의 가능성을 갖는 존재이다.

인간은 발전에 필요한 객관적 조건이 준비되기를 기다리는 것이 아니라, 자기의 창조적 활동을 통해서 발전에 유리한 조건을 주동적으로 만들어 내면서 발전한다. 인간의 발전은 객관적 조건의 허용범위 속에서 진행하는 우연적인 것이 아니라, 자기 자신의 힘에 의해서 목적의식적으로 수행되는 것이다. 이러한 점으로 보아, 인간의 발전은 필연적이라고 말할 수 있다.

세계에는 인간보다 더욱 발전한 물질적 존재라고 하는 것은 없으며, 또한 이와 같은 물질의 발생도 있을 수 없다.

물질의 유구한 진화 과정에서 세계의 주인으로서 등장한 인간은 자기의 창조력에 의해서 자기의 요구에 맞게 세계를 개조하면서 한없이 발전의 길을 걷게 되었다.

## 2. 세계의 개조 발전과 인간의 역할

인간은 세계의 개조와 발전에 있어서 결정적인 역할을 한다.

운동은 물질의 존재 방식이다. 세계에 존재하는 모든 물질은 운동을 하고 있으며, 각자의 운동을 통해서 물질의 변화 발전이 초래된다.

세계에는 무수히 다른 물질적 실체가 존재하고 있으며, 그들이 각자 다른 특성을 갖고 물질의 운동, 상호작용을 하고 있다. 발전단계가 다른 물질 간의 상호작용은 동격同格의 상호작용은 아니다. 여기서 보다 발전한 물질과 그렇지 않은 물질, 저급한 물질적 존재와 고급한 존재가 수행하는 역할은 동일한 것은 아니다. 고급한 존재의 능동적 역할에 의해서 그들의 상호작용이 일어난다.

인간과 그를 둘러싼 세계와의 상호작용은 인간 이외의 물질적 존재 속의 그것과는 본질적으로 구별되는 특징을 갖고 있다. 인간은 창조적 활동에 의해서 다른 물질적 존재와 상호작용하고, 창조적 활동을 통해서 세계를 자기의 요구에 따라서 개조함과 동시에 자기 자신도 발전시켜 간다. 외부 세계의 운동을 자기의 요구에 따르게 함으로써 변화 발전하는 것이다. 이와 같은 의미에서 인간은 세계를 개조하고 발전시키는 결정적 역할을 한다고 할 수 있다.

물론 인간이 세계의 개조에서 결정적 역할을 하는 것은 세계의 모든 운동 변화가 인간에 의해서 관리되고, 모든 것이 인간에 의해서 개조된다고 하는 의미는 아니다. 무한한 세계에는 인간의 활동에 의존하지 않는 운동 변화가 무수하게 있다.

인간에 의해서 세계가 개조된다고 하는 것은 인간만이 세계를 목적의식적으로 개조하는 창조적 역할을 하며, 이와 같은 인간의 역할에 의해서 세계는 인간의 요구에 따라서 개조된다고 하는 의미이다.

세계의 개조 발전에서 인간이 어떠한 역할을 하느냐 하는 문제는 인간에 의해서 세계가 어느 정도 개조되고 변화했는가 하는 문제와는 다르다. 인간은 목적의식적으로 작용하는 창조적 능력을 지닌 유일한 존재이지만, 역사 발전의 일정한 시점에 있어서는 그 창조적 활동의 범위는 한정되어 있다. 인간의 창조력이 발전함에 따라서 그들의 창조적 역할은 더욱 강화된다.

인간은 물질세계를 대표하는 가장 발달한 존재로서 물질세계의 선두에 서서 자기의 요구에 따라 물질세계의 발전을 촉구하고 이끌 수가 있다.

인간은 세계의 모든 물질적 존재에 대해서 그들을 지배하려고 하는 자주적 요구를 가지며, 세계를 자의로 전환할 수 있다. 물질세계의 어느 일정한 한정된 대상뿐만 아니라, 세계 전체가 인간의 지배 대상이 될 수도 있고 인간에게 유익하게 봉사하도록 개변시키는 것이다.

인간은 의식의 도움으로 세계를 정신적으로 지배할 수 있을 뿐만 아니라, 목적의식적으로 작용하는 창조력에 의해서 실천적으로 세계를 자기 자신의 것으로서 자기의 요구에 따라서 발전시킬 수가 있다.

인간의 목적의식적인 창조적 활동은 자연에서는 어떠한 경우에도 실현될 수 없는 거대한 변화 발전을 가져온다. 인간은 창조적 활동을 통해서 자연을 가공하여 여러 가지 물질적인 수단을 만들기도 하며, 무기물질에서 자연에는 갖추어져 있지 않은 유기합성 물질을 만들어 내기도 한다.

고도로 발전한 현대적 기술 수단이나 많은 합성물질은 말할 것도 없고, 솥이나 도자기와 같은 단순한 도구조차도 자연 그 자체에서는 아무리 시간이 지나도 만들어 낼 수 없다.

인간의 창조력은 생물 세계와 지각地殼에 대해서도 크나큰 변화를 가져올 수가 있다. 인간은 필요하다면 동식물의 어떠한 종種이라도 전멸시킬 수가 있으며, 새로운 종을 만들어내는 것이 가능하다. 인간은 강의 흐름도 바꿀 수가 있으며, 바다를 매립해서 경작지로 바꾸고 더욱이 산조차 경작지로 바꿀 수 있다.

생물학적인 진화의 법칙에 따라 종의 변화를 가져오는데 수백, 수십만 년이라고 하는 시간을 요한 지각의 변화도 장기간에 걸쳐 진행된 것을 고려한다면, 인간의 창조적 활동에 의해서 생물계 및 지각에서 가져온 변화는 자연적인 변화 발전과 비교할 수 없을 정도로 거대한 것이다.

# 제2절__ 인간에 의한 세계의 지배와 개조 발전의 합법칙성

인간중심철학은 세계에서 인간이 주인의 주위를 차지하고, 세계의 개조 발전에서 인간이 결정적 역할을 한다고 하는 것을 해명하고, 그것에 기초해서 인간에 의한 세계의 지배와 개조 발전의 합법칙성에 관한 새로운 해답을 주고 있다.

## 1. 인간에 의한 세계의 지배와 개조

인간중심철학 사상은 세계의 물질성과 그 일반적인 운동 법칙이 해명된 조건하에서, 세계에서 인간의 지위와 역할에 관한 문제를 철학의 근본 문제로써 새롭게 제기하고, 인간이 모든 것의 주인이며 모든 것을 결정한다는 것을 논증하고, 그것에 기초해서 인간에 의한 세계의 지배와 그 개조 발전의 합법칙성을 해명했다.

인간에 의한 세계의 지배와 그 개조 발전의 합법칙성은 세계와의 관계에서 인간 발전의 근본 법칙성을 내포하고 있다.

인간은 세계의 주인으로서 끝없이 발전한다. 세계와의 관계에서 보면 인간이 발전한다고 하는 것은 인간에 의해서 지배되는 범위가 넓어지는 것, 즉 세계의 주인으로서의 인간의 지위가 높아지는 것이다. 세계에서 인간이 차지하는 주인의 지위란 세계를 자기의 요구에 복종시켜 지배할 수 있는 지위를 가리킨다. 따라서 세계에 대한 인간 지배의 범위가 넓어짐에 따라 인간의 지배적 지위는 높아진다.

인간의 지배적 지위, 주인으로서의 지위는 인간의 창조적 역할의 강화와 함께 높아져 간다. 세계에서 인간이 차지하는 지위는 그 자체로서는 변화할 수도 없다. 인간은 지위에서 출발해서 그에 상응하는 역할을 하지만 인간의 지위는 그 역할에 의해서만 변화하는 것이다.

세계에 있어서 인간의 지위와 역할은 밀접하게 관련되어 있지만, 어느 쪽에서 변화하는가 하는 문제에 대해서 말하자면, 역할이 가변적 측면을 이룬다고 보아야 한다.

일반적으로 물질적 존재의 변화 발전은 운동을 통해서 수행된다. 물질은 운동과 상호작용의 과정에서만 다른 물질적 존재를 스스로 결합시킬 수가 있다. 운동 과정에서만 물질의 구성요소가 증가되고, 그 결합 구조가 보다 유기적인 것으로 된다.

인간의 창조적 운동을 전개하여야만 세계를 자기의 요구에 맞게 개조할 수가 있으며 세계를 자기의 지배하에 두고 자기의 것으로 전환시킬 수가 있다.

인간에 의한 세계의 개조 범위에 상응하여 인간에 의한 세계의 지배 범위와 인간의 지배적 지위가 규정된다. 따라서 인간의 창조적 역할이 강화됨에 따라, 그에 따른 주인으로서의 인간의 지위가 높아지게 된다.


인간의 역할은 그 지위에서 출발하기 때문에 지위가 높아지면 그에 따라서 창조적 역할이 강해진다. 인간의 창조적 역할의 강화는 주인으로서의 지위를 높이고, 지위가 높아지면 그에 따른 역할이 강화된다.

인간의 창조적 역할, 창조적 운동은 인간 자신이 보다 유력한 존재로 발전함에 따라 확대되고 강화된다.

모든 물질적 존재의 운동의 특징은 그 물질적 존재 자체의 특징에 의해서 규정된다. 물론 운동이 물질의 기본적 존재 방식이므로 운동을 빼고 물질이 존재한다는 것은 불가능하다. 그러나 운동이 물질의 존재를 규정하는 것이 아니라, 물질적 존재 자체의 특징에 의해서 운동의 특징이 규정되는 것이다.

단지 인간만이 자주적 창조적 운동, 목적의식적인 운동을 하는 것이 가능한 것은 인간이 자주성과 창조성, 의식성을 갖고 있기 때문이다. 따라서 인간의 자주성과 창조성, 의식성이 발전하고, 인간이 강력한 존재로 발전해야만 인간의 목적의식적인 창조적 운동의 발전이 이루어진다.

세계를 개조하는 창조적 운동의 주체는 인간이기 때문에 인간 자신이 유력한 존재로 발전하지 않는 한, 창조적 운동의 확대 발전은 있을 수 없다고 할 수 있다.

이상에서 서술한 것을 다음과 같이 요약할 수가 있다.

인간이 보다 유력한 자주성과 창조성을 가진 사회적 존재로 발전함에 따라 그에 상응해서 인간의 창조적 역할이 강화되고, 그에 따라 세계의 지배 범위가 확대된다. 바꾸어 말하면, 인간이 보다 유력한 존재로 발전함에 부응해서 세계에서 주인으로서의 인간의 지위와 역할이 높아진다.

이것이야말로 인간에 의한 세계의 지배와 개조 발전의 합법칙성, 세계와의 관계에서 고찰되는 인간 발전의 근본 법칙이라고 말할 수 있다. 여기서 인간 자신이 보다 유력한 존재로 발전하는 것이 출발점이 된다는 점에서 이 문제에 대해 구체적인 고찰이 필요할 것이다.

인간의 발전에 관해서는 인간의 근본 속성인 자주성과 창조성의 발전과 사회적 존재, 사회적 결합 구조의 발전이라고 하는 측면에서 고찰할 수가 있다.

인간의 발전을 이렇게 양면에서 올바로 고찰하는 데는 우선 인간과 물질적·문화적 수단과의 상호 관계에서 해명하지 않으면 안 된다. 왜냐하면 그것은 인간의 자주성과 창조성, 그리고 사회 역사적으로 축적된 정신적·물질적 부가 인간 자신에 체현되어 있음과 동시에 객관화된 물질적·문화적 제 수단에도 구현되기 때문이다.

물질적·문화적 수단의 발전은 자주성과 창조성을 체현한 인간의 발전에 의해서 규정된다. 생활수단은 어디까지나 인간을 위한 것으로써 인간을 떠나서는 무의미한 것이다. 또한 생활수단을 창조하고 개선하는 것도 인간이다.

즉, 물질적·문화적 수단은 인간에 의해서 창조되며 인간에 봉사한다. 바꿔 말하면, 물질적·문화적 수단에 인간의 자주성과 창조성, 자주적인 사상의식과 창조적 능력이 객관화된 형태로 담겨 있기 때문이다.

따라서 인간의 사상과 기술, 문화 수준의 발전 없이는 물질적·문화적 수단의 개선과 발전은 있을 수 없다. 물질적·문화적 수단의 발전은 인간의 사상, 기술, 문화의 발전에 상응해서 달성된다.

물론 물질적·문화적 수단의 발전이 인간의 사상, 기술, 문화의 발전에 영향을 미치는 것도 사실이다. 노동 도구가 개선되면 그것을 다루는 인간의 능력도 발전한다. 그렇지만 인간 능력의 발전이 물질적·문화적 수단의 발전에 의해서 결정된다고 볼 수는 없다. 노동 도구를 개선하는 인간의 창조적 능력이 발전하지 않는 한 노동 도구의 개선은 있을 수 없다.

인간의 자주적이며 창조적인 생활능력의 발전은 사회의 결합 구조, 사회제도의 변화 발전과 밀접하게 결합되어 있다.

사회적 관계와 사회제도는 그 자체가 바로 인간의 생활능력이라고는 말할 수 없다. 그러나 사회적 관계는 사람들의 이해관계와 힘의 분담 관계를 규정하기 때문에 사회제도에 의해서 사회 공통의 요구와 이익에 따라서 인간의 창조력이 합리적으로 이용되는지의 여부가 결정되며, 사회의 창조력의 발전이 크게 좌우된다.

사회 공통의 이익에 따라 사람들의 이해관계를 옳게 조절하고 사회의 창조력을 합리적으로 이용할 수 있는 사회는 그렇지 못한 사회에 비해 보다 큰 생활력을 갖는다. 따라서 사회제도, 사회 관계가 공정하고 또한 합리적으로 개선되어야만 사회의 창조력도 발전할 수 있다.

만일, 인간의 사회적 결합 방식이나 사회제도의 변화 발전은 인간이 보다 유력한 존재로 발전함에 따라 이루어진다. 사회 관계는 스스로 개변되는 것은 아니다. 사회적 관계는 그 주인인 인간의 발전에 부응해서 인간의 자주적인 사상의식과 창조적 능력의 발전 수준에 따라서 인간의 목적의식적인 창조적 활동에 의해서 변화하고 발전한다.

자연을 개조하는 창조력과 사회를 개조하는 창조력이 동일하지 않기 때문에 자연을 개조하는 창조력의 발전이 스스로 사회 관계의 개혁을 가져오는 것은 아니다. 사회와의 관계에 있어서 자주성을 옹호하는 힘, 바꾸어 말하자면 자주적인 개혁사상과 정치역량이 발전해야만 사회 관계에서의 변화를 가져오게 되는 것이다.

인간에 의해서 창조된 물질적 수단과 사회적 관계, 사회제도는 인간의 힘의 발전 수준에 호응해서 준비되기 때문에 그것들은 인간의 발전 수준을 나타내는 객관적 기준이 된다.

선인先人들이 만들어 이용한 노동 도구의 발전 수준에서 그 시대의 사람들의 자연에 관한 지식과 기술 기능 및 자연을 개조하는 힘의 발전 수준을 추측하는 것은 어렵지 않다. 또한 그 시대의 사회 관계의 발전 수준을 통해서 사회와의 관계에서 자주성을 옹호하는 힘의 발전 수준을 파악할 수도 있다.

그러나 이것은 결코 인간의 발전이 객관화된 물질적 수단이나 사회 관계에 의해서 결정되는 것을 의미하지는 않는다. 물질적 수단이나 사회적 관계의 발전 수준은 인간의 발전 수준을 객관적으로 나타내고 있는 데 지나지 않으며, 그 자체가 인간의 발전 수준을 의미하는 것은 아니다.

인간이 발전한다고 하는 것은 무엇보다도 자주성과 창조성을 체현하고 있는 존재로서의 인간이 발전한다고 하는 의미이다. 자연과 사회를 목적의식적으로 개조하는 주인으로서의 인간의 자질, 바꾸어 말하면 인간의 자주적인 사상의식과 창조적 능력이 발전해야만 물질적 수단 및 사회 관계도 개변되고 발전하는 것이다. 따라서 인간의 발전에 관한 문제와 그 객관적 표현에 관한 문제를 혼용해서는 안 되며, 전자를 후자에 귀착시키거나 해소시키거나 해서는 안 된다.

인간의 발전에 관한 문제를 취급하는데 객관적 기준을 강조하는 나머지, 주인으로서의 인간을 올바로 파악하지 않으면 기준을 잊어버리고 마치, 물질적 수단이나 사회적 관계의 변화에 의해서 인간의 발전이 성취된다고 하는 견해를 취하게 되며, 결국 창조물의 발전에 종속해서 인간이 발전하는 것같이 생각하게 된다. 인간을 떠나서 물질적 수단이나 사회적 관계가 스스로 발전한다는 것은 있을 수 없으며, 인간에 의해서 만들어진 창조물이 인간을 지배할 수는 없는 것이다.

물질적 수단의 발전과 사회 관계의 발전이 선행하고 그에 따른 인간의 자주적인 사상의식과 창조적 능력이 발전하는 것이 아니라, 자연과 사회를 개조하는 창조적 운동의 주체로서의 인간의 자질, 창조적 능력이 먼저 발전하고 그것에 부응해서 물질적·문화적 수단이나 사회 관계의 발전이 초래된다.

인간이 보다 유력한 자주적이며 창조적인 사회적 존재로 발전함에 따라 세계를 개조하고 지배하려고 하는 인간의 자주적·창조적 활동이 점점 적극적으로 되고, 인간에 지배되는 세계의 범위가 확대되어 세계의 주인으로서의 인간의 지위가 향상해 가는 것이다.

인간이 보다 유력한 존재로 발전함에 따라 인간을 위해 봉사하도록 세계가 변화 발전하는 괴정은 자연이 사회적인 것으로 전환되는 과정, 즉 자연의 사회화 과정이라고 말할 수 있다.

인간이 보다 유력한 자주성과 창조성을 가진 사회적 존재로 발전하는 것은 인간이 보다 힘찬 사회적 운동의 주체로서 활동한다는 것, 즉 인간의 자주적 사상의식과 창조적 능력, 정신적·물질적 부가 사회 역사적으로 발전하고, 사회 관계, 사회의 내부 구조가 개변되는 것을 의미한다. 이와 같은 의미에서 자주성과 창조성을 가진 사회적 존재로서의 인간의 발전은 사회의 발전과 일치한다.

이와 같이 볼 때, 인간과 세계와의 관계는 사회와 자연과의 관계로 되며, 인간이 발전함에 따라 그에 부응해서 세계에서 차지하는 주인으로서의 지위와 역할이 향상하는 과정은 자연이 사회화되는 과정으로 된다. 인간은 사회적 집단으로써 외부 세계, 자연에 직면하여 자주적이며 창조적인 활동을 전개하는 과정에서 자연을 자기의 것으로 전환시키고, 세계를 지배하는 보다 유력한 주인으로서 자기 자신의 발전을 재촉해 간다.

인간이 탄생한 후의 역사적 과정은, 인간이 보다 힘찬 자주성과 창조성을 가진 사회적 존재로 발전함에 따라서, 세계에서 차지하는 주인으로서의 지위와 역할이 그것에 부응해서 향상하는 것을 명확히 뒷받침하고 있다.

사회가 운동 발전하는 과정은 역사의 주체인 국민 대중의 지위와 역할이 향상하는 과정이다. 인류 사회의 초기 추상적 사유 능력의 발전은 극히 유치한 것이었기 때문에 사람들은 세계와 자기와의 관계, 이해관계와 역량 관계를 올바로 파악할 수 없으며, 자연의 힘을 이용하는 방법도 아주 조금밖에 알 수 없었다. 게다가 자주적인 사상의식이 발전하지 못하고 창조적인 능력도 매우 저조한 수준이었다.

자연을 가공해서 노동 도구를 만들고는 있었지만, 자연물을 거의 그대로 이용하는데 지나지 않는다. 그 때문에 사람들의 창조력에서 기본을 이룬 것은 체력이었다.

그 당시 사람들은 주로 자연적 혈연적 유대에 기초한 집단생활을 영위하고, 사람들의 사회적 결합은 낮은 수준에 머물러있고, 사회적 연계의 범위도 매우 협소했다.

자주적인 사상의식이 발전하지 못하고 자연을 개조하는 창조적 능력도 낮았기 때문에 인류 초기의 사람들은 왕왕 자연환경에 의존해서 살아가지 않을 수 없었다. 맹목적으로 작용하는 자연의 힘은 때로는 사람들의 생존을 위협하고, 사람들은 자연과의 어려운 싸움 속에서 간신히 자신을 보존할 수가 있었다.

그러나 사람들은 이 싸움에서 결코 굴하지 않았다. 그 어떠한 힘도 세계의 주인으로서 등장한 인간의 발전을 억제할 수가 없었다. 인간에 의한 창조적 활동이 생활적 요구를 실현하는 기본적 방식이므로 자주성과 창조성이 발전하지 않은 조건하에서도, 예컨대 낮은 수준이라 하더라도 자연을 개조하는 창조적 활동은 끊임없이 전개되고 그 과정에서 인간은 보다 유력한 존재로 발전해 갔다.

인간은 자연을 극복하기 위해서 혹독한 투쟁 속에서 서서히 자주성과 창조성을 획득하고 발전시키면서 자연의 구속을 철폐하고 자연의 주인, 세계의 주인으로서의 지위를 확대하고 발전시켰다.

사람들은 사회적으로 결합되어 생존을 위한 공동투쟁을 전개하는 과정에서 자연과의 투쟁에서 얻은 지식을 사회적으로 축적하고 발전하게 되며, 그것에 기초해서 노동 도구를 위시해 수많은 물질적 수단을 발전시키게 되었다.

구석기 시대에서 신석기 시대, 청동 시대에 이르는 오랜 기간에 비록 완만하였으나 노동 도구는 착실히 개선되고, 그 과정에서 사람들의 노동 생활의 발전이 달성되었다. 유용有用 식물의 채집과 짐승이나 물고기의 수렵에서 목축과 농경으로 전환이 움트고 수공업도 발달했다.

노동 생활에서 이와 같은 변화는 인간이 자연의 구속을 철폐하고 자연에 대한 지배의 범위를 확대해 가는 과정이었다. 농업과 목축을 시작하고 나서 인간은 주로 자연에 의존하고 자연의 은혜에 의지한 생존방식에서 자연을 개조하고, 그것을 자기에 복종시키면서 생활을 영위하는 생존방식으로 이행했다.

원시사회 말기에 이르러 인간의 자주성과 창조성은 상당한 수준으로 발전했다. 사회적 의식도 발전하고 생산력도 크게 발전해서 정신적·물질적 부의 축적이 이루어지게 되었다. 이때에 이르러 인간의 사회적 관계도 발전을 이루게 된다.

이에 수반하여 정신적 노동과 육체노동, 농업과 수공업, 상업의 분화 과정이 진행되고 사회적 분업이 발전했다. 그리하여 사회를 관리하는 사업, 사회를 구성하는 사람들의 이해관계를 조절하고, 사람들의 사회적 역할을 통일적으로 관할하는 사업이 독자적인 사회생활의 분야로 등장하게 되었다.

사회적 분업이 발전하고 사회적 역할에서 분화가 진행되는 데 수반하여 사회적 지위에서 분화도 이루어지고, 그 과정에서 착취 사회가 발생했다.

인간은 자주성과 창조성, 자주적으로 살아가려고 하는 요구와 창조적 능력을 갖는 사회적 존재이므로 누구라도 사회적으로 자주적 요구를 실현할 수 있는 지위를 차지하고 능력에 따라서 사회적 분담을 받을 수 있게 되어야 한다.

사람들이 창조적 능력에 따른 분담을 받아들이고, 역할에 따라서 사회적 지위를 차지하는 것이 사회 공동의 이익에 합치하는 것이다.

원시시대 말기에 정신적, 물질적 재화가 축적되고 사람들의 협력 범위가 확대되고 분업이 발전함에 따라 분업이 점차 사회적 지위로써 고정된 것은 계급이 발생하는 역사적 전제가 되었다.

원시사회 말기에 와서 각 공동체 간에 종종 전쟁이 되풀이되자 사회 관리를 담당하고 있던 추장은 군사령관을 겸하게 되고, 그의 지휘가 공동체 운명의 결정에 중요한 역할을 하게 되었다. 추장의 역할이 높아짐에 따라 그의 지위가 높아지고 다른 성원과 구별되는 많은 특권을 갖게 되었다. 사람들의 자주적인 사상의식이 낮은 조건하에서 추장의 지휘권은 사회 성원에 대한 지배권으로 전환해 갔다. 지휘권, 지배권을 장악한 자는 그에 대한 고정화를 요구하게 되고 세습화하는 방향으로 향했다.

이와 같이 사회적으로 유리한 지위를 차지한 자가 그 권한을 고정화하게 된 결과, 사회를 위해 어떠한 역할도 하지 못하는 무능력한 자임에도 지배적 지위를 독점하고, 아무 일을 하지 않아도 사회적 대우를 향유하고, 다대한 분배량을 점유하는 특권계급으로써 지배계급, 착취계급이 출현하게 되었다.

착취 사회에서는 지배적 지위를 차지하는 사회의 이익을 침해하는 지배계급, 착취계급의 수구적 책동에 의해 국민 대중의 자주성과 창조성의 발전은 극도로 억제된다.

착취 사회에서는 종교를 위시해 인간의 요구와 이해관계를 왜곡해서 반영한 낡은 사상이 사회의 지배 사상이 된다. 수구적인 지배계급, 착취계급은 자신의 계급적 지배를 신성화하고 옹호하는 반면, 국민 대중에 대한 착취와 억압을 정당화하는 수구사상을 보급시켜 인간의 자주성과 창조성의 발전에 기여하는 선진적 사상을 탄압한다. 그로 인해 국민 대중의 자주적인 사상의식의 발전에 커다란 장해가 생기게 된다.

지배계급, 피지배계급은 그들의 이해관계에 저촉하지 않는 한 물질적 생활의 발전을 허용한다. 그러나 착취 사회에서 물질적 재화는 지배계급, 착취계급의 부패 타락한 생활에 탕진되고, 사회의 창조력은 사회 공동의 이익을 위해 합리적으로 이용되지 않고 낭비된다. 생산자 대중은 생산이 자기를 위한 것이 아니므로 생산력의 발전에 절실한 이해관계를 가질 수가 없다. 이 때문에 자연을 개조하는 창조력도 극히 완만한 템포로 발전하게 된다.

그러나 착취 사회에서 지배계급은 사상과 권력, 생산수단을 독점하고 있지만 국민 대중의 자주성과 창조성의 발전을 저지하는 것은 불가능하며, 자주성을 옹호하는 국민 대중의 창조적 투쟁을 저지할 수가 없다. 사회 역사적 운동의 주체인 국민 대중은 수구적 지배계급, 착취계급의 방해가 아무리 가혹하더라도 자주성을 실현하는 창조적 투쟁을 펼치고, 그 과정에서 자주적 요구와 이해관계에 대한 자각을 높이고 창조적 능력을 펼쳐간다.

이리하여 착취 사회의 조건하에서도 완만하지만 국민 대중의 자주성과 창조성의 발전은 이루어지고, 세계에 대한 인간의 지배는 확대해 가는 것이다.

국민 대중의 자주성과 창조성이 발전하고 자주성을 옹호하는 창조적 투쟁이 강화되어가는 과정에서 노예사회에서 봉건사회로, 봉건사회에서 자본주의 사회로 이행이 이루어졌다.

이와 같은 이행은 자연과의 관계에서, 또한 사회와의 관계에서도 국민 대중의 지위와 역할이 어찌 되었든 향상하는 과정이었다고 말할 수 있다. 물론 이 과정에서 국민 대중이 착취와 억압에서 완전히 헤어나지 못하고 착취와 억압의 형태를 바꾼 것에 불과하다.

그러나 노예제 사회가 멸망하고 국민 대중이 인신적 예속을 철폐한 것이나 봉건적 신분제도가 붕괴한 것은 국민 대중의 지위와 역할의 향상에 있어서 진전이었음은 말할 것도 없다.

특히 자본주의 사회의 발생과 발전에 수반하여 공업이 발달하고 그것이 기본 생산 부문으로 된 것은 인간의 자연개조 능력과 자연에 대한 지배권의 확대 발전에 있어서 큰 진전이었다.

노동 계급을 위시한 근로대중은 과거의 모든 역사적 시대에 달성했던 것보다 더욱 많이, 또한 거대한 생산력을 산출했다. 산업혁명 이래 동력 공업, 기계공업, 화학공업 및 운수와 체신 부문의 발달은 자연에 대한 인간의 지배권을 더욱 확대시켰다.

자본주의 사회에서 공업이 발전하고 노동자계급이 출현하여 그들이 독자적인 사회정치 세력으로써 역사의 무대에 등장하게 되고, 국민 대중의 자주적인 사상의식의 발전과 사회를 개조하는 힘의 발전에서 큰 전환이 일어났다.

이상에서 보아온 모든 것은 우여곡절을 거치면서 사회 역사의 발전에 따라서 인간의 자주성과 창조성의 발전이 이루어지고, 그것에 상응해서 세계를 지배하는 주인으로서의 인간의 지위와 역할이 한없이 향상되어왔다는 것을 명확히 하고 있다.

오늘날에는 인류 사회의 여명기와는 비교가 되지 않을 정도로 인간의 자주성과 창조성이 높은 발전단계에 있다.

인간에 의해서 지배되는 세계의 범위가 크게 확산된 것을 볼 수가 있다. 원시사회에 있어서 인간은 무지몽매하고 동물의 무리생활에 가까운 저급한 공동생활을 보냈다고 하지만, 현대 인간은 자주적인 사상의식과 함께 자연과 사회에 관한 폭넓고 깊은 과학적 지식을 갖게 되었다.

원시사회에서는 한정된 지역에서 언제나 자연의 위협에 노출되면서 간신히 생존을 유지해온 사람들이 현대에는 지구의 범위를 뛰어넘어 우주 정복의 길을 개척하게 되었다.

인간이 등장한 이래 현대에 이르기까지 세계에서 인간의 지위와 역할에서 큰 변화에 비추어 볼 때, 미래를 향한 인간의 자주성과 창조성은 한없이 발전을 이루게 되었으며 동시에 인간의 창조적 역할이 강화되고 세계를 지배하는 주인으로서의 인간의 지위도 무한히 향상하는 것은 의심의 여지가 없다.

일반적으로 물질의 발전은 그 발전단계가 높아질수록 가속화된다. 무생명 물질에서 생명 물질에 이르기까지의 진화에 수십억 년을 요하고, 하등한 생명 물질에서 고등한 생명 물질로 이행에 따라서 생명 물질의 진화 발전은 가속화되었다. 그것은 고등한 생명 물질일수록 보다 발전한 생활력을 지니고 우연적인 요인의 영향을 보다 적게 받기 때문이다.

인류의 형성 발전 과정도 그 발전단계가 높아질수록 가속화되었다. 인류의 발생을 3백만 년 전이라고 본다면 계급사회가 출현하기까지 원시사회의 발전은 3백만 년에 걸치고, 착취 사회의 발전은 불과 수천 년을 세어 본 것에 불과하다. 자본주의 사회의 출현으로부터 약 3백 년 사이에 그 이전에 비해 훨씬 많은 물질적·정신적 생활력이 창조되었다.

현재로서는 상상조차 할 수 없는 높이로 인간의 자주성과 창조성, 의식성의 발전이 성취되고, 인류는 실로 거대한 물질적·정신적 생활력을 갖게 되고, 인간에 의해서 지배되는 세계의 범위는 추측할 수 없을 정도로 확대될 것이다.

　　세계와 자신을 발전시키기 위한 인간의 창조적 발전은 영원히 지속될 것이며, 또한 그 과정에서 인간은 한없이 세계의 완전한 주인으로 발전해 갈 것이다.

## 2. 변증법적인 견지에서 본 세계 발전의 기본 법칙

인간에 의한 세계의 지배와 개조발전의 합법칙성은 세계와의 관계에서 인간 발전의 근본 법칙을 해명하는 동시에 인간과의 관계에서 세계 발전의 근본 법칙을 분명히 한다.

이 문제에 관련해서 인간에 의한 세계의 지배와 개조발전의 합법칙성과 선행하는 유물변증법의 기본 법칙과의 상호 관계의 문제가 제기된다.

마르크스주의는 헤겔 변증법에서 그 합리적인 측면을 계승하고, 그것을 유물변증법의 입장에 서서 지양하고 유물변증법을 확립했다. 마르크스주의 유물변증법은 양적 변화에서 질적 변화로 이행하는 법칙, 대립물의 통일과 투쟁의 법칙, 부정의 부정의 법칙을 기본 법칙으로 삼고 있다. 이것들은 세계의 여러 가지 물질적 존재의 운동으로 일관해 있는 공통의 특징이 무엇인가 하는 견지에서, 세계의 발전 법칙을 해명하고 있다.

유물변증법의 기본 법칙에는 중요한 진리가 포함되어 있으며 실천적으로도 중요한 의무를 갖고 있다.

인간중심철학은 이전의 철학에 의해서 해명된 물질세계 발전의 일반적인 합법칙성을 시인하면서 그것과는 다른 새로운 차원에서 물질세계의 발전을 대표하는 가장 고급한 물질적 존재인 인간을 중심에 두고 세계의 발전 법칙을 새롭게 해명했다.

이와 같은 관점에서 유물변증법의 기본 법칙을 중점적으로 고찰하고, 그와 관련해서 인간과 세계와의 발전 법칙에 대한 인간중심철학의 견해를 정리해 보고자 한다.

## 1) 양과 질의 법칙에 대하여

종래의 변증법 속에서 양적 변화의 질적 변화에로 이행의 법칙은 중요한 위치를 차지하고 있다.

유물변증법에 의하면 모든 사물은 양적으로 서서히 변화한 후, 일정한 단계에 도달해서 급격한 질적 비약을 일으킨다. 양적 변화의 과정은 서서히 점차적으로 진행하고 질적 변화의 과정은 급격히 비약적으로 진행한다. 전자는 변화 발전의 진화적 형태이며, 후자는 변화 발전의 혁명적 형태이다. 양적 변화 발전의 진화적 과정은 질적인 비약, 혁명적인 변화를 이룬다.

양적 변화와 질적 변화의 상호 관계에 관한 이와 같은 이론에는 중요한 진리가 포함되어 있다. 사물의 변화에는 점차적으로 진행되는 양적 변화와 급격히 비약적으로 수행되는 질적 변화의 두 가지 측면이 있다.

그러나 모든 양적 변화가 전부 서서히 수행되는 것은 아니며, 또한 질적 변화가 모두 양적 변화에 비해 급격하게 수행되는 것만도 아니다. 서서히 수행되는 질적 변화와 급격히 수행되는 양적 변화는 얼마든지 찾을 수 있다

'양과 질의 법칙'에 대한 종래의 이해는 물질적 실체가 변화 발전하는 과정에서 양적 변화와 질적 변화가 어떠한 관계에 있는가를 밝히려고 하지 않고, 주로 사물의 변화 발전에 있어서 제 형태 간의 연계만을 문제로 삼았다.

양적 규정성과 질적 규정성은 어느 쪽이나 물질의 존재를 특징짓는 규정성이 있다. 따라서 양적 규정성과 질적 규정성을 논하는 경우, 항상 물질적 존재, 물질적 실체를 전제로 해야 한다.

헤겔은 순수 유(순수한 존재·유)에서 출발했다. 그들에 의하면 순수 유란,

"어떠한 규정성도 갖지 않는 것으로써 없는 것과 같다. 순수 유가 현실적인 존재로 되려면 반드시 어떤 존재라고 하는 규정성을 요하는 것이지만, 이 규정성이 질이며 질이 다름 아닌 그 사물의 현실적 존재이다. 질과 존재는 일치한다."라고 하였다.

질과 존재를 일치시킨 것에 헤겔의 관념론적 사고방식의 특징이 나타나고 있다. 관념론은 본질상 사물의 성질을 존재, 실체로 보는 견해이다. 관념론자는 인간이라고 하는 고급한 물질에 체현되어 있는 정신이라고 하는 속성, 질을 존재로 보면서 물질적 존재는 그것의 외적 존재 형식이라고 주장한다.

그것은 잘못이다. 정신작용은 물질적 존재가 아니며 물질의 속성, 즉 물질의 고급한 성질의 표현이다. 물질의 성질을 존재로 보는 것이 아니라 성질을 체현하고 있는 물질적 실체를 물질의 존재로 보아야 한다.

헤겔은 양을 존재의 규정성으로 파악한 것이 아니라, 질과 연결시켜서 동일한 질 속에 있는 양적 차이를 가리키는 카테고리로서 이해했다. 따라서 헤겔은 양의 카테고리를 질의 카테고리에서 추출했다. 그는 어떤 사물이 그 사물로서 존재하는 것은 다른 사물과 구별되는 질을 갖기 때문이지, 양을 갖기 때문이 아니라고 보았다.

그는 인간의 의식에서 독립해서 존재하는 물질적 실체가 있기 때문에 다른 사물과 구별되는 성질이 있을 수 있다고 본 것은 아니고, 어떤 사물이 다른 사물과 구별되는 차이성을 갖기 때문에 그 사물이 존재한다고 본 것이다.

그는 질을 존재와 동일시했기 때문에 양은 같은 질을 갖는 제 사물 간의 양적 차이를 나타내는 규정성으로만 이해했다.

모든 사물은 양적 규정성과 질적 규정성을 갖고 있다. 양적 규정성만을 갖는 물질이나 질적 규정성만을 갖는 물질 등은 있을 수 없다. 따라서 양과 질의 어느 것을 출발점으로 하더라도 별로 관계가 없는 것처럼 볼 수 있다.

그러나 물질적 존재이어야만 운동이 있는 것처럼 일정한 양을 갖는 물질이 존재해야 그 물질에 체현되어 있는 성질이 있을 수 있는 것이다. 무엇인가 현실적으로 존재하는 것을 전제로 해야만 다른 물질과 작용할 수 있는 그 물질의 고유한 성질에 대해서 생각할 수가 있다.

물질이 존재한다는 것은 일정한 양을 갖는 물질적 실체가 존재한다는 것을 의미한다. 양은 무엇보다도 물질적 실체에 대한 규정성이다. 양은 우선 물질적 실체의 크기와 그것이 공간을 차지하는 상태를 특징짓는 규정성이다.

물질은 양적 규정성뿐만 아니라 질적 규정성을 갖고 있다. 아무리 단순한 물질이라도 모두 일정한 성질을 갖고 있다. 단순한 물질의 성질은 단순하며 복잡한 물질의 성질은 복잡하다. 어떤 물질이 다른 물질에 대해서 반응하는 상이한 성질을 총합하면 그 물질이 어떠한 질을 갖는 물질인가를 확정할 수 있다.

물질의 성질은 그 물질에 속해있기 때문에 그것을 물질의 속성이라고 한다.

물질의 속성 중에는 여러 가지 물질에 공통하는 것도 있지만 일정한 물질에만 고유한 것도 있다. 보통 어떤 물질의 질이라고 할 때는 그 물질의 고유한 속성을 가리킨다.

물질의 속성과 질은 다른 물질과의 관계에서 반응으로 나타나기 때문에 그 자체로서는 볼 수도 만질 수도 없다. 따라서 그것을 양적으로 파악할 수는 없다. 물질 성질의 작용의 결과는 측정할 수도 없으며, 그 성질 자체는 양적으로 규정할 수도 없다.

만일 물질에 양적 규정성만이 있고 다른 물질과 반응하는 속성이 없다고 한다면, 물질의 운동 변화 및 발전은 발생하지 않을 것이다. 물질의 성질은 언제나 그 양적 규정성과 연결되어 있다. 따라서 물질의 양적 규정성을 파악한다면 물질이 어떠한 성질을 갖는가 하는 것은 충분히 알 수가 있다.

물질의 양과 질은 밀접한 관련 속에서 상호 작용하고 의존하면서 통일되어 있다. 물질의 양은 질의 기초이며 물질의 양적 규정성이 그 질을 규정한다. 그래서 물질의 일정한 양적 규정성에는 일정한 질적 규정성이 상응한다.

물질의 양과 질의 상호 관계는 사회적 존재인 인간에게 있어서는 특수한 형태로 나타난다.

인간은 개별적이 아닌 집단적으로 획득하고 축적한 속성을 객관화시킨 형태로 보존하고 후대에 전할 수가 있으며, 인간이 자기의 속성을 객관화시킨 형태로 보존할 수가 있다. 그리고 그것을 자기의 속성으로서 만들어 가는 것은 인간에 있어서는 물질적 실체와 속성 간에 다른 물질에서는 볼 수 없는 일정한 독자성이 있다는 것을 가리킨다.

인간의 본질적 속성인 자주성과 창조성은 물질적 실체를 떠나서는 보존할 수도, 작용할 수도 없다. 또한 객관적 형태로서 보존된 인간의 사상 의식 등도 다름 아닌 인간의 속성을 객관화한 것이므로 다른 인간이 재차 그것을 자기의 속성으로 만들 수가 있다. 언어를 이해할 수 있는 것은 인간뿐이며 물질적·문화적 재부를 이용할 수 있는 것도 인간뿐이다. 물질적·문화적 재부는 오로지 산 인간과 결합됨으로써만 인간의 속성의 일부분으로써 작용할 수 있다.

인간은 자기의 육체적 생명만을 재생산할 뿐만 아니라 자주성과 창조성을 가진 사회적 인간을 재생산한다. 인간은 자기의 생산력의 일부를 객관화시킨 형태로 보존하고 자손에 전한다. 사회의 자주성과 창조성은 그 사회를 구성하는 사람들과 그들이 갖는 물질적·문화적 수단의 결합체인 사회적 존재에 체현되어 있는 사회적 속성이다.

인간이 갖는 자주성과 창조성은 사람들이 사회적으로 결합되어 대를 이어가면서 획득한 것이다. 그런고로, 사회가 축적한 자주성과 창조성의 근저에는 언제나 그것에 조응한 양적 규정성을 갖는 물질적 존재의 운동이 뒷받침되고 있다.

물질적 기초 없이 새로운 물질의 속성이 나타난다고 하는 것은 생각할 수 없다. 인간은 언제나 산 신체만을 지닌 인간이라고 하는 것이 아니라, 해당 사회가 도달한 수준의 자주성과 창조성을 체현한 인간이며, 또한 전 세대가 남긴 물질적·문화적 재부를 소유하고 일정한 사회적 관계에서 결합한 인간이다.

물질의 양과 질의 통일은 물질적 존재의 구조에 의해서 보장된다.

원래, 양과 질은 물질적 존재의 규정성이므로 그들의 통일은 단지 물질적 존재에 의해서만 보장된다. 어떤 물질이 하나의 통일체를 구성하고 일정한 양과 질을 보존하고 있는 것은 그 물질이 일정한 내부 구조에 의해서 결합되어 있기 때문이다. 내부 구조가 파괴되면 물질의 통일도 파괴되고, 물질의 통일이 파괴되면 물질의 양과 질의 통일도 파괴된다. 따라서 물질의 양과 질을 통일시키는 것은 물질의 내부 구조라고 말할 수 있다.

물질의 변화 발전에 있어서 양적 규정성의 변화 발전과 질적 규정성의 변화 발전은 밀접하게 관련되어 있다.

물질의 질적 규정성은 그 양적 규정성에 상응하고 있기 때문에 물질의 질에 있어서 변화 발전은 양적 규정성의 변화 발전에 의해서 규정된다. 상이한 특성을 갖는 물질이 수없이 결합하고, 그 결합 구조가 유기적인 것으로 될수록 보다 풍부한 성질과 운동능력을 갖는 새로운 물질이 발생한다.

즉, 이와 같은 합법칙성에 의해서 무생명 물질에서 생명 물질로, 생물학적 존재에서 사회적 존재로서의 인간으로 진화 발전이 성취되었다.

생명 물질의 진화 과정에서 구성요소가 보다 다양하고 풍부하며, 결합 구조의 조직화 수준이 보다 높고 복잡한 것이 출현하였으며, 그에 따라서 보다 풍부한 생활력을 가진 고급한 생명체가 태어나게 되었다. 생명체의 유구한 진화 과정에서 인간, 즉 사회적 생명체가 탄생했다.

인간의 생명은 가장 발달한 물질의 속성이다. 그것은 인간의 육체적 존재에 체현되어 있는 물질의 속성이다. 육체를 떠난 생명은 있을 수 없다. 그러나 육체의 운동을 지배하는 것은 이 물질의 속성인 생명이다.

가장 발달한 물질적 존재인 인간에 대해서 명확히 드러나 있듯이, 물질의 운동을 일으키고 추진하는 요인은 그 물질의 질에 있다. 물질의 질에 의해서 그 운동이 달라진다. 따라서 물질의 질이 바뀌면 물질의 운동 방향과 운동능력이 바뀌기 때문에 다른 사물과 상호작용의 넓이와 깊이에 변화를 가져오고, 따라서 물질의 양적 변화를 가져온다.

물질의 가장 근본적인 변화는 내부 구조의 변화에 의해서 생긴다. 내부 구조는 물질을 구성하는 제 요소의 양과 질을 하나로 통일시키고 있는 결합 형식이므로, 그것은 제 요소가 양적 및 질적으로 변화함에 따라 변화해 간다.

물질의 양적 발전은 질적 발전을 준비하고, 질적 발전은 양적 발전의 출발점이 된다. 물질의 내부 구조가 보다 많은 대립물을 통일시킬 수 있도록 변화하면 보다 다양하고 고급한 질을 체현하게 되며, 물질의 양적 발전을 보다 원활하게 보장하게 된다.

이것이 물질 발전의 법칙으로서의 '양과 질의 법칙' 의 기본적 내용이다.

양과 질의 법칙은 물질 발전의 근본 원인을 해명하는 것으로써 가장 중요한 발전 법칙이 된다. 양과 질의 법칙은 인간 및 사회의 발전 과정에서 현저하게 나타난다.

인간의 집단인 사회도 우선 자기의 보존을 요구하며, 더구나 자기의 발전을 요구한다. 그러므로 사회는 우선 자기를 보존하기 위해 운동을 한다. 이 운동 과정에서 자기를 보다 잘 보존할 수 있는 제 요인을 축적하게 된다.

이 과정을 사회의 양적 발전 과정이라고 볼 수가 있다. 그러나 사회는 현상에서 자기보존에 만족하지 않고, 자기를 새로운 높은 단계의 양적 규정성과 질적 규정성을 갖는 존재로 발전시킬 것을 요구한다. 이와 같은 요구를 실현하기 위해서는 지금까지 사회의 양적 규정성과 질적 규정성을 통일시켜온 사회의 내부 구조, 사회적 제 요소의 결합 방식인 사회적 구조를 변경하지 않으면 안 된다.

사회가 발전한다고 하는 것은 사회를 구성하는 인간의 집단이 보다 큰 생활력을 갖는 존재가 되는 것을 의미한다.

사회의 양적 발전과 질적 발전은 주체인 인간에 의해서 초래된다. 그것을 요구하는 것도 인간이며, 그 발전을 추진하는 힘을 갖는 것도 인간이다.

인간의 자주성과 창조성이 강화됨에 따라 인간은 보다 효과적으로 외부의 구속을 배제하고 인간다운 존재로 자기의 질을 발전시키고, 자신이 지배하는 사회적 존재의 양을 확대한다.

사회의 발전이란, 결국 인간의 자주성과 창조성의 발전에 기초해서 그 것을 체현하고 있는 사회적 제 요인과 그것들을 결합시키는 사회적 구조를 개변시키는 과정이다. 여기서 사회의 구성요소와 그것들을 결합시키는 사회적 구조는 사회의 양적 규정성에 속한다고 말할 수 있다.

인간은 일정한 사회적 관계에 의해서 결합된 사회적 존재를 강화 발전 시키기 위하여 사회의 구성요소를 양적으로 축적해 가는 창조적 활동을 전개한다. 이 과정에서 사회의 질을 새로운 높은 단계로 발전시키는 양적 기초가 준비되면 사회적 구조를 개변시키고, 사회의 양적 규정성과 질적 규정성을 보다 새로운 단계로 통일시키게 된다.

이와 같이 양적 발전에 기초한 질적 발전 과정의 반복에 의해서, 사회의 양적 규정성과 질적 규정성은 보다 높은 단계로 끝없이 발전하는 것이다.


## 2) 대립물의 통일과 투쟁의 법칙에 대해서

대립물의 통일과 투쟁에 관한 문제, 즉 모순에 관한 문제는 고대부터 철학에 있어서 중요한 문제로써 논의되고, 종래의 유물변증법에 있어서는 '대립물의 통일과 투쟁의 법칙'을 기본으로 하여 발전의 기본 법칙이 고찰되었다. 물질은 대립물의 통일로 되어 있으며, 투쟁을 통해서 발전한 다고 하는 것은 진리이다.

대립물이 상호 대립하면서도 통일되어 있는 관계를 모순이라고 한다. 바꿔 말하면, 모순은 사물이 대립하면서도 통일되어 있는 관계이다. 모든 사물 간에 대립하는 관계를 모순이라고 한다. 통일을 모순이라고 말할 수는 없으나 대립관계를 모순이라고 말할 수는 있다. 그러나 현실적으로 통일을 떠난 대립은 있을 수 없다. 대립물은 대립하면서 통일되어 있으며, 통일되어 있으면서 대립하고 있는 것이다. 따라서 모순에 대해서 말할 때는 통일과 대립의 두 개의 측면을 함께 보아야 한다.

모든 물질적 존재가 대립물의 통일로서 존재한다고 하는 의미에서 대립물의 통일을 물질적 존재의 보편적인 구조라고 말할 수가 있다.

물질의 분해와 결합은 물질이 대립물의 통일이 되어 있는 조건에서 가능하다. 물질의 통일이 절대적이라면 분해는 불가능하며, 대립이 절대적이라면 결합은 불가능하다. 대립물이 대립하면서 통일되어 있기 때문에 일정한 조건에서는 분해·결합하면서 변화 발전하는 것이다. 이와 같은 의미에서 대립물의 통일, 모순이 물질 발전의 필수 조건이 된다.

헤겔은 동일성과 차이성을 통일시켜서 보는 관점에서 사물이 대립물의 통일이며 모순을 갖는다고 하는 견해에 도달하고, 모순에 의해서 모든 운동이 생긴다고 보았다. 헤겔은 모순이 모든 운동과 생명성의 근원이 된다고 보면서 모순에서 운동 발전의 원인을 찾았다. 헤겔에 의하면 자기 속에 모순을 지닌 자만이 충동과 활동성을 지니고 생명력을 가지고 있다는 것이다.

그러나 물질적 존재의 모순을 인정한다고 해도 모순, 대립물의 통일을 운동의 원인으로 볼 수는 없을 것이다. 모순은 물질적 실체는 아니다. 대립하면서 통일하고 있다고 하는 모순된 관계가 있다고 해서 모순이라고 하는 물질적 실체가 존재한다고 하는 것은 아니다. 모순은 물질적 실체라고는 할 수 없기 때문에 그 자체가 운동력을 갖는다고는 볼 수 없다.

다만, 물질적 실체만이 운동력과 그것을 움직이는 성질을 가질 수가 있다. 따라서 모순 자체를 운동 발전의 원인으로 간주할 수는 없다. 운동 발전의 원인은 어디까지나 그것을 지닌 물질적 실체에 있다. 모순이 발전을 위한 운동의 실체가 되는 것이 아니라, 물질적 실체가 발전을 위한 운동의 담당자가 된다.

물질적 실체가 아닌 운동을 중심에 놓고 발전의 원인에 관한 문제를 제기하고, 모순·대립물의 투쟁을 운동 발전의 원인이라고 하는 관점에 서라면, 대립·모순이 많을수록 발전이 촉진되고, 나아가서 발전을 위해 모순을 조장해야 한다고 주장하게 될 것이다. 이와 같은 견해는 이론적으로 불합리하며 실천적으로는 백해무익하다.

발전에는 모순을 조장시키는 것이 아니고, 대립·모순을 극복하기 위해 투쟁하지 않으면 안 된다. 물질의 발전은 대립·모순을 극복하기 위한 투쟁을 통해서만 실현할 수가 있다.

이미 서술한 바와 같이 사물이 발전한다고 하는 것은 사물을 구성하는 제반 요소가 양적으로 증대하고, 그 결합 방식이나 구조가 보다 유기적인 것으로 되어 더욱 강한 운동능력을 갖게 되는 것이다. 요컨대 통일이 확대되고 강화되는 것이다.

물질이 다른 것을 끌어들여 결합하고 통일을 확대하는 것은 대립·모순을 극복함으로써만 가능하다. 모든 물질은 다른 것과 상호작용에 있어서 가능한 한 자기를 보존하려고 한다. 물질적 존재는 어떠한 제한도 없이 다른 것과 결합하지는 않는다. 바꾸어 말하면 어느 사물이 다른 사물과 결합할 때는 반드시 저항에 부닥친다.

따라서 어떤 사물이 다른 사물을 결합시키는 데는 그에 대한 저항을 극복하지 않는 한 불가능하다. 어떤 사물이 다른 사물의 저항을 극복하는 것은 그 사물과의 대립·모순을 극복하는 것을 의미한다.

사물 내부의 제 요소 간의 관계는 내적 모순이 되며, 사물 간의 대립관계는 외적 모순으로 된다.

물질적 존재가 자기 내부의 통일을 강화하는 데는 내부 모순의 극복에 의해서만 보장된다. 사물이 발전하는 데는 그들 제 요소가 양적으로 증대될 뿐만 아니라 내부 구조가 보다 유기적인 것이 되어, 내부 통일이 강화되지 않으면 안 된다.

모든 통일이 차이와 대립을 포함하고 있기 때문에 어떠한 물질적 존재도 내부 모순이 있는 것은 당연하다. 내부 모순이 격화하면 통일이 약해지고, 결국 통일체는 파괴된다. 따라서 끊임없이 내부 모순이 파괴되고 사물의 내적 통일이 강화되는 조건에서만 사물은 발전하는 것이다.

이상에서 고찰한 모든 것을 종합하면 다음과 같이 요약할 수 있다.

물질의 발전은 물질 자체의 대립·모순을 극복하기 위한 투쟁에 의해서 그 통일이 확대 강화됨으로써 이루어진다.

여기에 발전의 법칙으로서의 '대립물의 통일과 투쟁의 법칙'의 합리적 내용이 있다. 대립물의 통일체로서 물질적 존재 자체에 발전의 원인이 있다고 하는 견지에서는 대립물의 투쟁을 통해서 통일이 확대 강화되어 가는 물질 발전의 일반적 법칙을 '대립물의 통일과 투쟁의 법칙'으로써 정식화하는 것이 보다 합리적이며, 물질의 발전이 대립물의 통일의 발전이 되고, 통일의 발전이 투쟁을 통해서 실현된다고 하는 견지에서라면, 이 법칙을 대립물의 투쟁과 통일의 법칙으로서 정식화하는 것이 보다 합리적일 것이다.

종래는 인간과 자연과의 사이에 대립(모순)이 있기 때문에 투쟁이 발생한다고 보았다. 바꿔 말하면 대립과 모순 자체에서 운동의 근본 원인을 찾아낸 것이었다.

물론 인간과 자연 사이에 대립이 없다면, 바꿔 말하면 자연이 인간의 요구대로 운동한다면 자연을 개조하기 위한 인간의 투쟁 따위는 일어날 리가 없다는 것은 명백하다. 그러나 인간과 자연과의 대립 자체가 자연을 개조하기 위한 인간 투쟁의 근본 원인이라고 한다면, 왜 인간이 주동적으로 자연을 개조하려고 하는 목적을 가지며, 곤란한 투쟁을 통해서 그것을 실현해 나가는가 하는 문제를 풀 수가 없다.

물론 인간이 자연을 개조하는 투쟁은 대립물의 투쟁이라는 일반적 범주에 속해있으며, 또한 자연을 인간의 요구에 따라서 개조할 때 인간과 자연과의 사이에 대립(모순)이 극복되고 통일이 이루어졌다고 할 수 있다면, 여기서도 '대립물의 투쟁과 통일의 법칙'이 작용하고 있는 것은 확실하다.

그러나 자연을 개조하는 인간의 창조적 운동의 주된 원인은 인간과 자연이 대립하고 존재하는 데 있는 것이 아니라, 자연의 구속에서 벗어나서 자연을 지배하면서 자주적으로 살아가려고 하는 인간의 근본 요구와 이 요구에 따라서 창조적으로 활동하는 인간의 능력에 있다고 볼 수가 있다.

인간이 보다 유력한 존재로 발전하는 데는 자연과의 모순을 해결할 뿐만 아니라 사회의 내부 모순도 극복하여야 한다. 인간과 자연과의 모순은 사회를 주체로 놓고 볼 때는 외적 모순이라고 볼 수가 있다. 따라서 사회 자체를 변혁하기 위해 극복해야 할 모순은 내적 모순이라고 말할 수 있다.

사회를 발전시키는 데는 자연을 개조해서 인간의 생활수단을 확보하고, 인간 자신을 개조해서 그들의 자주성과 창조성을 높이고, 사회의 통일을 보다 합리적인 것으로 해야 한다. 이와 같은 자연개조와 인간개조 사업은 모두 인간의 창조적 역할을 통해서만 실현된다.

자연개조와 인간개조, 사회개조와 같은 모든 창조적 운동에 있어서 주체는 언제나 인간, 즉 국민 대중이다.

인간은 자주적으로 살며 발전하려고 하는 본질적 요구에서 출발해서 자연을 개조하고, 인간 자신을 개조하고, 사회적 관계를 개조한다. 여기서 개조 대상이 되는 자연과 인간 자신, 그리고 사회적 관계는 자주적으로 살며 발전하려고 하는 인간의 요구에 합치하지 않을 때는 자주적으로 살며 발전하려고 하는 인간과의 관계에서 대립물로 된다.

인간의 창조적 활동에 있어서 이와 같은 대립물이 인간의 자주적으로 살며 발전하려고 하는 요구에 따라서 개조될 때, 인간과 인간의 물질적·사회적 생활환경과의 통일이 더욱 강화된다. 즉 사회적 존재로서의 인간의 통일이 확대 강화되고 자연과 사회의 주인으로서의 인간의 지위가 보다 높아지는 것이다.


## 3) 부정의 부정의 법칙에 대해서

종래의 유물변증법에서는 '양적 변화의 질적 변화로의 이행의 법칙', '대립물의 통일과 투쟁의 법칙'과 함께 '부정의 부정의 법칙'을 기본 법칙으로 취급하였다.

'부정의 부정의 법칙'은 헤겔에 의해서 처음으로 정식화되고, 부정을 발전의 필수적 계기로 보았다. 헤겔에 의하면 부정은 단순한 제거, 소멸이 아닌 보존을 전제로 한다. 헤겔은 부정에 대한 이와 같은 이해와 연결해서 소위 정·반·합(정립·반정립·총합)의 3단 도식을 세웠다.

이 도식에 있어서 반정립은 정립의 부정이며, 총합은 반정립의 부정, 즉 부정의 부정이다. 헤겔은 모든 발전 과정을 이 틀에 맞추려고 노력하고, 부정의 부정을 발전의 보편적 도식으로 전환시켰다. 부정의 부정은 헤겔의 철학체계에서 기본 원칙으로 되었다. 헤겔은 이 원칙을 절대이념의 자기 운동의 도식으로써 신비화했다.

유물변증법은 헤겔의 '부정의 부정의 법칙'에서 신비주의적인 외피를 벗어젖히고 그것을 계승해서 '부정의 부정의 법칙'을 자연, 사회 및 인간 사유의 발전의 일반적 법칙으로 인정했다.

유물변증법에 의하면 부정은 단순한 파괴나 분열이 아닌, 발전한 새로운 것으로의 이행을 전제로 하는 것이다.

사물의 발전 과정에서는 최초의 단계가 부정되고, 그것이 부정된 것과 대립하는 새로운 단계로 전화하고, 그것이 재차 부정되어 새로운 높은 단계로 옮겨간다. 여기서 제1의 부정은 부정된 것이 다시 부정된다고 하는 의미에서 부정의 부정이 된다.

요약하면, 물질적 존재의 발전은 반드시 자기부정의 계기를 포함하고, 자기부정의 단계를 극복하며, 재차 자기를 긍정하는 단계를 거치는 것이다. 그것은 자기갱신을 통해서만 물질이 발전하는 것이다. 이것은 진리이다.

물질의 발전은 무엇보다도 새로운 것이 낡은 것을 청산하고 낡은 통일체를 파괴함으로써만 실현된다. 낡은 것, 낡은 통일체가 파괴되지 않고 그대로 보존되는 사이에는 질적 발전은 일어나지 않는다. 발전하기 위해서는 반드시 낡은 것이 청산되어야 한다. 낡은 통일체의 파괴 없이는 질적으로 고급한 통일체로의 전환은 불가능하다.

새로운 통일체의 형성 발전은 선행하는 단계에서 긍정적인 것이 계승되어야만 가능하다. 물질의 발전은 연속적인 것과 불연속적인 것의 통일이다. 기존의 낡은 것의 파괴 없이는 새로운 통일이 불가능하지만, 선행하는 단계를 계승하지 않는 경우에도 새로운 고급한 통일체의 형성은 불가능하다.

발달한 새로운 통일체는 아무것도 없는 공허한 것에서가 아닌 선행단계와의 계승 관계에 있어서만 발생한다. 그런 까닭에 발전한 새로운 통일체에는 선행단계에서 달성된 긍정적인 것이 보존되지 않을 수 없고, 양자 사이에 계승적 연관이 맺어지지 않을 수 없다.

선행단계와 계승적 연관이 맺어져야만 새로운 통일체의 형성이 가능하며 발전이 있다. 선행단계의 모든 것이 파괴되고 모든 것이 청산되면 전적으로 발전에 대해 논할 수는 없다. 선행단계에서 계승되는 것에 새로운 것이 추가되어야 새로운 통일체가 보다 풍부하게 질적으로 우수한 속성, 발전 능력을 갖게 된다.

새로운 것에 의해서 실현되는 새로운 통일은 그것이 일단은 하나의 통일체가 파괴됨으로써 새로운 것에 의해 재차 실현된 통일이라고 하는 의미에서 새로운 것에 의한 재통일, 재통합이라고 말할 수 있다. 이와 같이 새로운 것이 낡은 것을 극복하고 낡은 통일체를 파괴함과 동시에 거기서 긍정적인 것, 합리적인 것을 계승한 후에 새로운 통일, 재통일을 실현하는 과정을 거쳐 물질의 질적 발전이 이루어진다.


즉, 물질의 발전, 낡은 것에서 새로운 것으로의 전환에서는 혁신과 계승의 두 가지 측면이 통일되어 있다. 이와 같이 보면 물질의 자기갱신의 법칙을 '부정의 부정의 법칙'이라고 하기보다는 '혁신과 계승의 통일의 법칙'으로 부르는 편이 타당할 것이다.

'혁신과 계승의 통일의 법칙'은 낡은 것에서 새로운 것으로 전환되어 가는 역사적 발전 과정에 관통하는 일반적 법칙이다.

생명 물질은 무생명 물질과 질적으로 다른 새로운 고급한 유기적 통일체이지만, 아무것도 없는 것에서 발생하는 것이 아니라 무생명 물질을 기초로 해서 발생한다. 생명 물질은 무생명 물질의 분해와 결합, 파괴와 통일이 수도 없이 반복되는 과정을 통해서, 저급한 것에서 고급한 것으로의 진화가 이루어진 합법칙적 결과로 발생했다.

생명 물질은 변이變異와 유전遺傳을 통해서 하등下等한 것에서 고등高等한 것으로, 오래된 종種에서 새로운 종으로 발전했다. 만약 유전만 있고 변이가 없다고 한다면 다양한 동식물은 발생할 수 없으며, 고등한 것으로의 진화는 불가능하게 될 것이다. 역으로 유전이 없이 변이만 있다고 한다면 생명 물질이 생명 물질로서 보존되지 못하고 멸망했음에 틀림없다.

고등동물에서 인간으로의 진화 발전도 혁신과 계승을 통한 물질 자체의 갱신 과정을 통해서만 실현할 수가 있다. 하등동물에서 고등동물로 진화 과정이 선행하고, 고등동물의 뛰어난 특징이 계승되지 않았다면 인간의 발생은 불가능했을 것이다.

인간이 동물과 질적으로 다른 뛰어난 물질적 존재라는 것은 말할 필요는 없지만, 무無에서 돌연 발생할 수는 없다. 진화 과정에 있던 인간의 선조는 생명 물질 진화의 선행단계에서 형성된 뛰어난 특징을 계승한 후에 사회적 존재로서의 새로운 특징을 획득하고 완성해 감에 따라서, 계속 동물 세계로부터 탈피하여 자주성과 창조성을 가진 사회적 존재로 발전할 수가 있었다.

이미 고찰한 '양과 질의 법칙' 이라든가 '대립물의 통일과 투쟁의 법칙' 과 마찬가지로 '혁신과 계승의 통일의 법칙' 도 인간, 사회의 발전에 있어서 가장 현저하게 나타난다. 인간은 자기를 보존하고 발전시키는 것을 의식적으로 요구하고, 이 요구를 자기 자신의 창조력에 의거해서 실현해 간다. 따라서 인간만이 자기를 발전시키기 위해 의식적으로 자기부정이 생기고, 또한 발전하려고 하는 자기의 요구에 따라서 새로운 것을 창조하고 획득할 수가 있다.

인간은 발전하려고 하는 자기의 요구에 반하는 낡은 것을 제거하고, 자기의 요구에 따라 새로운 것을 창조하고 획득함으로써 발전한다. 인간이 자연의 구속을 철폐하고, 자연의 주인으로써 발전하는 데는 낡은 물질기술적 수단을 새로운 것으로 바꾸어야 하며, 사회의 주인으로 발전하는데에는 낡은 사회제도를 타도하고 새로운 사회제도를 수립해야 한다.

그리고 자기 자신의 주인으로 발전하는 데는 사상과 기술, 문화 분야에서 낡은 것을 새로운 것으로 바꾸어야 한다.

인간이 낡은 것을 버리고 새로운 것을 획득하는 것은 인간 자신의 적극적인 투쟁에 의해서만 가능하다. 낡은 것이 스스로 자취를 감추고, 새로운 것이 자연히 태어날 수는 없다.


인간이 자신의 투쟁을 통해서 낡은 것을 극복하고 새로운 것을 창조하면서 취하는 과정은 자기부정과 자기갱신의 과정이라고 말할 수 있다.

또한, 인간의 발전 과정은 그것이 인간 자신의 투쟁에 의해서 낡은 것을 극복하고 새로운 것을 습득하여 쟁취하는 과정이라고 하는 점에서는 자기갱신의 과정이 된다.

이와 같이 인간의 발전 과정은 주체인 인간 자신의 주동적 투쟁을 통해서 낡은 것을 타파하고 새로운 것을 쟁취해 가는 자기갱신의 과정이다. 자기의 투쟁을 통해서 낡은 것을 극복하고 새로운 것으로 갱신되는 곳에, 창조적 활동을 통해서 완수되는 인간 발전의 주요한 특징이 있다.

# 제5장

## 인간의 가치

인간중심철학은 인간의 본질적 특징 및 세계에 있어서 인간의 지위와 역할을 올바로 해명하는데, 인간의 가치문제에 대해서도 과학적인 해명을 하고 있다.

인간의 가치문제를 올바로 이해하기 위해서는 우선 가치에 대한 이해를 명확히 해둘 필요가 있다.

# 제1절__ 가치에 대한 주체적 견해

　인간중심철학은 인간 중심의 주체적 관점에서 가치문제를 새롭게 제기하고 그에 대한 해답을 주고 있다. 세계의 모든 사물은 인간에 봉사하는 한에 있어서만 가치를 갖는다.

　가치라고 하는 경우 우리들은 곧바로 상품이나 사물의 가치에 대해서 생각하지만, 가치라고 하는 말은 보다 넓은 개념을 포괄하고 있다고 볼 수 있다. 사람들은 상품이나 사물의 가치에 대해서뿐만 아니라 과학의 명제나 이론, 예술작품의 가치에 대해서 논하기도 하고, 인간 및 인간 행동의 가치에 대해서도 논하고 있다.

　따라서 가치의 문제는 본래 철학적 문제로서 제기되어야 한다. 일반적인 가치의 개념, 그 평가 기준, 가치 평가의 일반적인 과정, 가치 평가의 의의 등이 그 내용으로 되지만, 이것은 다른 과학의 개별 분야에서는 충분히 해명할 수가 없다. 이들 문제는 결국, 인간과 세계와의 관계에 귀착하는 문제이며 따라서 철학적 고찰의 대상이 된다. 가치와 관련된 일반적인 문제를 포괄적으로 연구하는 이론을 철학적 가치론이라고 부를 수 있다.[66)]

---

66) 역사적으로 철학에서 가치의 문제는 진(眞)·선(善)·미(美)의 문제로서 널리 논의되어 왔다. 가치론이 독자의 철학 이론으로서 본격적으로 전개된 것은, 19세기 후반경이다. 빈델반트(Windelband), 리케르트(Rickert)에 의해서 대표되는 바덴학파의 신칸트주의자들이 내세웠던 「가치론」을 그 실례로 내세울 수가 있을 것이다. 그들은 과학적 가치 진(眞), 도덕적 가치 선(善), 미적 가치 미(美)에 관한 문제를 총합적으로 제기하고, 주관적 관념론의 입장에서 「가치론」을 전개했다. 그러나 그들은 가치의 문제에 대해서 명확한 대답을 지적할 수 없었다.

## 1. 가치 평가의 일반적 개념

일반적으로 가치란 인간에 대해서 유의미하고 유용한 것, 인간에 필요하고 이익을 가져오는 것, 인간의 생존과 발전에 기여하는 것을 가리킨다. 한마디로 말해서 가치란 귀중성이다.

어떤 대상이든 가치는 그것이 인간에 대해서 도움이 되는지, 필요한지, 이익이 되는지, 인간의 생존과 발전에 기여하는지의 여부에 있다. 어떤 종류의 사물이 가치를 갖는 것이라고 평가된다면 그것은 그 사물이 인간의 생활상의 요구를 충분히 충족하고 있기 때문이다.

과학의 명제나 과학 연구의 성과에 대해서 가치를 논하는 경우에 있어서도 역시 같은 것이다. 자연과 사회의 개조를 지향하는 인간의 창조적 실천에 기여하는 것이 가치 있는 것이며, 그렇지 않은 것은 가치 없는 것이다.

인간에 의해서 창조된 재부의 가치는 그것을 만들어 내기 위해 얼마나 많은 힘을 기울였는가 하는 것을 직접 나타내고 있는 것이 아니다.

창조에 기울인 힘의 양이 문제인 것이 아니라 그것이 얼마나 인간의 요구를 충족시키는가의 여부가 보다 중요한 문제인 것이다. 물론 인간의 활동에 있어서 힘은 요구를 실현하기 위한 필수적인 수단이다. 따라서 인간이 자기의 힘으로 창조한다고 하는 것은 무엇보다도 귀중한 것이다. 그러나 창조물이 귀중하다고 하는 것은 단순히 그것이 인간의 힘에 의해서 만들어졌기 때문은 아니다.

인간의 힘을 기울여서 재부를 창조하는 것은 그것이 자기의 생존과 발전을 위해 필요한 것임에 틀림없다. 인간이 만든 것이 모두 생존과 발전에 도움이 된다고는 할 수 없다. 도움이 되지 않는 것도 있기 때문이다.

이와 같이 생존과 발전에 도움이 되지 않는 것은, 자연히 가치를 갖지 못하는 것이다.

재부의 가치는 그것을 창조하기 위해 인간의 힘이 어느 정도 들어갔느냐 하는 것보다 그것이 인간의 생활상의 요구를 실현하는데 얼마나 기여했는가에 따라서 보다 일의적一義的으로 규정된다.

사물의 가치는 평가를 통해서 확정된다. 사물의 유용성, 필요성, 유리성, 한마디로 말해 귀중성을 확정하는 것을 가치 평가라고 한다.

## 2. 가치 평가의 기준

가치 평가는 사실 인식과는 구별된다.

인간은 의식, 사유의 작용에 의해서 객관적으로 존재하는 사물과 속성, 운동 법칙을 파악한다. 객관적 사실을 있는 대로 파악하는 과정이 과학적 인식이며, 사실을 있는 대로 취득한 지식이 과학지식이다. 가치와 의식, 사유를 통해서 평가된다.

그러나 평가는 단순한 사실 인식은 아니다. 사물의 실태를 있는 대로 인식했다고 해서, 그래서 그냥 그 가치를 알았다는 것은 아니다. 어느 대상對象의 가치를 확정하기 위해서는 그것이 인간에게 필요한지를 갖고 판단해야 한다.

사실 인식과 평가의 차이는 사실 판단과 평가 판단(가치 판단)의 차이에 따라서 나타난다. 사실 인식은 사실 판단의 형식으로 이루어질 수 있고, 가치의 파악은 평가 판단의 형식으로 이루어진다.

가치 평가는 사실 인식, 과학적 인식과는 다르지만 그것과 전적으로 무관한 것은 아니다. 가치 평가는 과학적 인식을 배제하는 것이 아니라 그것을 전제로 하고 있다. 사물 자체의 특징이 해명되어야 그것이 인간의 생활상의 요구를 실현하는 데 유용한지의 여부가 확정되는 것이다.

그 사물이 어떠한 특징을 갖고 있는지의 여부를 알지 못한다면 가치 평가를 내릴 수가 없다. 과학 이론은 가치 평가의 중요한 지침이 된다.

그러나 과학 이론이 단지 가치 평가를 주는 것은 아니다. 과학은 인간의 요구에 의존하지 않고, 그 자체로써 객관적으로 존재하는 사물의 본질적 특성과 필연성, 그리고 법칙을 해명한다. 따라서 과학의 명제나 원리에는 평가가 직접적으로 포함되지는 않는다.

물론 과학 이론에 있어서 사물에 대한 평가가 완전히 배제되어 있는 것은 아니다. 과학이 원래의 사명에 따라서 인간을 위해 봉사하는 것이기 위해서는 연구되는 대상 영역의 사물 현상에 대한 가치 평가를 받을 수 있어야 하고, 가능한 한 가치 평가를 해주지 않으면 안 된다.

가치 평가는 과학적 인식을 전제로 하면서도 그것과는 구별되는 독자적인 분야를 이루고 있다. 평가에 있어서는 객관적인 법칙성, 필연성을 해명하는 것이 직접적인 과제로 될 뿐 아니라, 인간의 요구에 따라서 대상對象의 귀중성을 확정하는 것이 직접적인 과제로 된다. 가치는 객관적 법칙, 객관적 필연성인 것이 아니라 인간의 요구를 기준으로 하는 인간과 세계와의 관계를 표현하고 있다.

가치 평가는 인간의 운명을 개척하기 위한 활동을 성공적으로 추진하는 데 반드시 거쳐야만 하는 필수의 계기, 공정으로 된다. 인간이 자기의 운명을 개척하기 위한 활동을 펼치기 위해서는 자기의 세계를 인식하는 것이 중요하지만, 인식 활동이 단지 운명 개척을 위한 활동으로 되는 것은 아니다.

인간의 운명은 실천 활동을 통해서 개척된다.

인간은 실천 활동을 시작하기 전에 우선 필요성, 유리성, 중요성을 저울질하고, 행동목표를 규정하고, 그것을 실현하기 위한 행동으로 이행하는 것이다. 인간은 목적이 없는 행동을 삼간다. 그것이 자기의 생존과 발전을 위해 필요하며 유익하다고 생각될 때만 힘을 기울여 행동하는 것이다.

인간이 무엇인가의 대상을 필요한 것, 유익한 것으로써 인정할 것인가의 여부는 가치 평가에 의해서 규정된다. 인간은 가치 판단을 올바르게 내려야만, 자기의 생존과 발전을 위해 필요한 것을 행동목표로 내세우고,

그의 달성을 목표로 자기의 힘을 합리적으로 사용할 수가 있다. 가치를 올바로 평가할 수 없다면, 자기의 생존과 발전을 위해 아무런 효력도 없는 불필요한 행동을 수행하게 되어, 힘을 낭비하면서도 자기의 운명을 올바로 개척할 수가 없게 된다.

따라서 과학적 인식과 별개로 가치 문제를 제기해서 그것을 옳게 푸는 것은 매우 중요한 실천적 의의를 갖게 된다.

가치는 살아서 발전하려고 하는 요구를 갖고 있는 인간과 요구 밖에 존재하고 있는 대상과의 관계를 표현하고 있다. 따라서 가치와 가치를 갖는 대상을 명확히 구분해야 한다.

가치는 사물의 객관적 속성은 아니다. 가치는 물질적인 실체도 아니고, 물질적 실체에 체현되어 있는 속성도 아니다. 가치라고 하는 사물이나 속성이 존재하고 있는 것은 아니다. 모든 물질적 존재는 자기의 고유한 구조와 그것에 따른 자기의 고유한 속성을 갖고 있다.

물질적 존재의 속성은 그 물질적 존재에 체현되어 객관적으로 존재하고 있다. 사물이 가치를 가질 수 있는가 없는가 하는 문제는 그 사물의 속성에 의존하고 있다. 사물의 가치는 그 자체가 갖고 있는 속성에 의해서 좌우되는 것이다. 그러나 사물의 속성 그 자체가 가치는 아니다.

사물은 가치를 가질 수 있는 속성을 가질 뿐이지, 가치라고 하는 속성을 갖고 있는 것은 아니다.

사물은 인간과의 관계에서만 가치를 가질 수 있다. 인간과의 관계를 떠나서는 사물의 효용성, 필요성, 중요성에 관한 문제, 귀중성에 관한 문제는 제기조차 되지 않을 것이다. 사물의 효용성, 필요성, 중요성이란 바로 인간을 위한 효용성, 필요성, 중요성인 것이다.

물론 객관적 대상을 떠나서는 가치에 대해서 논할 수가 없다. 가치 평가의 대상은 현실에 존재하는 것이다. 가치란 바로 현실적으로 존재하는 사물의 가치이다. 현실적으로 사물이 존재해야만 그 가치도 있을 수 있는 것이다. 그러나 가치 평가의 주체는 어디까지나 인간이다. 사물은 인간을 위해 도움이 되는 한에서만, 바꾸어 말하면 살아서 발전하려고 하는 인간 요구의 실현에 기여하는 한에서만 가치를 갖는 것이다.

인간은 자기의 요구에 따라서 대상의 가치를 평가한다. 가치 평가의 척도는 인간의 요구이다. 이와 같은 의미에서 가치는 인간에 의해서 규정된다고 할 수 있다. 살아서 발전하려고 하는 요구를 가진 인간이 존재하지 않는다면, 세계의 어떠한 사물 현상도 가치를 가질 수가 없을 것이다. 인류가 탄생하기 이전에는 자연 그 자체가 가치를 가질 수가 없었다.

인간이 태어나고 인간의 창조력이 발전함에 따라, 인간에 의해서 지배되는 세계의 영역이 확대되는 과정에서 세계는 가치를 갖게 되었던 것이다. 즉 인류가 탄생함으로써 비로소 가치 없던 세계는 가치 있는 세계로 전환했던 것이다.

인간의 요구가 가치 평가의 기본적인 척도로 된다고 하는 것은, 결코 가치가 모든 개인의 주관적 욕망에 의해서 규정된다고 하는 것을 의미하고 있는 것은 아니다.

이미 앞에서도 고찰한 바와 같이 인간의 요구는 인간이 그것을 원하건 원치 않건 관계없이 현실적으로 존재하고 있다. 인간의 요구는 인간이 그것을 원하는지의 여부와는 무관하게 현실적으로 갖고 있는 것이다.

확실히 이와 같은 현실적인 요구가 가치 평가의 기본적 척도로 되고 있다. 인간은 사회적 존재이기 때문에 요구의 주체는 무엇보다도 인간의 사회적 집단, 즉 국민 대중이다. 따라서 가치의 기준 척도가 되는 것은 사회적 집단, 국민 대중의 살며 발전하려고 하는 요구이다.

물론 개별적 인간이 개인적 요구를 가질 수 있으며, 그것이 가치 평가의 척도로 될 수도 있다. 그러나 이 경우에 있어서도 요구는 주관적인 것이 아니다. 요구는 주관적인 인간이 현실적으로 존재하는 대상에 대해서 갖게 되는 필요이다. 이와 같은 의미에서 요구는 객관적이라고 말할 수가 있다.

이렇게 본다면 요구는 가치 평가의 객관적인 기준이 되는 것이다. 가치는 주체적인 인간의 요구를 기준으로 하는 현실적인 대상에 대한 인간관계의 표현인 것이며, 개인의 주관적 의사의 산물은 아니다. 어떤 대상이든 인간의 주관적 욕망에 의해서 가치를 갖는 것이 아니라, 그것이 인간을 위해 현실적으로 필요하고 중요한 것이기 때문에 가치가 있다고 평가되는 것이다.

가치는 가치물과는 구별된다. 가치가 인간의 요구를 기준으로 하는 인간과 현실적 대상과의 관계의 표현이라고 한다면, 가치물은 인간 요구의 실현에 기여하는 현실적 대상이다. 인간을 위해 봉사하는 물질적 재부는 가치물이다. 인간이 자기의 생활적 요구를 충족시키기 위해서는 창조한 물질적 대상만이 아니라, 자연물도 그것이 인간을 위해 필요한 것이라면 가치물로 되는 것이다.[67]

물질적 재부만이 아니라 인간을 위해 봉사하는 정신적 재부도 가치물이 된다. 물질적 재부나 정신적 재부도 인간의 생존과 발전에 따라서 유

---

67) 자연이 부여하는 자원은 인간이 창조한 사회적 재부는 아니지만, 그것도 역시 가치물로 될 수 있다. 공기나 물과 같은 기성(既成)의 형태로 인간에 유효하게 이용되고 있는 것은 말할 것도 없이, 지상에 존재하는 식물자원이나 동물자원, 수력자원, 해변과 대륙붕, 해저에 존재하는 동식물자원, 광물자원, 동력자원 그리고 우주공간에 존재하는 에너지자원 등도 그것이 인간을 위해 이용되고, 혹은 인간에 의해서 이용할 수 있다고 하는 의미에서는 가치물이라고 부를 수 있다.

익하고 필요한 것이라고 하는 의미에서는 모두 가치물로 된다. 모든 재부는 전부 가치물이다. 그렇게 보면 재부와 가치물은 같은 것이라고 말할 수 있다.

가치와 가치물은 구별되지만 같은 의미로 사용되는 경우도 있다. 가치물을 다만 가치라고도 말할 수 있다. 가치가 있는 대상, 물질적, 정신적 재부를 가치라고 하지 않고 물질적 가치, 혹은 정신적 가치라고 하는 경우가 그렇다. 물질적 대상이나 문화적 수단만이 아니라 인간과 그 행동, 사회적 관계, 사회제도, 행동 규범도 가치 평가의 대상으로 되며, 그와 같은 의미에서는 그들을 가치물이라고 할 수 있다. 나아가 사상의식이나 과학 이론도 가치 평가의 대상으로 될 수가 있으며, 인간의 이상도 가치 평가의 대상으로 될 수 있다.

물론 이상은 현실이 아니다. 그것은 인간이 생활의 과정에서 발견한 최고 목적이며 미래의 현실이다. 이상이란 인간의 요구에 의해서 표출된다. 인간의 본성적 요구, 자주적 요구에 따라서 표현된 이상은 가치 있는 것이다.

가치는 인간의 요구에 의해서 규정된다. 따라서 요구를 달리하는 인간에게는 같은 대상에 대해서도 서로 다른 형태로 평가하게 된다. 바꾸어 말하면, 같은 하나의 대상이 어떤 사람에게는 가치 있고 귀중한 것이 되고, 또 다른 사람에게는 가치 없고 귀중하지 않는 것이 된다.

노동자 계급의 계급적 요구나 이익을 지키려고 하는 인간과 자본가 계급의 그것을 지키려고 하는 인간은 각기 상반된 요구와 이해관계를 갖게 되지만 그와 마찬가지로 같은 사회제도, 같은 사회사상에 대해서도 근본적으로 다른 입장에서 가치를 평가하게 된다. 사회제도는 사람들의 사회적 관계, 사회적 지위와 역할을 규제하는 사회적 질서의 공고한 체계이다.

사회제도를 떠나서는 사회 자체가 존재할 수 없으며 인간의 생존과 발전도 불가능하다. 따라서 사회제도는 물질적 실체는 아니지만 가치를 갖게 된다.

인간의 사회생활이 발전하는 과정에 있어서 과거에는 그것이 가치 있는 것이었다고 하더라도 현대에 이르러서는 그렇지 않은 경우도 있을 수 있으며, 과거에는 가치를 갖지 않았던 것이 현재는 가치를 가질 수도 있는 것이다.

이것은 인간의 요구가 다양화하고, 창조활동에 의해서 인간의 요구를 충족시키는데 기여하는 대상의 범위가 넓어지는 것과 관련이 있다. 인간의 생활상의 요구는 불변한 것이 아니라 다양화하고 발전하는 것이며 그에 따라서 인간의 창조적 활동도 확대 강화된다. 그래서 이 과정에서 가치도 변하는 것이다.

석기石器가 기본적인 노동도구였던 시기에는 돌솥, 맷돌 등이 귀중한 가치물이었다. 그러나 생산도구가 고도로 발전한 금일에는 그것들은 역사적 유물로서의 가치는 있으나 생산도구로서는 전적으로 가치를 갖지 못하게 되었다. 과거는 우라늄을 위시한 방사선 광물 등은 전적으로 가치가 없는 것이었다. 그러나 금일에는 매우 가치 있는 것이 되었다. 이와 같이 가치는 불변한 것이 아니며, 변화한다고 하는 의미에서 가치는 상대적이다.

그러나 가치는 결코 상대적인 것만은 아니다. 각각의 인간에게 있어서 가치가 달라지고 변화만 하는 것은 아니다. 사회적 집단을 위한 공동적인 가치물, 불변적인 가치물도 있다. 그것은 인간의 사회적 집단, 국민 대중의 요구가 있기 때문이다. 인간의 사회적 집단, 국민 대중은 사회적 운동의 주체로서 사회적 요구를 갖게 된다.

사회적 요구는 인간이 갖게 되는 요구의 기계적인 평가는 아니며, 사회적 집단, 국민 대중이 전체적인 통일체로서 갖게 되는 요구이다. 따라서 이것은 가치의 보편적인 객관적 기준이 된다. 국민 대중의 요구의 실현에 기여하는 것은, 보편적인 사회적 가치물로 된다.

국민 대중의 요구에 합치하고, 자주적이며 창조적인 생활을 향유하려고 하는 국민 대중의 요구의 실현에 기여하는 가치물은 불변의 사회적 가치물로 된다. 물론 국민 대중의 요구는 절대로 불변한 것은 아니다.

그것은 한없이 다양화하고 발전한다. 그러나 국민 대중의 요구에는 역사의 주체로서의 불변적인 면도 있다. 따라서 자주성을 지향하는 국민 대중의 창조적 행위가 발전함에 따라, 국민 대중에 봉사하는 사회적 가치물은 끊임없이 창조되고 풍부화해 가는 것이다. 바꿔 말하면 사회적 가치물은 사회 역사적으로 축적되고 발전하는 것이다.

이와 같이 가치의 보편적, 객관적 기준이 있고, 그것을 기준으로 하는 사회적 가치가 있는 것이다. 이와 같은 의미에서 가치의 절대성에 대해서 말할 수가 있다.


역사적으로 본 경우, 가치에 대한 상대주의적 견해와 절대주의적 견해는 상호 대립하고 있었다고 말할 수 있다. 상대주의는 가치가 가변적이라고 하는 것만을 강조하면서 보편적이고 객관적인 가치 기준이 있다는 것을 부인해 왔다.

절대주의적 견해는 가치관이 변화 발전한다는 것을 부인하면서, 그 절대적인 불변성을 강조했다.

가치에 관한 상대주의와 절대주의의 대립은 이미 고대철학에서 명확히 나타나고 있다. 소피스트 등과 회의론자들은 상대주의를 주장하기도 했고, 소크라테스나 플라톤은 절대주의를 주장했다. 소피스트의 대표자인 프로타고라스는 「인간이 만물의 척도」라고 하는 관점에서 인간이 어떻게 보는가에 따라서 가치가 규정된다고 주장하고, 보편적이며 객관적인 가치 기준을 부정했다.

## 3. 가치 평가의 의의

소크라테스는 「인간 자신을 문제로 하는 경우로 하거나 그 외의 무엇을 문제로 하는 경우로 하더라도, 무엇이 최상이며 무엇이 최선인가라고 하는 것만이 인간이 탐구해야 할 가치 있는 유일한 것이다」라고 하면서 「선」을 최고의 가치로 보았다.

그는 「선」을 불변적인 가치로서 인정하고, 그것을 기준으로 해서 사물을 평가하고 판단해야 한다고 주장했다. 소크라테스의 이 견해는 플라톤에 의해서 계승되었다. 플라톤은 「이데아」의 세계가 감성적 세계의 외측外側에 객관적으로 존재하고, 그것이 세계의 근원을 이루고 있다고 보면서 세계에는 「행복」, 「선」의 이데아를 주좌主座로 하는 위계제位階制가 있다고 주장했다.

그는 『국가론』에서 「지성적인 세계에 있어서 최종적으로 파악할 수 있는 것이 선善의 이데아이다. 그것을 파악하는 것은 매우 어려운 것이지만, 일단 파악하면 그것이 모든 것에 대해서 옳은 것과 좋은 것의 원인으로 될 것이다」라고 하면서 「선」의 이데아를 모든 가치의 근원으로 본 것이다.

플라톤의 이 사상은 중세에 있어서는 기독교의 신학에로, 근대에 있어서는 헤겔에게로 계승되었다. 이와 같은 견해는 가치를 인간 및 사회 역사와 유리된 초역사적인 것, 영원히 불변한 것이라고 보는 잘못된 견해이다. 초현실적인 가치는 있을 수 없다. 가치의 유일한 객관적, 보편적 기준은 역사의 주체인 국민 대중의 요구이다.

가치의 보편적, 객관적 기준이 있다고 하는 것은 가치 판단이 항상 올바로 수행된다고 하는 것을 의미하지는 않는다. 가치의 기준과 평가의 작용은 같은 것은 아니다. 가치는 올바로 평가되기도 하고, 잘못 평가될 수도 있다.

가치 판단은 정당한 것이 되기도 하고, 그렇지 않은 경우도 있을 수 있다는 것이다. 왜냐하면 인간이 요구를 옳게 장악할 수도 있으며, 그렇지 못한 경우도 있기 때문이다. 가치 평가는 의식의 작용을 통해서 수행되기도 하고, 요구는 의식을 통해서 장악됨에 따라 가치 평가의 기준으로써 작용하게 된다.

평가의 정당성은 요구에 대한 장악 정도에 의존한다. 인간은 요구를 올바로 장악해야만 그것을 기준으로 해서 가치를 정확하게 판단할 수가 있다. 요구를 올바로 장악할 수 없다면, 가치 평가를 올바로 수행할 수도 없다.

인간의 사상의식을 통해서 요구를 장악하게 된다. 사상의식은 인간의 요구와 이해관계를 자각하는 의식이다. 따라서 가치 평가의 정당성은 결국, 사상의식에 의해서 규정된다. 이와 같은 의미에서 사상의식은 가치 평가의 지침이 된다. 하지만 모든 사상의식이 전체 가치 평가의 올바른 지침이 되는 것은 아니다.

사회적 평가의 가치 기준이 명확하지 않고, 가치 평가에 있어서 혼란이 생긴다면, 사회의 생존과 발전을 위해 유익한 것과 유해한 것을 구별할 수 없게 될 뿐만 아니라, 사회와 국민 대중을 위해서는 아무런 필요도 없는 것에 사회적 창조력을 낭비하게 된다.

역사의 주체인 국민 대중의 본성에서 오는 요구, 자주적인 요구와 그것과 관련한 이해관계를 반영한 자주적인 사상의식만이 사회적 가치 평가의 올바른 지침이 될 수가 있다. 자주적인 사상의식은 사람들에게 사회적 요구를 자각시키고, 그것을 기준으로 해서 가치 평가를 올바르게 행할 수 있게 한다.

자주적인 사상의식은 자주성의 실현을 지향하는 국민 대중의 창조적 향유가 발전하는 것에 따라 발전한다. 자주적인 사상의식이 발전함에 따라서 국민 대중은 자기의 생존과 발전을 위해 무엇이 가치 있는 것이며 무엇이 가치 없는 것인가를 보다 깊이 자각하게 되며, 자기의 생존과 발전에 기여하는 가치물을 창조하기 위해 자신의 창조력을 이용하게 된다.

  이와 같은 사상의식은 가치 평가의 기준이 된다. 이와 같은 의미에서 사상의식을 가치의식이라 부를 수 있다.

## 제2절__ 인간의 가치에 대한 평가

### 1. 인간은 가장 가치 있는 존재

인간중심철학은 인간의 가치에 대해서 과학적인 해명을 해준다.

인간은 객관적으로 존재하는 사물에 대해서만이 아니라 자기에 대해서도 가치를 평가한다. 바꾸어 말하면, 객관적 사물만이 아닌 인간 자신도 가치 평가의 대상이 된다는 것이다. 인간은 평가의 주체임과 동시에 평가의 대상으로도 된다.

인간 가치의 문제를 올바로 푸는 것은 실천적으로 중요한 의의를 갖고 있다. 인간의 가치를 올바로 평가하는 것이야말로, 자연과 사회를 개조하는 실천적 활동에 있어서 제기되는 모든 문제를 인간을 중심으로 해서 인간을 위해 봉사하도록 올바로 풀 수가 있는 것이다.

또한, 인간의 사회적 지위와 역할을 올바로 규정할 수가 있으며, 사회적 정의의 실현을 목표로 하여 인간관계를 조절하고, 사회 발전을 위한 투쟁을 일층 힘 있게 추진할 수가 있다.

인간의 가치에 관한 문제는, 우선 세계와의 관계에서 제기된다. 세계는 각각의 발전단계에 있는 여러 가지 물질적 존재로 이루어져 있다. 따라서 그것들 가운데 어느 것이 보다 가치 있는 것인가 하는 문제, 즉 세계에 존재하는 다른 물질적 존재와의 관계에서 인간의 가치를 평가하는 것이 중요한 문제로 제기된다.

역사적으로 본 경우, 인간의 가치에 관한 문제는 종교적 세계관에 의해서 제기되었다. 종교적 세계관에 의하면 신이야말로 전지전능하며 역강(力强)한 존재로서 높이 평가되고, 인간을 포함한 현실적 존재는 무력하고 비참한 존재로 평가된다. 물론 종교적 세계관에 있어서 인간은 신에 의해서 창조되고 지배되는 존재 속에서는 가장 높은 지위를 차지하고 있다.

그러나 신과의 관계에서 본 경우에는 보잘것없는 노예에 지나지 않는다. 일찍이 철학에서도 인간의 가치 문제는 많이 취급되었다. 특히 봉건 사회가 붕괴하고 자본주의 사회가 형성되기 시작할 무렵, 인간의 존엄과 가치에 관한 문제가 많이 논의되었다.

그러나 근대철학에 있어서는 관념론은 물론이고 유물론에 있어서도 인간의 가치는 상응한 가치를 받은 적이 없었다. 근대 유물론은 인간을 업신여기는 종교적 세계관을 극복하는 의미에서는 일정한 역할을 하였으나 인간의 가치 문제를 세계관의 수준에서 과학적으로 해명할 수는 없었다.

그것은 인간의 본질적 특징과 세계에서 인간이 차지하는 지위와 역할이 과학적으로 해명되지 않았던 사정과 연관되어 있다. 근대 유물론에서는 인간도 다른 모든 물질적 존재와 마찬가지로 자연적 존재로서만 생각됐고, 세계에서 차지하는 인간의 걸출한 지위와 역할을 과학적으로 해명할 수가 없었다.

이와 같은 조건에서는 인간의 존엄과 가치를 세계관의 수준에서 올바로 평가하는 것은 전적으로 무리한 이야기이다.[68]

세계와의 관계에 있어서 인간의 가치를 올바로 평가하는 것은 세계와

---

68) 현대 부르주아 철학에서도 인간에 대해서는 적잖이 논의되었으나 인간의 본질적 특징을 해명하고, 가치를 평가하는 점에서는 근대 부르주아 철학에 비해 오히려 퇴보하고 있다. 인간을 고립적인 개인적 존재로 무기력한 존재로서 보는 것이 근대 부르주아 철학의 일반적인 추세라고 말할 수 있을 것이다. 그 실례로서 실존주의를 들 수가 있다. 그에 의하면 인간존재의 「실재적인 심도」는 오로지 특수한 조건에서만, 「한계상황」에 있어서만 나타난다. 이 특수조건이란, 죽음, 고통, 싸움, 범죄, 정신적 질환 등이다. 이와 같은 계기를 통해서만 인간은 자기의 「참된 존재(자기의 자유)」를 자각한다. 인간의 가치를 굽어보는 종교적, 신학적 견해도 널리 퍼져 있다. 신토마스주의자들은 「인간의 개성, 이것은 큰 형이상학적 비밀이다」라고 말하면서, 이 근거를 신에게 구하고 있다. 그들에 의하면 인간은 신적인 인격의 형상과 외형 그대로 창조된 범위 안에서만 인격이 될 수가 있다고 했다.

의 관계에서 인간의 본질적 특징과 세계에서 차지하는 인간의 지위와 역할을 과학적으로 해명한 조건에서만 가능하다. 물론 인간의 본질적 특징과 세계에서 차지하는 인간의 지위와 역할에 대해서 과학적인 이해 자체가 단지 가치 평가로 되는 것은 아니다.

그러나 다른 모든 물질적 존재와 구별되는 인간의 본질적 특징과 인간의 지위와 역할에 대한 이론적 해명이 없다면 인간의 가치에 있어서 주관주의를 피할 수가 없다. 평가되는 대상의 본질적 특징에 대한 과학적 해명은 그에 대한 가치 평가의 정당성을 보장하는 필수적 전제가 된다. 가치 평가는 자기인식을 전제로 하고 있는 것이다.

인간중심철학은 인간의 본질적 특징 및 세계에서 차지하는 인간의 지위와 역할을 과학적으로 명시함으로써 인간의 가치를 세계관의 레벨까지 끌어올려 올바르게 평가하고 있다.

인간중심철학은 인간의 본성과 세계의 지배자, 개조자로서의 그 지위와 역할을 새롭게 해명함으로써 인간의 존엄과 가치를 가장 높은 지위로 끌어올렸다.

인간은 세계에서 가장 귀중한 존재이며, 가장 가치 있는 존재이다. 세계에는 끝없는 다양한 사물이 존재하고 있지만, 인간을 뛰어넘는 귀중하고 가치 있는 존재는 없다.

인간은 세계에서 자주성과 창조성을 겸비한 유일한 존재이기 때문에 세계에 존재하는 모든 것에 대해서 그것을 지배하려고 하는 요구, 자주적 요구를 내세울 수 있고, 창조적 활동을 통해서 그것들을 자기를 위한 가치물로 전환시킬 수가 있다. 세계에 존재하는 다른 모든 것은 인간에 봉사하는 수단으로 된다. 그러나 인간은 다른 존재를 위한 수단으로는 되지 않는다. 인간은 다른 존재를 위한 존재는 아니고, 자기를 위한 존재이다.

인간은 다른 것의 수단으로 되지 않는 유일한 존재이다. 바로 그러하기 때문에 인간은 세계에서 가장 가치 있는 존재, 가장 중요하고 존엄으로 가득 찬 존재가 되는 것이다.

물론 인간에 관해서만 가치나 귀중성이 거론되는 것은 아니다. 이미 서술한 바와 같이 인간을 위해 봉사하는 자연의 사물이나 인간에 의해 만들어진 물질적 수단도 귀중하다. 그것 없이 인간은 살아갈 수도, 발전할 수도 없다.

그러나 그것들은 주체인 인간보다 중요할 수는 없다. 노동 도구를 위시한 자연물을 가공해서 만들어낸 물질적 수단은 자연적 대상물에 비해 보다 중요한 것이다. 자원도 인간의 생존과 발전을 위해 필요한 것이지만, 보다 중요한 것은 노동 도구를 위시한 사회적 재부이다.

노동 도구를 위시한 물질적 수단이 자연적 재부보다도 귀중하지만, 그것은 어디까지나 인간의 생존과 발전을 위한 수단이고, 그 자체는 목적을 갖고 있지 않다. 물질적 수단은 아무리 발전한 것이라 해도 그 자체가 살아서 발전하려고 하는 요구를 갖고 있는 것은 아니다. 이와 같은 요구를 갖고 있는 것은 인간뿐이며, 인간에게 있어서 가장 중요한 것은 바로 이 요구를 실현하는 것이다.

물질적 수단은 인간의 이와 같은 목적을 실현하기 위한 수단으로 되기 위해 귀중한 것이다. 목적과 수단의 관계에 있어서 보다 귀중한 것은 목적이며, 수단은 목적을 실현하기 위해 봉사하는 한에 있어서만 가치를 갖고 있다.

인간 이외의 사물 가운데 어느 것이 보다 가치 있는가 하는 문제는 각각의 수단 간의 관계에서 제기되는 문제이다. 인간과 그 외의 대상 가운데 어느 것이 보다 가치 있는 있는가 하는 것은 목적과 수단의 관계로써 그것은 인간 이외의 각각의 사물 간의 가치 서열의 관계와는 별도의 문제로써 제기되었다.

인간은 사회적 관계, 사회제도와의 관계에 있어서도 보다 귀중한 존재가 된다. 사회적 관계, 사회제도는 매우 귀중한 사회적 재부이다. 인간은 사회적 관계를 맺음으로써 사회적 존재로 되고, 자주성과 창조성을 가진 힘 있는 가치 있는 존재가 된다. 그러나 사회적 관계나 사회제도가 인간을 그와 같은 존재로 만드는 것이 아니라, 인간이 사회적 관계를 창조하고 사회제도를 완성해 가는 것이다.

인간이 사회제도를 위해 존재하는 것이 아니라 사회제도가 인간을 위해 존재하는 것이다. 물론 역사적으로 실재한 모든 형태의 사회제도가 인간의 자주성과 창조성의 발전에 기여한 것은 아니다.

착취 사회의 유형 가운데 낡은 제도와 교체해서 나온 새로운 제도는 국민 대중의 지위와 역할을 높이는 데 있어서 일정한 기여를 하였으나, 그것 역시 국민 대중의 지위와 역할을 높이는 데 질곡이 아닐 수 없었던 것이다.

국민 대중은 자기의 생존과 발전에 유리하게 사회제도를 개조한다. 그들은 사회제도를 개선하고 완성하기 위한 역사적인 투쟁을 통해서 새로운 사회제도를 수립한 것이다.

사회제도의 가치는 확실히 그것이 국민 대중을 위해 얼마만큼 봉사하느냐에 따라서 결정된다. 세계에서 가장 귀중한 것은 인간, 즉 국민 대중이며 사회제도도 인간에 봉사하는 한에 있어서만 가치를 갖는 것이다.

앞에서 고찰한 모든 것은 인간이 세계에서 가장 힘 있고 가치 있는 존재라는 것을 나타내고 있다.

## 2. 가치 평가의 일반적 과정

인간은 사회적 존재임과 동시에 개인적 존재이다. 사회적 집단은 개인의 집합에 따라서 형성되고 있다. 인간은 각각의 고유한 특징을 갖고 있으며 사회에 기여하는 정도에 있어서도 각각의 격차가 있다. 이와 관련해서 각 개인의 가치에 대해서 문제가 제기되고 있다.

물론 개별적으로 인간은 모든 인간으로서의 공통성, 존엄이나 가치를 갖고 있다. 따라서 인간 상호 간에 있어서는 목적과 수단의 관계가 성립되지 않는다. 그러나 인간과 사물과의 관계에 있어서는 목적과 수단과의 관계가 성립하며, 사물은 인간에 대해 봉사하는 한에 있어서 가치를 갖는다. 따라서 인간의 가치와 사물의 그것과는 확실히 구별해야 한다.[69]

인간의 가치를 가격으로 평가할 수는 없다. 가격은 상품으로써 매매되는 사물만이 갖고 있다. 인간은 매매의 대상이 아니다. 따라서 가격을 갖지 않는다. 자본주의 사회에서 볼 수 있는 바와 같이 인간의 창조력, 인간의 노동력이 다른 사람을 위해 이용될 수도 있으며 매매될 수도 있다.

그러나 인간의 존엄은 결코 매매의 대상으로는 될 수 없다. 물건은 가격을 갖지만 인간은 가격을 가질 수 없는 것이다. 그렇지만 착취 사회에서는 오랜 기간 인간이 사물로서 취급되어 왔으며, 인간으로서의 가치는 유린되어왔다.

---

69) 인간의 가치와 사물의 가치는 동일한 것은 아니기 때문에, 인간의 가치만을 다른 용어로 표현할 수가 있다. 인간의 「가치」를 「존엄」이라고도 한다. 앞에서 고찰한 바와 같이 가치는 귀중성을 의미하고 있다. 이와 같은 의미에 있어서는 인간의 가치도 사물의 가치도 같은 것이다. 인간의 귀중성이든 사물의 귀중성이든 똑같이 말하는 것이 가능하다. 그러나 인간의 존엄에 대해서 말하는 것은 가능하지만, 동물이나 사물의 존엄에 대해서 말할 수는 없다. 존엄은 즉 인간의 가치이다. 그래서 인간의 「가치」 품위라고도 말한다. 품위가 높은 인간이라든가, 품위가 낮은 인간이라고 하는 경우의 품위는 가치를 가리키는 말이다.

노예제 사회에 있어서는 노예가 노예 소유자를 위한 수단으로써, 말하는 도구로써 소나 말과 같이 취급당했다. 노예는 다른 물품과 마찬가지로 매매의 대상이었다. 봉건사회에서 농노는 노예와 같이 인신매매의 대상으로서는 예속되지 않았다. 그러나 그들은 봉건적이며 또한 세습적인 신분제도에 의해서 묶여 있었고, 착취자 통치자를 위한 수단으로써 착취와 억압의 대상으로 되었다.

역시 그들도 인간으로서의 존엄과 가치를 가지고 있지 않았던 것이다. 자본주의 사회에는 세습적인 신분관계는 없다. 그러나 자본주의 사회에 있어서 노동자의 노동력은 판매의 대상, 상품이 된다.

노동력의 주인은 노동자이므로 그것을 팔 것인가의 여부는 노동자의 의지에 달려있다. 그러나 생산수단을 갖지 않은 노동자는 노동력을 팔지 않을 수 없다. 노동력은 잉여가치 창조의 수단, 자본증식의 수단으로 된다.

인간 사회에는 자기는 요구를 가지지 않고 타자他者의 생활상의 요구를 실현하기 위해서만 봉사하는 인간, 그와 같은 수단으로 되어있는 인간, 바꾸어 말하면 타자를 위해서만 힘을 기울이는 인간 따위는 존재하지 않는다. 인간은 누구나 모두 자주적으로 살며 발전하려고 하는 요구를 갖고 있으며, 인간으로서의 존엄으로 충만한 가치 있는 생을 영위할 것을 바라고 있다.

사람들 사이에 있어서 어떤 사람은 자기의 요구를 실현할 수가 있으며, 어떤 사람은 남을 위한 수단이라고 할 정도의 관계라고 한다면, 그것은 참다운 인간관계라고는 말할 수 없다.

그러나 이것은 사람들 사이에 있어서 차이가 전적으로 없다고 하는 것은 아니다. 인간에게는 각각의 개성이 있으며 사회적 인간으로서의 자질의 면에서 서로 차이가 생기는 것도 있다. 사회의 생존과 발전을 위해 기여하는 정도는 각각의 인간에 따라 다르다. 따라서 인간은 개별적으로 가치 평가의 대상으로 될 수 있으며, 개별적인 인간의 가치에 대해서 논의할 수가 있는 것이다.

개별적인 인간의 가치와 관련해서 개인, 개성, 인격, 품격 등의 개념을 명확히 해둘 필요가 있다. 모든 생물 집단, 종種은 무수한 개체에 의해서 성립하고 있다. 개체를 떠난 종은 있을 수 없다. 생물학적 생명은 개체에 체현되어야만 존재할 수 있다. 개체는 생물학적 생명의 담당자이다.

인간도 생물학적 생명을 갖고 있다. 생물학적 생명의 담당체로서의 개체를 개인이라고 말할 수 있다. 그러나 인간은 단순한 생물학적 존재가 아니라 사회적 존재이다. 개별적인 인간은 사회적 집단의 한 성원으로써 신체에 사회적 속성을 지님으로써 확실히 인간으로 되는 것이다.

개인은 단순한 생물학적 존재가 아니라 사회적 속성을 갖는 사회적 집단의 개별적인 성원이다. 개개인 사이에서는 육체적 구조의 면에서 일정한 차이가 있을 뿐만 아니라, 사회적 속성의 체현의 정도에 있어서도 일정한 차이가 생긴다. 사회적 속성을 체현함에 있어서도 각각의 개인적 특성이 있는 것이다. 이와 같은 개인적 특성이 개성이다.

인간이 사회적 존재로서의 특성을 소유하게 되면 인격이 형성된다. 인격이란 그 자체가 인간으로서의 자격을 의미한다.

인격은 인간이 인간으로서 소유하지 않으면 안 되는 것, 즉 자질이다. 인간이 인간으로서 소유하게 되는 자격을 품격이라고 한다. 인격은 개인과는 구별된다. 개인을 떠난 인격 같은 건 없지만 개인이 즉 인격으로 되는 것은 아니다. 인격은 개인이 체현하고 있는 속성이다. 속성과 그것을 체현한 물질적 실체는 다른 것이다.

인격은 인간이 사회생활을 영위하는 과정에서 형성되고 발전한다. 개인적인 인간은 사회의 자립적인 성원이다. 인간의 사회적 집단뿐만 아니라 개별적인 인간도 자주성과 창조성을 소유하고 있다. 개인은 모두 자주적으로 살아가려고 하는 요구와 그것을 실현할 수 있는 힘을 갖고 있는 자주적인 존재이다.

자주적 권리는 박탈할 수 없는 그들의 신성한 권리이다. 개별적인 인간이 어떻게 노력하는가에 따라서 그들이 갖게 되는 자질과 품격이 형성된다. 같은 조건과 환경 속에서 생활하고 있어도 각각의 자질과 능력은 다른 형태로 나타난다. 인간의 노력 여하에 따라서 사회적 인간의 품격과 자질을 구비하는 데 있어서는 차이가 생기는 것이다.

인간중심철학은 인간의 가치를 좌우하는 기본 요인을 해명함으로써 인간의 가치에 대해서 올바른 이해를 부여하고 있다.

사상의식은 인간의 가치와 품격을 결정하고, 인간의 모든 활동을 조절한다. 인간의 가치는 그들이 갖고 있는 사상의식에 의해서 결정된다.

인간 가치의 기준은 사회적 요구, 국민 대중의 요구이다. 바꾸어 말하면 사회적 집단, 국민 대중을 위해 얼마만큼 기여하느냐 하는 것이 인간의 가치를 규정하는 기본적 척도가 된다. 사회와 국민 대중을 위해 보다 잘 기여하는 인간은 그렇지 않은 인간보다도 가치가 있으며 귀중하다.

## 3. 인간의 가치와 품격

인간이 사회적으로 가치 있는 존재가 되기 위해서는 사회적 인간으로서 구비해야만 하는 품격을 가져야 한다.

인간의 품격은 그들의 생활과 활동에서 표현된다. 바꾸어 말하면 인간이 생활의 목적을 어디에 두고, 그것을 실현하기 위해 어떻게 행동하는가에 나타나는 것이다. 사회적 집단의 생존과 발전을 위해 헌신적으로 활동하고 있는 인간은 고상한 품격의 소유자로 품위 있는 귀중한 존재가 된다. 반면에 개인적 이익만을 추구하고 있는 인간은 사회적 집단에 있어서는 천한 인간이 되지 않을 수 없다.

인간의 행동 목적과 그것을 실현하기 위한 활동은 인간의 요구와 이해관계에 의해서 규제되고, 인간이 어떻게 이해관계를 인식하느냐 하는 것은 사상의식에 의해서 규정된다. 따라서 인간이 사회적 인간으로서의 가치를 가질 것인가 말 것인가 하는 것은 무엇보다도 그들이 어떠한 사상의식을 갖고 있느냐에 의해서 좌우된다.

자주적인 사상의식을 가진 인간이라야 사회적 인간으로서의 자질을 구비할 수가 있으며, 사회생활에서 주인으로서의 지위를 유지하면서 사회적으로 가치 있는 존재가 될 수 있다.

인간은 주인으로서의 생활을 영위해야만 사회 발전에 기여할 수 있으며, 주인으로서의 자질을 갖추어야만 주인으로서의 생활을 영위할 수가 있다.

자주적인 사상의식은 인간으로 하여금 주인으로서의 생활을 영위하도록 이끌고, 사회 발전에 기여할 수 있도록 하는 사회적 인간이 갖추어야만 하는 기본적인 자질을 구비함으로써, 인간을 사회적으로 가치 있는 존재로 육성하는 기본 요인이 된다.

세계의 주인으로서의 생활은 가장 자주적인 생활이다. 자주적인 생활은 세계의 주인으로서의 지위를 높이는 것을 기본 목적으로 하는 생활이다. 자주적인 생활은 타인에 예속해 있는 생활도 아니며, 의존하고 있는 생활도 아니다. 그것은 자기의 힘에 의거해서 책임을 갖고 자기의 운명을 개척해 가는 생활이다.

인간은 세계의 주인으로서의 권리를 향유하고 있을 뿐만 아니라 주인으로서의 책임을 지고 있다. 주인으로서의 책임을 다하는 생활이 자주적인 생활이다. 자주적인 생활은 사회 발전에 기여하는 생활이다. 사회적 운동은 주체인 국민 대중이 주인으로서의 지위와 역할을 높이는 것을 목적으로 해서 나아가는 자주적인 운동이다. 사회의 발전 정도는 국민 대중의 지위와 역할의 높이와 자주성의 실현 정도에 따라서 나타난다.

세계의 주인으로서의 생활은 또한 창조적인 생활이기도 하다. 창조적인 생활은 자주적인 요구를 실현하기 위한 근본적인 방법이다. 인간은 창조적 생활을 통해서만 주인으로서의 지위를 높일 수가 있다. 창조적인 생활은 주인의 요구를 실현하기 위한 수단임과 동시에 그 자체가 인간의 본성적 요구이기도 하다. 인간은 자주적으로 살아가려고 할 뿐만 아니라 발전하려고 한다.

인간은 자기를 보다 유력한 존재로 발전시킬 것을 요구한다. 인간의 이 요구는 창조적 활동을 통해서 실현한다. 인간은 창조적 활동을 통해서 자기의 창조력을 펼치고, 새로운 것을 창조하는 것에 의해서 발전한다.

역사의 발전 과정은 주체인 국민 대중의 창조적 발전 과정이다. 창조적 활동에 주인으로서 참가하는 인간만이 사회 발전에 기여할 수 있다. 창조적 생활은 그 자체가 사회 발전에 기여하는 생활이다.

인간으로 하여금 사회 발전에 기여하도록 세계의 주인으로서 자주적으로, 창조적으로 활동하도록 이끄는 것은 자주적인 사상의식이다. 자주적인 사상의식은 인간이 자주적인 지위와 역할을 높이는 것을 생활의 목적으로 하고, 그 실현을 위해 자주적으로 활동하도록 이끈다. 자주적인 사상의식은 주인으로서의 책임과 역할을 수행하도록 인간의 활동을 촉구한다.

자주적인 사상의식을 갖지 않은 인간은 세계의 주인으로서의 자주적이며 창조적인 생활을 영위할 수가 없으며 사회생활에 주인으로서 참가할 수가 없다. 따라서 사회의 생존과 발전을 위해서 아무런 기여도 할 수 없다.

자주적인 사상의식을 가진 인간만이 주인으로서 행동할 수 있으며 사회 발전에 기여한다. 바로 이 자주적인 사상의식만이 인간이 사회적 인간으로서 갖추어야 할 기본적인 자질을 부여하고, 인간을 가치 있는 사회적 존재로 육성하는 기본 요인이 되는 근거가 되는 것이다.

이기주의는 개인적 이익을 사회적 이익보다도 중요시 여기고, 사회적 이익에는 아무런 관심도 기울이지 않는 개인적 요구만을 추구하는 방향으로 인간을 몰아가고 있다.

이기주의는 인간을 사회 발전에 기여하지 못하게 할 뿐만 아니라, 인간에 해를 끼치고 있다. 따라서 이기주의에 빠진 인간은 사회적 존재로서의 당연한 품격도 가질 수 없을 뿐만 아니라 사회적으로 가치 없는 인간이 된다.


물론 인간이 개인적 요구를 충족시키도록 하는 것 자체를 가리켜 개인주의 · 이기주의라고 부를 수는 없다. 인간이 개인적인 생활적 요구를 갖고 있는 한 그것을 실현하도록 하는 것은 당연하다. 문제는 개인적 요구를 사회적 요구, 사회의 이익보다 더욱 귀중히 생각하는가 어떤가 하는 점에 있다.

개인적 요구만을 충족시키려고 하는 것을 개인주의·이기주의라고 부르고 있다. 이는 수구적인 착취계급, 지배계급의 수구적 사상의 기초를 이루고 있다. 착취계급, 지배계급의 사상은 본질에 있어서 이기주의이다.

예로부터 수구적 통치자, 착취자는 극단적인 이기주의자이었으며, 그들은 정권과 재부를 독점하고 국민 대중을 억압 착취해 왔다.

원래, 정권은 사회의 존재와 발전을 위한 것이어야 한다. 인간의 공동생활이 보장되기 위해서는 사회에 대한 통일적인 지휘가 필요하다. 사회에 대한 통일적인 지휘가 정권이다. 생산수단을 위시한 재부와 사회적으로 창조되는 사회 공동의 재부이다.

그러나 수구적인 통치자, 착취자는 정치와 재부를 독점하고, 그것을 사회를 위한 것이 아니라 자기의 이기적 요구를 만족시키는 수단으로 전환시킨다. 통치자, 착취자는 국민 대중에 예속의 굴레를 씌우고 그들을 자신의 이기적 욕망을 충족시키기 위한 수단으로서만 생각하고, 사회의 생존과 발전을 위한 창조적 활동에는 참가하지 않으면서 사회적 재부는 혼자 독점해 왔던 것이다.

지배계급의 이기주의는 동물의 「개인주의」와 그다지 다르지 않다. 동물에게는 개체의 생명 보존, 종 보존 이외에는 다른 요구를 갖지 않는다. 동물은 책임질 능력이 없다.

동물은 본능에 따라 주어진 조건과 가능성을 이용해서 자신이 살아남고, 자손을 남기면 그것으로 충분하다. 동물에게는 약육강식 그 자체가 죄가 되지 않는다. 모든 동물은 자기의 본능적 요구만을 충족시키려고 한다. 동물에게는 본능적으로 구비되어 있는 자기보존의 요구만이 있을 뿐이다.

이와 같은 점에서 「개인주의」(이기주의라고도 할 수 있으나 그것을 인간의 이기주의와 구별해서 개인주의라고 부른다.)가 동물의 본능이라고 할 수 있다. 동물 사이의 관계에 있어서는 「개인주의」가 지배적이다. 이것은 독서 동물(獨棲動物: 홀로 사는 동물)은 물론이고, 무리 지어 사는 동물에게 있어서도 그대로 해당된다.

## 4. 인간의 가치 결정의 중요 척도

### 1) 도덕적 품성

인간이 소유하는 도덕적 품성이나 창조적 능력도 인간 가치를 규정하는 중요 요인이다. 도덕적 품성은 사회적 인간의 자질 중의 하나이다. 인간은 서로 결합하고 협력함으로써 사회적 존재로서 생활하며 발전한다. 인간의 공동생활이 보장되기 위해서는 각자의 인간관계와 행동을 규제하는 규범이 있지 않으면 안 된다. 인간의 양심에 의해서 자각적으로 준수하게 되는 행동규범이 도덕규범이다.

도덕규범이 생활 속에 고착된 것이 도덕적 품성이다. 도덕적 품성은 인간이 다른 인간, 집단에 대한 태도, 행동에서 표현된다.

도덕적 품성은 사회생활 과정에서 형성된다. 사회적 인간은 반드시 도덕적 품성을 갖게 되고, 도덕적 품성에 의해서 인간관계가 맺어지고 행동이 조절된다. 따라서 도덕적 품성에 의해서 인간의 가치와 인격이 규정된다.

도덕적 품성은 선과 악으로 평가되는 인간의 속성이다. 선한 품성의 소유자는 인간의 사회적 결합을 보다 강하게 하고, 상호 간의 협력을 강화하도록 인간관계를 맺고 행동한다. 다른 사람을 사랑하고, 그 존엄을 존중하고, 타인을 돕고 이끌 수 있는 인간은 선한 품성, 고상한 인격의 소유자가 된다.

고상한 인격의 소유자는 다만 단순하게 타인에 해를 끼치지 않는 인간이 아니라, 사회악을 조장하는 자에 반대해서 싸울 수 있는 인간이다. 사회악을 증오하고 그것에 반대해서 단호히 싸우는 자만이 참된 인간성을 소유하게 된다. 인간을 사랑하지 않고 존경할 줄 모르며, 다른 사람에게

해를 끼치는 사람은 악한 품성의 소유자로서 사회적 인간으로서의 가치를 소실消失한 비열한 인간이 된다.

도덕적 품성에 의해서 인간의 가치가 결정된다고 하더라도 그것만이 가치를 규정한다고 보아서는 안 된다.[70]

도덕적 품성만이 사회적 인간의 자질인 것이 아니라, 사상의식도 인간의 자질이다. 사상의식에 의해서 인간의 도덕적인 풍모가 규정된다. 그것은 선과 악의 기준이 다름 아닌 인간, 국민 대중의 요구라고 하는 것과 관련되어 있다.

다른 인간, 사회적 집단, 국민 대중의 요구 실현에 기여하는가, 해를 끼치는가? 하는 것이 선악의 기준이 된다. 따라서 인간이 어떠한 도덕적 품성을 갖느냐 하는 것은 그가 구비하고 있는 사상의식에 의해서 결정되는 것이다.

물론 도덕적 품성이 사상의식에 따라서 결정된다고 하는 것은 사상의식과 도덕이 같은 것이라는 것을 의미하는 것은 아니다. 사상의식과 도덕은 별도의 것이다. 사상의식은 인간의 요구와 이해관계를 반영한 의식의 체계이며, 도덕은 인간의 생활규범과 행동의 준칙이다.

---

70) 역사적으로 인간 가치의 문제, 인격의 문제는 많은 경우 도덕 문제로써 제기되어 왔다. 그 대표적인 실례로 「선」, 「덕」을 최고의 가치로 본 소크라테스와 칸트를 들 수가 있다. 칸트의 가치관은 그의 도덕관에서 주로 전개되고 있다. 칸트는 「무제한적인 선이라고 할 수 있는 것은 오직 선의 의지뿐이다」라고 말하면서 「선」의 의지가 「절대적인 내적 가치」를 갖는다고 주장했다. 그는 도덕을 지키는 것이 인간의 행위에 있어서 무조건적이며 절대적이라고 강조하면서, 그것에 최고의 가치적 의의를 부여하고 있다. 칸트는 「너의 인격, 또한 다른 모든 사람의 인격에 갖춰져 있는 인간성을 언제나, 동시에 목적으로 사용하고 결코 단순히 수단으로서만 사용하는 것이 아닌 것처럼 행위 하라.」라고 말하고 있다. 이와 같이 칸트는 인간의 존엄과 가치를 도덕적 원칙으로써 고찰했다.

## 2) 창조적 능력

인간의 가치를 결정하는 데에는 창조적 능력도 중요한 요인이 된다.

창조적 능력은 사회적 인간이 소유해야만 하는 자질 중의 하나이다. 사회의 발전은 인간의 창조적 활동을 통해서 이루어진다. 현실적으로 사회적인 창조적 운동에 참가해서 보다 큰 역할을 담당하고, 사회 발전에 보다 많이 기여한 인간일수록 사회적으로 보다 귀중한 가치 있는 존재가 된다. 인간이 사회적 발전에 기여하는 창조적 역할을 수행하기 위해서는 창조적인 능력을 갖지 않으면 안 된다.

창조적 능력을 가져야만 창조적 활동을 수행하는 사회 발전에 기여할 수가 있다. 따라서 인간의 창조적 능력의 수준은 인간의 가치를 규정하는 중요한 요인이 된다.

인간의 창조적 능력은 사상의식의 지배하에서 작용한다. 창조적 능력 자체는 인간의 활동 방향을 규정하는 것은 아니다. 창조적 능력은 사회 공동의 이익에 맞게 사용하는 것도 있다면 그렇지 못한 것도 있다.

인간의 창조적 능력의 작용 방향은 사상의식에 의해서 결정되는 것이며, 인간은 어떠한 사상의식을 갖느냐에 따라서 그들의 창조적 능력이 사회의 발전에 유리하게 사용되기도 하고 그렇지 못한 것도 있다. 각자의 인간이 높은 수준의 창조적 능력을 소유하고 있다고 해도 사상적으로 불건전하고 그것을 사회를 위해 사용되지 않는다면 사회적으로는 의의 없는 존재, 가치 없는 존재가 된다.

## 3) 사상의식

사상의식에 의해서 인간의 창조적 능력의 작용 방향이 결정되지만, 사상의식이 인간의 창조적 능력을 대신할 수는 없다.

사상의식과 인간의 능력은 다른 것이며, 인간의 사상의식의 수준과 창조적 능력의 수준은 반드시 일치하는 것은 아니다. 사상의식의 수준은 높지만, 창조적 능력이 낮은 인간이 있는가 하면 그 반대의 인간도 있다. 창조적 능력은 인간의 활동 능력이며, 창조적 능력에 의해서 인간의 사회적 역할이 결정된다.

인간이 모두 같은 수준의 사상의식을 갖고 있다면 창조적 능력이 높은 인간이 사회를 위해 보다 많은 귀중한 일을 할 것이며, 사회 발전에 보다 많은 기여를 할 것이다. 아무리 사상의식 수준이 높더라도 창조적 능력이 낮으면 사회를 위해 아무런 역할도 할 수 없다. 따라서 인간의 가치를 올바로 평가하기 위해서는 사상의식과 창조적 능력을 함께 보지 않으면 안 된다.

사상의식을 보지 않고 창조적 능력만을 인간의 가치를 결정하는 기본 요인으로 보고, 창조적 능력 본위로 인간의 가치를 평가하는 것도 잘못이지만, 사상의식만을 인간의 가치를 규정하는 요인으로 보는 것도 잘못이다. 사상의식이 인간의 가치를 결정하는 기본 요인이라는 것은 사상의식에 의해서 인간 능력의 작용하는 방향, 작용 정도가 규정된다는 것을 의미하기 때문이다.

권력이나 재산, 돈은 인간의 가치를 규정하는 요인은 되지 않는다. 그것은 권력이나 재산, 돈이 인간의 속성은 아니기 때문이다. 인간의 속성이 아닌 것에 의해 인간의 가치가 결정되는 것은 아니다. 만일 권력이나 재산, 돈에 의해서 인간의 가치가 결정된다면 그것을 많이 갖고 있는 착취자, 통치자가 가장 가치 있는 존재인 것이 되지만 결코 그와 같이 볼 수는 없다.

착취 사회에서 권력을 장악하고 있는 통치자는 권력을 독점하고, 그에 따라서 인간을 억압하는 것을 생활의 목적으로 하고 있다. 생산수단을 독점하고 있는 착취자는 그에 따라서 다른 사람을 착취하면서 개인의 재산을 늘리는 데에만 생활의 목적을 두고 있다. 이와 같은 자들은 권력의 노예, 재산의 노예일 뿐이지 가치 있는 사회적 존재라고는 말할 수 없다.[71]

권력이나 재산, 돈을 탐내는 자는 사회적으로 가치 없는 존재일 뿐만 아니라, 가치 평가를 올바르게 할 수 있는 능력을 가질 수 없다. 물질이나 돈을 강하게 추구하는 자는 사물을 돈으로 계산할 수는 있을지라도 사물의 진가를 알 수는 없으며, 인간의 노동력의 가격을 계산할 수는 있을치라도 사회적 인간의 참된 가치를 알 수는 없다.

권력을 탐하는 자들은 인간의 가치를 지위로서밖에 평가할 수 없으며, 사회적 인간의 존엄이나 가치를 알지 못한다.

권력을 갖는가 갖지 않는가, 물질적 재부를 많이 갖는가 갖지 않는가는 결코 인간의 가치 척도가 될 수 없다. 인간의 가치는 어디까지나 인간의 속성에 맞게 평가되어야 한다. 인간의 본질적 속성인 자주성과 창조성, 자주적인 사상의식과 창조적 능력을 갖고 자신의 사명과 역할을 다하

---

71) 실용주의에 있어서는 인간의 가치, 인격이 개인 재산의 소유 정도에 의해서 규정된다고 주장하고 있다. 그 대표자인 듀이는 「나는 생각한다, 고로 나는 존재한다.」라는 것이 아니라, 「나는 소유한다, 고로 나는 존재한다.」(『인간성과 행위』)라고 말하면서, 사유재산을 떠나서는 인격은 존재하지 않는다고 주장하고 있다. 실용주의자들은 자본주의 사회에서 국민 대중은 사유재산을 소유하지 않는 것에 의해서 「평균적 인격」밖에 가질 수가 없으며, 재산을 많이 가진 자가 높은 인격의 소유자라고 주장하고 있다. 그러나 결코 그렇지 않다. 재산 자체가 인간으로 되는 것은 아니다. 인간은 재산을 소유할 수도 있고, 소유하지 않을 수도 있다. 또한 있던 것이 없어질 수도 있고, 없던 것을 갖게 될 수도 있는 것이다.

는 사람이야말로 사회적 인간으로서의 가치를 가질 수가 있으며 그것을 빛낼 수가 있다.

그러나 여기서 강조해 두어야 할 문제가 있다. 그것은 자주성과 창조성, 자주적 사상의식과 창조적 능력을 갖고 사회의 발전에 기여함에 있어서 사람들 사이의 차이를 절대화해서는 안 된다는 것이다. 이 차이는 어디까지나 상대적인 것으로써 개개인은 아무리 뛰어난 지혜와 능력을 갖고 있어도 사회의 발전에 기여하는 데 한계를 갖고 있다.

과거 걸출한 인물(영웅)이 역사를 추진시키고 사회를 발전시킨다고 본 주관주의적 역사관이 이와 같은 잘못을 범했다. 자본주의 국가들에서 널리 유포되고 있는 '엘리트론'도 이와 유사한 것이라고 말할 수 있다. 사상, 기술, 문화 수준이 다른 사람들보다도 높고 사회 발전에 많은 기여를 하는 사람들이 있지만, 결코 그들만이 사회 발전에 기여하는 것은 아니다.

## 제3절_ 가치 있는 인생

### 1. 가치 있는 생활

가치란 숭고하며 귀중한 것을 의미한다. 무엇을 숭고하고 귀중한 것으로 인정하는가는 가치관의 문제이다. 인간은 가치 있는 인생을 영위할 것을 열망한다. 어떠한 생활을 가치 있는 생활로써 인정하고, 가치 있는 생활을 영위하기 위해서 어떻게 해야 하는가는 인생관의 기본적 문제이다.

어떠한 생활을 가치 있는 인생으로 보며, 어떠한 활동을 사는 보람이 있는 것으로 볼 것인가 하는 것은 인생관을 올바로 확립하는 데 있어 중요한 문제의 하나이다. 이 문제를 어떻게 보느냐에 따라서 생애를 가치 있는 것으로 할 것인가의 여부가 결정된다. 인생의 가치문제는 사람들에게 있어서 커다란 관심사이다.

인간은 사회적 집단의 하나의 성원으로서의 자각을 항상 갖고 사회생활을 함으로써 참된 인생을 영위할 수가 있다. 인간의 가치 있는 생활이란 인간의 본질적 특성을 훌륭하게 실현해 가는 데 그 진수가 있다.

인간의 생활은 각각의 순간의 활동을 통해서 유지되고 발전한다. 일순간의 실패가 생애에 오점을 남길 수도 있으며, 순간의 행동을 통해서 영웅의 영예를 받을 수도 있다. 만약 성실하고 올바르게 살아가는 것을 지향하고 가치 있는 인생을 보내려고 한다면, 인생의 목적을 확실하게 확립하지 않으면 안 된다.

또한, 사람들의 행동이 훌륭한 것으로 되기 위해서는 인생의 숭고한 목적을 견지하지 않으면 안 된다.

인간의 활동은 목적의식적인 것이기 때문에 그것은 반드시 일정한 목적을 갖고 진행된다. 그러나 목적은 관념적인 것이다. 물질적 존재는 물질적 힘에 의해서만 움직일 수가 있고 관념으로는 움직이지 않기 때문에 목적이 있는 것만으로는 무엇 하나 제대로 실현되지 않는다. 일정한 목적은 물질적 수단에 의해서 실현된다.

역으로, 목적과 결합되지 않은 물질적 수단은 인간의 활동에 아무 쓸모도 없다. 일정한 목적이 있어야만 비로소 어떤 물질적 존재나 물질적 힘이 수단으로서 인식된다. 인간의 활동에는 목적이 있고, 그것을 달성하기 위해 필요한 수단이 동반한다. 이와 같이 인간의 활동에는 목적과 수단이라고 하는 두 개의 요소가 결합되어 있다.

인간 활동의 목적과 수단에 관한 문제는 이미 고대부터 제기되었다. 아리스토텔레스는 승마乘馬가 목적이라면 승마의 기교나 승마술은 수단이라고 논하고, 인간 활동에는 목적과 수단이 따라가야 한다고 지적했다. 그러나 이 목적과 수단의 관계에 대한 인생관적 견해와 입장은 논자에 따라 다르며, 반드시 자명한 것은 아니다.

인간중심철학의 인생관은 목적과 수단을 규정하고, 수단은 목적에 의존한다고 본다. 수단은 어디까지나 목적의 실현에 필요하기 때문에 목적에 봉사해야 한다. 목적과 수단은 주종 관계에 있다. 따라서 수단은 목적에 맞게 선택된다. 이때 수단에는 도구와 같은 물질적 존재만이 아니라 도구를 사용하는 방법이나 과학적 지식 등도 포함된다.

인간의 활동에 있어서는 설정된 목적은 하나일지라도 몇 개나 되는 수단이 존재하는 경우가 있다. 거기에는 수단의 선택이 중요한 문제가 된다.

인간중심철학의 세계관은 인간의 활동이란 자주적 요구를 창조적 능력으로 실현하는 활동이라는 것을 해명했다. 따라서 인간 중심의 세계관은 가치 있는 인생에 있어서 활동의 목적은 인간의 자주적인 요구에 기초하고, 그 수단은 창조적 능력에 기초한 것이 되어야 한다고 본다.

자주적 요구는 세계와 자기 운명의 주인으로서 살아가려고 하는 인간의 요구이다. 인간 활동의 목적은 행동을 통해서 달성되는 목표이다. 활동의 목표가 가장 훌륭하고 이상적인 것이 되기 위해서는 그것이 인간의 자주적 본성에 부합하는 것이 되어야 한다.

창조적 능력은 세계를 개조하고 자기의 운명을 개척해 가는 능력이다. 창조적 능력은 과학적 지식과 체력으로 구성된다. 인간이 객관적 대상을 자기의 요구에 맞게 개조하기 위해서는 대상의 특징과 운동의 법칙을 알아야 하며, 그것에 맞게 활동해야 한다.

따라서 과학적 지식과 기술은 창조적 능력의 구성 부분의 하나로 된다. 그러나 창조적 능력은 과학적 지식과 기술만으로 형성되는 것은 아니다. 인간은 자기의 체력을 목적의식적으로 이용함으로써 객관적인 대상을 개조하는 창조적 활동을 전개할 수가 있다. 잘못된 인생관에 물든 사람들은 '목적은 수단을 신성화한다'라는 것을 지침으로 하고 있다. 그들은 사리사욕을 목적으로 하면서 그것에 '선'의 명분을 붙이고, '공리 공익公利公益'을 표방하면서 저속한 수단과 방법을 이용한다.

일반적으로 이상理想이란 희망과 지향志向의 최고 목적을 표현하는 범주이다. 인간이 어떠한 이상을 그리며 살아가는가에 따라서 인생의 방향이 달라진다. 따라서 인생의 목적과 이상이 정확하게 해명되어야 사람들은 우여곡절 없이 일생을 올바르게 걸어갈 수 있다.

인생의 목적과 이상이 무엇이며, 실제로 어떻게 하면 이상을 꽃피울 수 있을까 하는 문제는 인생에 있어서 실로 심각한 문제이다.

인간중심철학의 인생관은 인생의 목적은 자연과 사회의 주인으로서 자주적이며 창조적인 생활을 영위하는 데 있으며, 그것이 완전히 실현되는 인간 중심의 사회(가칭)의 건설이 인간의 이상이라는 것을 깊이 추구했다.

살려고 하는 요구는 생명체의 기본적인 성질이다. 생명체의 발전 수준이 높아짐에 따라서 살려고 하는 요구는 더욱 높게 발전한다. 가장 발전한 물질적 존재인 인간의 살아가려고 하는 요구도 인간의 자주 의식, 창조적 능력의 수준이 발전함에 따라 더욱 높아져 간다. 동물은 살아가는 것 자체가 목적이라고 말할 수 있으나 인간의 경우에는 이미 살아가는 것 자체가 목적이 될 수는 없다.

인간에게 있어서는 세계의 주인으로서의 지위를 차지하고 역할을 수행하는 것이 인생의 목적이 된다. 자주적이며 창조적인 생활을 영위하면서 세계의 주인으로서의 지위를 차지하고 그 역할을 하는 것이 인생의 목적이 되는 것은 인간의 본질적 특성에서 도출된다.

인간의 본질적 특성인 자주성과 창조성, 의식성 가운데 의식성은 자주성과 창조성을 보장하는 속성이므로 자주적이고 창조적인 생활과 떨어진 의식적인 생활은 있을 수 없다. 인간에게 있어서 자주성이 주로 세계에 있어서 주인의 지위로 표현되는 성질이라면 창조성은 주로 세계에서 인간이 하는 역할로 표현되는 성질이다. 세계에서 그 주인으로서의 지위와 역할을 담당할 수 있는 것은 인간뿐이며, 인간은 자신의 본질적 특성에 적합한 인생을 영위하는 데 인생의 목적을 두는 것이다.

인간중심철학의 인생관은 인간의 가치 있는 이상은 자주적이며 창조적인 생활이 실현되는 인간 중심의 이상 사회를 건설하는 데 있다고 본다.

이상理想은 인생을 고귀한 것으로 하고 전진시키는 정신적 원동력의 하나이다. 인간은 이상을 가짐으로써 활동 의욕을 갖게 되며, 자주적 요구에 맞추어 현실을 보다 화려하게 변혁하기 때문이다.

인간에게 있어서 이상이란 현실적 가능성에 기초해서 구상된 요구의 발현이라고 볼 수가 있다. 현실 세계의 운동 발전에 있어서 객관적 필연성은 이상의 현실적 기초이다. 만일 객관적 필연성에 의거하지 않은 '이상'을 꿈꾸게 되면, 그것은 하나의 몽상이나 공상, 환상에 지니지 않는다.

사람들은 이상을 갖고 인생을 걸으면서 혁신적 낭만에 만족감이 넘쳐흐르는 생활을 보낼 수가 있다.

실현 불가능한 이상을 일반적으로 추상적 이상이라고 하지만 이것은 말 그대로 현실적 기초가 없는 하나의 몽상에 지니지 않는다. 현실적인 이상은 실현 가능하다. 현실적 이상은 객관적 필연성에 의거하는 현실적 기초를 갖는다. 그러나 현실과 이상은 다르다. 이상은 항상 현실보다 높다. 이상과 현실 사이의 모순을 해결하는 활동 속에 바로 인생의 기쁨과 가치가 있는 것이다.

인간의 생활에서 현실과 이상은 구별되며 인간은 현실적 존재임과 동시에 이상을 갖고 살아가는 존재이다. 인간은 의식 작용 아래 현실에 만족하지 않고 현실 속에서 보다 높은 이상을 그리고, 그 실현을 위해 살아가고 있다.

인간은 현실 속에서 과거를 추억하고 미래를 예상할 수가 있다. 동물은 과거를 머릿속에서 재현할 수가 없으며 미래를 예상할 수도 없다. 동물은 외부의 자극에 의한 무조건반사, 조건반사에 의해서 반사적으로 활동하기 때문이다.

인간은 과거로부터 교훈을 찾고 미래를 전망하면서 이상을 품고 살아간다. 인간은 사회적 존재임과 동시에 개인적 존재이므로 이상에도 사회적 이상과 더불어 개인적인 이상이 있다.

어떤 사람은 고명高名한 학자가 되는 것을 희망하고, 어떤 사람은 재능 있는 예술가가 되는 것을 이상으로 한다. 어떤 사람은 생산 현장에서 새로운 제품을 제작하는 이상을 그리고, 어떤 사람은 체육 분야에서 국제무대에 등장하는 이상을 품고 있다.

인간에게 있어서 이상理想의 내용은 실로 다양하다. 이상에는 사회 정치적 이상, 경제생활의 이상, 도덕 문화적 이상 등이 있다. 그러나 사회적 이상이 개인적 이상보다 중요하며 정치적 이상이 다른 이상에 비해 비교할 수 없을 정도로 귀중하다. 개인적 이상도 존중되어야 하지만 그 이상으로 귀중한 것은 사회적 이상, 정치적 이상을 실현하는 것이다.

그러나 이상은 어디까지나 미래에 대한 동경이지 현실은 아니다. 이상을 현실화하기 위해서는 그것을 실현하기 위한 방심하지 않는 노력이 필요하다.

자주적이며 창조적인 생활을 마음껏 영위하는 사랑의 인도주의 사회의 건설을 이상으로 하고, 이상 실현의 과정에서 직면하는 난관과 시련은 일시적인 것으로 받아들이고, 정의와 이상은 반드시 실현한다고 하는 확신을 품고 용감하게 살아가는 데 가치 있는 인생의 생활이 있다.

## 2. 행복한 생활과 자유로운 생활

인간은 누구나 행복을 절실히 염원하고 있다. 따라서 사람들은 자기의 인생 문제에 주의를 기울이게 되었을 때부터 어떠한 생활이 행복한가, 행복한 생활을 영위하기 위해서는 어떻게 해야 할 것인가를 오랜 기간 사색해왔다. 사람들은 각자 행복에 대해서 자기 나름대로 판단하고 인생의 길을 걷고 있다.

행복에 관한 문제는 인간중심철학의 인생관에 있어서도 중요한 위치를 차지하고 있다. 이 극히 복잡하고 어려운 문제에 대해서 이제까지 많은 사상가, 예술가들도 사색을 거듭하고 여러 가지 견해를 주장해 왔다. 이러한 행복에 대한 견해는 논자에 따라서 각기 다르며 오랜 세월에 걸쳐서 '영원한 논쟁' 의 주제가 되어왔다.

고대 그리스에서 소크라테스는 인간의 최대의 행복을 덕행에서 구하고, 아리스토텔레스는 행복을 이성적인 가치로 보고 그것을 「최고선」으로 규정했다. 에피쿠로스는 행복을 '아타락시아(ataraxia)', 즉 정신적 안정 상태라고 보았다.

전설에 따르면 고대 그리스의 철학자 디오게네스는 집도 없고 동굴 속에서 생활하며 철학적 사색을 계속하면서 일생을 보냈다. 어느 날 마케도니아의 알렉산더대왕이 디오게네스를 찾아와 "세상에서 제일 행복한 것은 누구인가"라고 물어보았더니 디오게네스는 "대왕이시어, 그것은 나입니다. 왜냐하면 나는 아무것도 가진 것이 없고, 아무것도 탐내는 것이 없습니다."라고 대답했다. 디오게네스의 행복관은 모든 욕망을 억제하면서 살아가는 것을 행복이라고 보는 금욕주의에 기초하고 있다.

또한, 어느 철학자는 부와 권력, 건강을 행복의 표준으로 보고, 어느 철학자는 인생의 최후를 어떻게 끝맺는가를 보고 행복인가 불행인가를 판단한다고 주장했다.

한편으로, 행복 그 자체를 부정하는 철학자나 작가도 많다. 인생을 허무주의적으로 보는 철학자나 비관주의자, 염세주의자 등은 행복을 실현할 수 없는 공허한 이상이라고 보고 행복한 인생을 보내는 것은 불가능하다고 주장했다.

예를 들면, 쇼펜하우어는 인생에 대해서 비관주의적이며 염세주의적인 견해를 전개하면서 "행복은 꿈에 지나지 않으며 고통만이 현실이다"라고 언급했다. 니체도 "인간은 행복과 같은 것을 구하지 않는다"라든가 "언제 어떤 때에도 현자賢者의 입에서는 같은 반향反響, 의심과 우수憂愁, 인생의 피로와 인생에 대한 반항의 반향이 들린다"라고 서술했다.

보기에 따라서는 종교도 본질에 있어서는 사람들이 행복한 생활을 영위하는 가능성을 부정했다고 말할 수 있다. 종교의 본질적인 특징의 하나라고 말할 수 있는 금욕주의는 지상 생활에서의 기쁨과 행복을 단념하는 것을 사람들에게 요구하기 때문이다.

그리스도교의 교리에서는 인간은 태어날 때부터 죄를 범하고 이 세상에 태어났기 때문에 지상 생활에서는 행복을 향유할 수가 없으며, 죽은 후에 '천국'에 가서 행복을 하사받을 수 있다고 여겨진다. 역사적으로 그리스도교는 죽은 후에 내세에서 행복하게 되기 위해서는 지상에서 모든 재난과 불행, 고통과 빈곤을 참지 않으면 안 된다고 사람들에게 설교하고, 그것은 지금도 지속되고 있다. 많은 종교에서는 내세의 행복에 대한 약속과 바꾸어 지상 생활에서의 고통과 불행을 감수하지 않으면 안 된다고 여긴다.

지금까지 행복의 존재를 인정한 철학자도 있지만, 인간의 본질적 특성의 해명을 수반하지 않았기 때문에 행복의 본질에 대해서 올바른 해답을 줄 수 있었던 사람은 없다. 대부분의 사람은 단순히 인간이 살아가기 위해 필요한 물질적 요구 혹은 정신생활의 요구가 충족될 때의 기쁨이나 만족을 행복으로 보았다. 행복한 생활은 안정된 물질적 생활과 정신생활을 전제로 하는 것은 물론이지만, 그것만으로 행복이 이루어진다고는 말할 수 없다.

이미 고대 철학자 가운데에도 풍부한 물질생활이나 육체적 쾌락만이 행복을 구한다는 견해에 비판을 가한 사람이 있다. 예를 들면 고대 그리스의 헤라클레이토스는 "만일 행복이 육체적 쾌락이라고 한다면, 우리는 살갈퀴의 쓴 풀을 찾아서 먹는 소를 행복한 것이라고 말할 수 있을 것이다"라고 조소했다. 물론 이 경우에도 철학자들은 행복한 생활에서 물질적 요구의 충족이 갖는 의의를 정확하게 이해하지 못했고, 행복의 사회적 의의와 내용에 대해서도 깊게 해명하지 않았다.

행복이 정신생활의 만족에 있다고 보는 견해는 근대철학자들 속에서도 볼 수가 있다. 예를 들면 17세기 네덜란드 철학자 스피노자는 그의 저서 『윤리학(Ethica)』에서 "인간의 최고의 행복은 지성이나 이성을 완성하는 것에 있다"라고 언급했다.

인간의 생활과 행동에서 정신생활은 중요한 위치를 차지하고 있으므로 정신생활에서의 만족을 떠나서 행복을 말할 수는 없다. 그렇다고 해도 정신적 요구를 물질적 생활과 분리해서 이 두 개를 형이상학적으로 대립시켜 고찰하면 공허한 논의에 빠지고 만다. 과거에 많은 사람이 행복을 올바로 이해할 수 없었기 때문에 불필요하게 시간과 정력을 쏟고 불행한 일생을 마감하기도 했다.

행복의 문제를 근본적으로 옳게 해명하기 위해서는 인간의 본질적 특성을 해명하고, 그것에 의거해서 행복의 본질을 과학적으로 해명할 필요가 있다. 왜냐하면 행복한 생애, 가치 있는 인생은 인간의 본질적 특성에 적합한 인생이 되어야 하기 때문이다.

인간의 활동은 인간의 본질적 특성에서 유래하기 때문에 올바른 생활은 인간의 본질적 특성에 부합하는 것이어야 한다. 물질생활이 풍부하고 정신생활이 다양하다 해도 그것이 인간의 본성적 특성에 부합하지 않으면 결코 가치 있는 인생, 행복한 생활은 될 수 없다.

인간 중심의 철학적 세계관은 인간의 자주성과 창조성, 사회적 협조성 그리고 의식성을 가진 사회적 존재라는 것을 역사상 처음으로 규정함으로써 행복의 본질을 과학적으로 해명할 수 있는 올바른 지침을 제시하고, 행복에 관한 주체적인 견해의 이론적 기초를 구축했다.

인간의 행복은 그 본질적 특성에 맞는 생활 속에 있다. 행복은 만족하는 인생이다.

생활은 생명체의 운동이기 때문에 인간의 생활은 인간의 요구를 실현하는 과정이다. 따라서 어떠한 생활이 행복한 생활인가의 문제를 해명하는 것은 결국, 어떠한 요구를 충족시키는 생활이 행복한 생활인가를 규정하는 것으로 귀결된다.

행복이란, 인생의 목적 실현에 봉사하는 생활로 음미하는, 만족과 보람 있는 삶을 표현하는 인생관적 범주이다. 인생의 근본적인 목적은 자주성을 실현하는 것, 바꾸어 말하면 자주적인 요구를 실현하는 것이다.

일반적으로, 살아가려고 하는 요구는 생명체의 기본적인 속성이다. 그러나 생명체가 발전함에 따라 살아가려고 하는 요구의 내용과 수준도 변화한다. 인간은 생물학적 존재로서의 생명과 사회적 존재로서의 생명, 바꿔 말하면 육체적 생명과 사회 집단적 생명을 겸비한 유일한 존재이다.

사회가 존속하기 위해서는 무엇보다도 인간의 육체적 생명의 재생산

과정이 계속되어야 한다. 의식주 문제가 사람들이 생존하고 발전하기 위한 기본문제의 하나로 되는 것은 확실히 이것 때문이다. 의식주 문제는 생활의 제일차적인 문제이다. 따라서 풍부한 물질생활이 행복한 생활에 포괄되는 것은 명백하다.

행복한 인생은 안정된 물질생활을 전제로 하고 있다. 의식주에 관해서 걱정이 있는 사람은 결코 행복하다고 할 수 없다. 물질적으로 자주적인 생활을 영위한다고 하는 것은 인간의 본질적 요구의 하나이다. 이 요구는 자연을 개조해서 물질적 부를 창조할 뿐만 아니라 부의 향유자로서 풍부한 물질생활을 영위할 때 실현된다.

그러나 물질적 요구를 일면적으로 과장해서 부나 육체적 욕망의 충족만으로 행복을 가져오는 것은 행복에 대한 저속한 이해, 속물적인 관점이다. 이것은 참된 행복과는 관계가 없으며, 하물며 위대한 뜻을 가진 개혁자의 행복관과는 양립하지 않는다. 육체적 생명의 요구를 충족시키는 것만으로는 행복한 생활이라고는 말할 수 없다. 만일 행복을 물질적 생활만으로 귀착시킨다면 인간의 생활과 동물의 생활 사이에는 경계가 없어질 것이다.

자주적인 사상의식 수준이 극히 저조하고 많은 사람이 물질적으로 동물 이하의 생활에 괴로워하고, 특수계급의 소수 착취자만이 풍부한 물질생활을 영위하고 있을 때에는 다수의 사람이 풍요로운 물질생활을 이상적인 생활로 간주하며, 그 이외의 행복한 생활을 인식할 수 없었다.

노예제 사회, 봉건사회, 자본주의 사회에서 귀족이나 승려, 자본가가 부와 권력을 독점하고 호화스러운 물질생활을 구가했다고 해도 그것으로 가치 있는 생활을 보냈다고는 말할 수 없다. 자주적인 사상의식과 창조적인 능력을 가진 사람들은 호화찬란한 생활 속에서 행복을 구할 수 없다.

근대 경험과학의 길을 개척한 프랜시스 베이컨은 과학 연구 생활에서 행복과 가치를 구한 것이지 물질생활에서 구한 것이 아니다. 그는 "나는 인류에 공헌하기 위해 태어났다. 나는 무엇이 인류에게 가장 유익한 것인가를 자문자답했다. 탐구의 길과 인간 생활을 문화적으로 개화하기 위해서는 과학과 창조의 발견 이상으로 가치 있는 것을 생각할 수는 없었다." 라고 회고하고 있다.

베이컨은 과학적 탐구의 상아탑 속에서 행복이 있다고 생각하고, 실제로 경험과학 발전의 방법론을 제시함으로써 인류에 크게 공헌했다.

괴테는 창조의 세계에서 행복을 찾고 시인으로서의 미적美的, 예술적인 향락을 행복으로 생각했다. 그는 미적 향락을 물질적 향락보다도 중시했다. 83년의 생애에서 4주간만 안락을 느꼈다고 말한 적이 있다. 베이컨이나 괴테와 같은 이성적인 인간은 물질적 생활에서 행복을 찾지 않았다. 사실, 풍부한 물질생활을 누리고 안락하게 보내는 생활을 인생의 이상이나 행복으로 생각한다면 먹기 위해 사는 인생 이외에 아무것도 아니다.

인간이 동물과 같이 물질적 요구만을 만족시켜서 생활한다면 일생을 오래 살았다고 해도, 아무것도 남기지 못하고 보람 있는 생애를 보냈다고는 말할 수 없을 것이다. 인간은 모든 것의 주인이며 모든 것을 결정하는 유일한 존재이므로 인생의 목적도 세계의 주인으로서의 지위를 차지하고, 주인으로서의 역할을 다하는 데 있다.

인간의 발생은 물질세계 발전에 있어서 하나의 획기적인 사변이었다. 인간이 출현함으로써 세계는 인간의 의지와 요구에 부합해서 개조되도록 되었다. 인간의 힘이 증대할수록 세계에 대한 개조 범위가 확대되고, 인간의 주인으로서의 지위가 높아지고 역할이 증대하는 것은 의문의 여지가 없다.

행복은 바로, 인간이 세계에서 차지하는 자주적인 지위가 높아지고 창조적 역할이 더욱 증대할 때 체험하는 감정이다.

원래, 쾌감은 생명을 보호하고 발전되는 과정에서 발생했다. 발전하려고 하는 생명체의 요구가 충족될 때 쾌감을 느끼고, 반대의 경우에 불쾌감을 느낀다. 사람이 빈곤에 허덕일 때는 기아와 빈곤에서 탈피하는 것이 생명의 기본적인 요구로 되기 때문에 풍요로운 물질생활이 인간에게 쾌락을 주며 행복한 생활의 내용이 되었다.

그러나 풍요로운 생활을 할 수 있게 된 후에는 풍요로운 물질생활만으로는 이미 행복한 것으로는 되지 못한다. 그것은 마치 목마를 때 물을 마시면 쾌감을 느끼지만, 그 후는 별로 느끼지 못하는 것과 같다.

그러나 세계의 주인으로서의 인간의 자주적인 요구는 한이 없기 때문에 주인으로서의 지위와 역할이 높아짐에 따라 요구는 보다 커지고, 그것이 충족된 때에는 보다 큰 행복과 쾌감을 맛보게 된다.

인간 중심의 철학적 인생관은 행복의 기준을 자주적인 요구와 연계해서 고찰한다. 인간의 생명을 보호하고 발전시키는 데 공헌하는 생애, 세계에서 차지하는 인간의 지위와 역할을 높이는 데 봉사하는 생애를 보람이 있는 행복한 생활이라고 간주한다.

첫째로, 행복이란 사람들이 모든 구속에서 탈피해서 세계와 자기 운명의 주인으로서 살아가는 생활, 즉 자주적인 생활이다.

행복한 인간이란 모든 구속과 예속에서 탈피해서 세계와 자기 운명의 주인으로서 살아가는 인간을 가리키고 있다. 물질적 정신적으로 구속되고 예속된 생활은 자주적인 생활이 아니며, 이와 같은 생활을 강요당하는 것은 행복하지 못한 불행이다.

요컨대 자연과 사회, 자기의 운명의 주인으로서 모든 물질적 및 정신적 부를 자주적인 요구에 복종시키고 그것을 지배하면서 살아가는 인간이야 말로 행복한 인간이라고 말할 수 있다.

행복한 생활에 있어서 가장 중요한 것은 사회적 예속에서 해방되어 사회의 주인으로서 살아가는 것이다. 사회의 주인으로 되었을 때 정치·경제·문화생활에서 자주적인 요구를 실현할 수가 있으며, 모든 활동이 사회와 국민을 위해 수행하게 되고 여기에 참된 행복과 사는 보람을 느낀다.

또한, 행복한 생활에서 중요한 것은 낡은 사상문화의 구속에서 벗어나고 자기의 주인으로서 살아가는 것이다. 인간은 물질적 요구뿐만 아니라 정신적 및 문화적 요구를 갖고 있다. 사람들은 의식성을 갖고 있기 때문에 정신적으로, 자주적으로 살아갈 것을 요구한다.

본래 의식성은 인간을 세계에서 가장 우수한 존재로 발전시키는 고급한 속성이다. 본능적인 충동에 의해서 행동하는 동물과는 달리, 의식성을 가진 인간은 세계와 자기를 인식하고 변혁하기 위한 활동을 전개한다. 의식성은 합목적적인 인식과 실천을 보장하며, 그리하여 인간이 자주적이며 창조적인 활동을 전개하는 것을 보장한다.


인간이 자주적이며 창조적인 존재가 되고, 세계를 인식하고 개조하는 활동을 훌륭하게 전개하기 위해서는 낡은 사상과 문화의 구속에서 벗어나 자주적인 사상의식과 문화의 소유자로 되어야 한다. 낡은 사상과 문화의 구속에서 해방되어 정신적으로 자주적인 생활을 영위하는 것이 행복이자 인간다운 생활이다.

둘째로, 행복은 창조성을 실현하는 생활, 창조적 생활이다. 자주적 요구는 창조적 활동에 의해서 실현된다.

자주적 생활에서의 근본적인 문제가 무엇을 목적으로 하고, 어떠한 요구를 내걸고 살아가는 것이 인간다운 삶의 방식이냐고 한다면, 창조적 생활에 있어서는 어떠한 방법으로, 어떠한 역할을 하면서 인간답게 사느냐가 근본적 문제로 된다.

세계의 주인으로서의 지위는 창조적 역할에 의해서 고수固守할 수가 있다. 창조적 역할을 떠나서 자주적 요구의 실현에 대해서 말할 수는 없다. 따라서 자주적 요구가 실현된 것은 창조적인 활동이 수행된 것을 의미한다.

자주적인 요구의 실현에 봉사하는 활동을 수반하는 생활은 행복한 생활이다. 창조적 생활은 자주적인 생활과 함께 행복한 생활의 중요한 구성 부분을 이루고 있다. 행복은 창조적 생활, 즉 자연과 사회를 개조하는 창조적인 활동 속에 있다.

행복은 창조적 능력의 발전을 전제로 한다. 창조적인 활동은 창조적 능력의 발전에 있기 때문에 사람들이 창조적 활동을 훌륭하게 진행시키기 위해서는 높은 창조적 능력을 소유해야 한다. 창조적 능력이 낮은 인간은 사회나 집단의 행복을 위해서 창조적 활동을 훌륭하게 전개할 수 없으며, 행복을 당당하게 영위할 수가 없다.

놀며 보내는 생활은 행복하지 않다. 인간은 그 본성에 있어서 창조적 존재이며 그 속에서 기쁨과 영예를 느끼는 존재이다. 놀며 보내는 생활, 창조적 활동이 없는 생활은 인간의 본성에 어긋나는 생활이며, 이와 같은 생활에는 행복이 있을 수 없다.

사람들은 창조적인 생활과 활동 속에서 인간의 행복을 느낀다. 사람들은 창조적인 활동이 자주적인 생활의 보장에 공헌했을 때 행복을 느끼게 된다.

행복은 자주적 요구가 실현되는 상태임과 동시에 그 실현을 위한 활동 속에도 있다. 행복을 맛보기보다도 행복을 위한 활동에 봉사하는 인생이 보다 아름답다고 하는 말은 이것을 염두에 둔 것이다.

타인의 노력에 의해서 자신의 요구가 실현되는 것은 결코 참된 행복이 아니다. 인간은 당연히 자신의 힘으로 행복을 획득하지 않으면 안 된다. 사기의 요구기 충족되는 생활 속에서 행복을 맛보는 사람의 일생은 물론 행복하고 즐거운 것이다.

행복은 욕구의 실현에 의한 만족감이다. 만족감은 행복의 감정, 정서적 표현의 하나이다. 인간이 만족을 느끼는 것은 생활적 요구가 충족되었을 때이다. 반대로 생활적 요구가 충족되지 않았을 때는 불만을 느낀다.

인간에게 있어서 본성적 요구란 자주적인 요구이다. 따라서 만족이란 자주적인 요구의 충족을 의미하는 것이 된다. 자주적인 요구가 충족되는 생활, 다시 말하면 자주적인 생활로 만족을 느낄 때 인간은 행복감을 느끼는 것이다.

## 3. 자유롭고 행복하며 가치 있는 생활은 인생의 목적

　인간의 본질적 특성에 부합하는 자주적 생활, 창조적 생활은 결국 인간이 자유롭고 행복한 가치 있는 인생을 걷기 위한 생활이다. 그러므로 인생의 목적은 자유롭고 행복한 가치 있는 생활이라고 말할 수 있다.

　인류의 역사를 되돌아볼 때, 자유를 위해 박해를 당하고 소중한 목숨을 바친 사람은 수도 없이 많다. 박해를 당해도, 학살을 당해도 자유를 위해 일어서서 싸운 사람들이 무수하다. 그만큼 자유는 소중한 것이다. 목숨보다 귀중한 것이기 때문에 아낌없이 자유를 위해 싸우다 밤이슬처럼 사라졌다.

　자유란 무엇인가? 많은 사상가가 사색을 계속했다. 엥겔스는 "자유란 필연의 통찰이다", "자유란 법칙의 파악이다" 등의 역사에 남는 탁견을 정립했다. 이 명언은 일말의 진리를 포함하고 있다. 그러나 법칙을 파악했다고 해도 자유가 곧바로 실현되는 것은 아니다. 자주적이며 창조적인 활동을 통해서 인간이 세계와 자기의 운명의 주인으로서의 지위를 차지하고 그 역할을 훌륭하게 수행할 때 비로소 자유는 실현되는 것이다.

　따라서 자주성이 완전히 실현되는 것이야말로 진정 자유로운 상태라고 말할 수 있다. 인간에게 있어서 자주성은 성질, 자유는 상태이며 양자는 밀접하고 불가분의 관계에 있다.

　인간의 본질적 특징인 자주성이 있어야 그 실현을 위한 목적의식적인 창조적 활동이 끊임없이 계속된다. 그렇게 해야만 비로소 자유로운 상태가 초래된다. 자주성의 완전한 실현과 자유롭고 행복한 생활을 위해 세계적 규모로 창조적인 개혁 운동이 강력하게 추진되고 있다.

　그런데 자유롭고 행복한 가치 있는 생활을 보장하기 위해서는 자주적 요구와 창조적 능력이 충분히 발양되어야 한다. 그리고 그것을 위해서는 민주주의가 필요불가결한 조건이 된다. 민주주의가 유린되는 군국주의적 독재체제하에서는 자주적인 사상의식과 창조적 능력이 발양될 수 없으며 오히려 억압되고 만다. 따라서 사회의 발전은 정체하고 자주성은 실현되지 않는다. 민주주의가 없는 곳에서는 아무리 자신들이 '지상낙원'임을 강조해도 자주성과 창조성의 발전은 있을 수 없으며, 자유롭고 행복한 생활은 기대할 수도 없다.

민주주의가 없는 곳에서는 사회의 발전이 거의 없다. 부르주아 민주주의 혁명이 수행된 민족이나 국가는 급속히 발전하고, 민주주의 혁명이 철저하리만큼 발전한다. 민주주의가 발전한 사회는 정치·경제·문화를 전면적으로 발전시키고, 세계의 선진국으로서의 역할을 수행하고 있다.

민주주의가 없는 곳에서는 자주성과 창조성은 실현될 수 없으며, 자유롭고 행복한 생활은 있을 수 없다. 자유롭고 행복한 생활이 없는 곳에서는 인간은 생애에 만족할 수가 없다. 자유롭고 행복한 생활이야말로 모든 사람의 인생의 목적인 것이다.

물론 생활의 요구와 그것을 실현하는 능력은 각기 다르다. 따라서 행복의 내용도 다른 경우가 있다. 그러나 인생의 목적이 자유롭고 행복한 생활에 있다는 것은 영원히 불변이다.

인간의 모든 운동은 살기 위한 요구를 실현하기 위한 능동적이며 적극적인 운동이다. 운동이나 생활은 살기 위한 근본적인 요구이며, 인생의 요구를 실현하는 것은 모든 인간의 목적이다.

자유롭고 행복한 생활을 실현하기 위해서는 물질적 생활력을 획득해야 하고, 다음으로 정신문화적 생명력을 강화해야 한다. 이와 같은 생명력은 인간의 자유와 행복을 보장하는 기본적인 조건이다.

행복이란 곧 만족할 수 있는 생활이다. 생명력은 자기를 보존하고 발전시키는 원동력이다. 이와 같은 생명력을 강화하는 과정이 생활이며, 이와 같은 생명력이 강화되는 것이 행복이다.

생명이 있어야만 생활이 있고, 생활이 있어야만 행복한 생활이 있을 수 있다. 따라서 생명과 생활을 긍정하는 입장에 서야 비로소 자유롭고 행복한 생활을 논할 수가 있다.

자유롭고 행복한 생활은 자신이 저절로 찾아올 수 있는 게 아니다. 생애를 통해서 끊임없는 노력을 기울이고 가시밭길을 개척하지 않으면 안 된다.

무엇보다도, 자유롭고 행복한 생활을 영위하기 위한 자질과 교양을 끝없이 높여나가지 않으면 안 된다. 인간은 개인적 존재임과 동시에 집단적 존재이기 때문에 개인의 운명이 그 자질에 의해서만 규정되는 것은 아니지만, 집단 속에서 운명을 결정하는 것은 개인이며, 그 자질과 교양에 의해서 크게 영향을 받는다.

생활이 발전함에 따라 행복한 생활의 내용도 높아지는 까닭에 지속적으로 자질과 교양을 높이지 않으면 안 된다. 높은 수준의 자질을 지닐수록 높은 수준의 행복한 생활의 주인이 될 수 있다.

다음으로, 자유롭고 행복한 생활을 영위하기 위해서는 기본적인 생활을 균형적으로 발전시켜야 한다. 일반적으로 인간의 생활은 육체적 욕망을 충족시키는 물질적 생활, 사상 문화적 수준을 높이기 위한 정신문화 생활, 협조(정치, 도덕, 사랑 등)를 확대 강화하기 위한 사회적 공조 생활 등으로 구성된다.

물질생활과 정신문화생활의 균형적 발전에 기초하고, 거기에 사회적 협조 생활을 겸비하지 않으면 행복한 생활은 보장되지 않는다. 그러기 위해서는 자질과 교양을 높이기 위한 생활을 명심하고, 능력과 정신 교양을 우선시키는 원칙에서 생활의 규모와 수준을 점차적으로 높이는 것이 필요하다.

나아가 인간의 자유와 행복은 인류의 역사 발전의 추세에 맞게 실현해야 한다.

인류 역사의 최종 목적은 인간이 세계의 주인, 자기 운명의 주인으로서 한없이 생존하고 발전하는 데 있다. 따라서 인류의 행복은 무한히 발전하는 인류사의 방향으로 추구하지 않으면 안 된다.

금후 사회는 개인의 자유와 행복을 존중하고 개인의 창조성을 발양시킴과 동시에, 사회 집단적 협조와 협력이 강화되고 정신문화생활의 수준을 높여가야 할 것이다. 이를 위해서는 사회의 발전 방향을 파악하고, 목적의식적으로 이 방향에 맞는 생활을 해야만 자유롭고 행복한 생활이 실현된다.

그리고 자유롭고 행복한 생활을 영위하기 위해서는 개인의 운명을 사회 집단적 운명과 결합시키고, 사회적 협조를 전면적으로 강화하는 방향의 생활을 전개해야 한다.


끝없이 살며 발전하려고 하는 인간의 근본적 요구는 모든 사람에게 공통된 특징이다. 그러나 개인의 구체적인 생활의 요구나 능력은 상이하다. 요구와 능력에 있어서의 차이는 근본적 요구의 공통성에 기초해서 인간이 협조하기 위한 조건이기도 하지만 차이에 따라서는 이해관계가 대립하고 서로 싸우는 경우도 있다.

결국, 인간은 혼자서는 생활할 수 없다. 따라서 사람에 따라 생활의 요구와 능력이 다르고 인간의 이해관계가 번거로울지라도, 서로 돕고 서로 사랑하면서 사회생활을 영위하지 않으면 안 된다. 싸움의 결정적 요인은 요구와 능력의 차이가 아니라, 사회적 협조 정신의 수준이 낮은 것에 그 요인이 있다.

요구와 능력의 차이를 함께 극복하고 공동체적 협조와 사랑에 의한 협조를 강화하는 생활이야말로 자유롭고 행복한 생활을 발전시킨다.

마지막으로, 자유롭고 행복한 가치 있는 생활을 영위하기 위해서는 한없는 창조적 능력으로 생활의 자주성을 실현하고, 사랑의 협조, 단결에 의해서 사회적 협조를 증진시키고, 행복의 수준을 높이는 것이 요구된다.

세계에는 절대 불변한 것이 없으며 절대적인 행복도 있을 수 없다. 행복은 공상이 아니다. 행복감, 만족감을 맛보기 위해서는 그에 상응하는 노력과 고통을 수반하는 것이다.

인류의 염원인 자유와 영광스러운 행복을 모든 인간에게 가져다주기 위해서는 어떻게 해야 할 것인가? 그것은 우선 세계의 주인, 자기 운명의 주인으로서 영원히 생존하고 발전하려고 하는 인류의 근본적 목적의 실현에 기여하고, 인간의 본질적 특성에 부합하는 생활이어야 한다.

다음으로 좀 더 많은 사람과의 사랑과 신뢰, 협조 속에서 기쁨과 고통을 함께 나누는 생활이어야 한다. 무한한 창조력을 높이고, 인류에 필요한 것을 보다 많이 생산하고, 자유롭고 행복한 생활수준을 높이는 생활이어야 한다.

인류의 무궁한 번영과 발전은 첫째로, 자연을 개조하고 자연의 힘을 인간의 힘으로 전환시키는 창조적 활동에 의해서 인간의 물질적 생명력을 끊임없이 성장 발전시키는 것을 통해서 실현된다.

둘째로, 인간을 보다 힘 있는 존재로 개조하기 위한 창조적 활동에 의해서 정신문화적 부를 창조하고, 인간 자신의 정신적 생명력을 강화하는 것을 통해서 실현된다.

셋째로, 사회적 협조관계를 보다 합리적인 것으로 개선하기 위한 창조적 활동에 의해서 인간의 사회 집단적 생명력을 끊임없이 강화하는 것을 통해서 실현된다.

인류 역사를 발전시키는 데 이 세 가지의 창조적 활동을 동등한 것으로 해서 수행하고 무한히 발전시킴으로써 자유롭고 행복한 가치 있는 생활도 무한히 발전한다.

엥겔스는 "자유란 법칙의 통찰이다"라고 규정했다. 그것도 한편으로는 옳다. 그러나 법칙만을 알았다고 해서 자유롭게 되는 것은 아니다.

이상 사회理想社會의 건설이 인류 역사의 영원한 과제인 것과 같이, 자유와 행복도 영원히 추구해야 할 과제인 것이다.

# 맺음에 즈음하여

본고는 인간중심철학이 규명한 인간에 관한 이론의 진리와 독창성을 논증하려고 하는 것이다.

인간이란 어떠한 존재인가, 인간은 세계에서 어떠한 지위를 차지하고 어떠한 역할을 하는가, 그 변화 발전의 법칙성은 무엇인가 등의 인간에 관한 문제는 사람들의 최대 관심사일 것이다. 이 문제는 인간이 존재하고 인간의 운명 개척에 대한 활동이 수행되는 한, 언제라도 제기되는 중요한 문제이다.

인간중심철학은 세계관의 견지에서 이 문제에 독창적인 과학적 해명을 부여하고, 인간의 운명 개척을 위한 활동을 올바로 이끌어 준다. 여기에 인간중심철학이 인류의 사상 발전에 공헌한 불멸의 역사적인 공적이 있다.

필자는 인간중심철학을 연구하고 그것을 해설하는 활동 과정에서 이미 나와 있는 인간중심철학에 관한 몇 편의 해설서를 참고하면서도 인간에 관한 이론의 독창성을 한층 명백히 하기 위해 본고를 쓴 것이다.

본고는 이제까지의 철학과의 대비를 통해서 인간중심철학이 규명한 인간에 관한 이론의 독창성을 파악하기 위해 인간중심철학의 관점에서 인간에 관한 견해의 역사적 변천 과정을 고찰했다.

인간중심철학이 해명한 인간에 관한 견해를 포괄적으로 해설하면서도, 특히 자주적인 요구, 자주적인 사상의식, 인간에 의한 세계의 지배와 개조발전의 법칙성, 개인주의와 집단주의 등, 인간중심철학이 처음으로 규명한 범주와 법칙을 해설하는 데 중점을 두고 인간의 가치문제를 독자적인 것으로 설정하고 서술해 보았다.

또한, 인간중심철학이 인간의 본질적 특징과 세계에서 인간이 차지하는 지위와 역할을 밝힌 것에 기초해서 인간의 운명 개척을 위한 활동에 있어서 의거해야 할 근본 원칙을 해명함으로써 인간의 운명 개척에 진실로 공헌하는 과학적이며 철학적인 인간론을 제시하려고 했다.

서론에서는 인간중심철학에 의해서 인간에 관한 과학적인 철학적 해명이 이루어진 것에 대해서 개괄했다.

인간에 대해서는 철학만이 아닌 다른 과학에서도 연구한다. 그런 까닭에 서론에서는 우선 처음으로, 인간에 관한 연구에 있어서 철학에 부과된 기본 임무에 대해서 명확히 했다.

철학은 세계관을 부여하는 과학이기 때문에 인간과 그 생활의 어떤 일면, 어느 분야를 구체적으로 연구하는 것은 아니며, 세계관적 견지에서 인간의 본질적 특징을 일반화된 형태로 해명한다. 인간에 관한 연구에 있어서 철학에 부과된 기본과정은 세계관적 견지에서 인간에 관한 견해를 부여하고, 인간의 운명 개척을 위한 방도를 해명함으로써 인간의 운명 개척에 공헌하는 것이다.

본고에서는 인간의 본질적 속성, 본성을 생물학적 속성으로서만 이해하고 인간이 사회적 존재인 측면에서 인간의 본성을 해명하는 문제는 제기되지 않는다고 보는 견해와는 달리, 인간중심철학에서는 인간의 사회적 속성도 인간의 본성, 본질적 속성이라고 하는 것, 인간이 자주성과 창조성, 사회적 협조성을 갖는다는 것을 해명함으로써 인간의 본성을 과학적으로 해명하였다는 것을 강조했다.

사회적 존재로서의 인간의 본성의 과학적 해명, 이것은 인류의 사상 발전에 있어서 위대한 발견이며 인간중심철학이 인류의 사상 발전에 공헌한 역사적 공적이다. 인간중심철학이 해명한 주체적 인간론의 독창성을 올바로 이해하기 위해서는 철학사에 있어서 인간에 관한 논의가 어떻게 전개되었는가를 파악하는 것이 필요하다.

　따라서 제1장 인간관의 역사적 변천에서는 인간의 자주성과 창조성, 사회적 협조성, 의식성의 발전이 철학, 세계관의 발전을 규정하는 기본 요인이라는 것, 바꿔 말하면 인간의 자주적인 사상의식과 창조적 능력의 발전에 상응해서 세계관이 변화 발전하는 것을 강조하고 고대철학, 중세 종교철학, 근대철학, 마르크스주의 철학 등 철학사에서 인간에 대한 견해의 변천 과정을 고찰해 보았다.

　제2장 인간의 본질적 특징에서는 인간의 본성에 관한 사회생물학적 견해에서는 많은 학설이 있을 수 있겠으나, 윌슨의 주장에 의하면 인간은 선천적으로 공격성, 성性, 이타주의, 종교적 성향 등과 같은 본성을 갖고 있다는 것이며, 인간중심철학에서는 인간은 자주성과 창조성, 사회적 협조성과 의식성을 갖는 사회적 존재라고 했다.

　본고는 인간중심철학에 의해서 처음으로 자주적 요구라고 하는 범주가 설정되고, 인간의 본질적 속성에 대해 올바른 이해가 이루어졌다는 것을 강조하고, 생명 물질 일반이 갖는 요구와의 대비를 통해서 자주적 요구에 대한 이해를 전개했다.

　자주성을 해설한 이 부분에서는 인간의 자주적 요구가 인간의 고유한 활동의 근본 원인이며, 자주성이 인간의 고유한 활동의 원천이 되는 속성이라는 것을 서술했다.

　여기서는 인간 생활의 객관적 조건, 객관적 환경이 아닌 주체인 인간의 요구가 인간 활동의 근본 원인이라는 것을 해명하고, 인간의 자주적 요구는 의식적으로 작용한다는 것을 강조했다. 이와 관련해서 자주적 요구와 자주적인 사상의식의 상호 관계에 대해서, 또한 요구와 이해관계의 상호 관계에 대해서 고찰했다.

이상에서 본 바에 의하면 자주성은 사회 역사적으로 형성되고 발전해 가는 사회적 속성이라고 결론지을 수가 있다.

자주성이 인간의 고유한 활동의 원인이 되는 속성이라고 하다면, 창조성은 인간의 고유한 활동을 추진시키는 활동 능력, 생활 능력을 특징짓는 속성이라고 말할 수 있다.

여기서는 생명 물질 일반과는 구별되는 인간의 고유한 생활 능력, 창조적 능력의 특징에 대해서 인간의 창조적인 힘을 살아있는 인간에 체현된 힘과 객관화된 형태로 축적된 힘, 정신적인 힘과 물질적인 힘으로 나누고 자연을 개조하는 창조적인 힘과 사회를 개조하는 창조적 힘과의 차이 및 자주성과 창조성과의 상호 관계에 대해서 서술해 보았다.

자주성과 창조성과의 관련에서 사회적 협조성과 의식성의 문제에 대해서도 새로운 주체적 이해를 나타내려고 했다.

인간의 의식성이란 인간의 자주적이며 창조적인 활동을 관할하는 인간 뇌수의 고급한 기능이다. 의식의 주체성은 사회적 존재로서의 인간인 이상, 의식도 사회 역사적 성격을 띠고 있다.

인간의 자주적이며 창조적인 활동을 관할하는 의식의 3대 작용 — 반영 작용, 행동을 계획하는 작용, 행동을 조절 통제하는 작용 및 그 상호 관계에 대해서도 서술해 보았다.

본고에서는 특히 인간중심철학에 의해서 처음으로 자주적인 사상의식이라고 하는 범주가 설정되고 해명된 것에 대해서 강조했다.

자주적인 사상의식은 세계의 주인 자기 운명의 주인으로써 자주적으로 살아가려고 하는 인간의 요구와 그와 관련된 객관세계에 대한 이해관계를 체계적으로 자각한 의식이다. 자주적인 사상의식은 자기 자신에 대한 자각이라고 하는 의미에서 자기의식이라고 말할 수 있으며, 독일의 고전적 관념론에서 말하는 「자기의식」과 자주적인 사상의식과는 근본적인 차이에 대해서도 서술해 보았다.

본고에서는 사회적 존재로서의 인간의 특징을 개괄하고 인간의 본질적 속성인 자주성, 창조성, 사회적 협조성과 의식성이 사회 역사적으로 형성되는 사회적 속성이라는 것을 알아보았다.

제3장의 개인주의와 집단주의에서는 개인주의와 집단주의에 대하여 그 발전의 역사와 특성 및 그 장단점도 알아보았다. 인간중심철학의 견지에서 개인주의와 집단주의의 인생관은 무엇이며, 그 상관성은 무엇인가를 살펴보았다.

아울러 인간중심철학의 입장에서 비추어 볼 때 우리는 인간의 본성이 개인적인 존재의 측면과 집단적 존재의 측면의 양면을 가지고 있다는 것에 대한 올바른 인식을 갖는 것이 필요하다는 것도 확인하였다.

전·근대 사회에 있어서는 어디서나 집단의 논리, 특히 지배자의 의사意思나 논리가 시민으로서의 개인의 논리를 억압하고 있었다. 정치적인 지배자가 강력한 힘을 갖고 있기 때문에 흔히 개인의 자유와 평등의 요구는 무시되었다.

물론 개인에게 있어서 가장 중요한 것은 개인의 생명을 보존하고 발전시키는 것이다. 이것은 개인의 생명의 본성적 요구에도 맞고, 집단의 생존과 발전을 보장하는 데도 맞는다. 집단을 구성하고 있는 모든 개인들이 다 건강하면 집단 자체도 건강하게 되리라는 것은 의심할 바 없다.

그러나 개인이 다른 개인들의 생존과 발전을 저해하든가, 집단의 공동의 요구를 무시하고 자기 개인의 생존과 발전만을 추구할 때에는 집단 성원으로서의 자격을 상실하게 된다.

인간은 원래 개인적 존재인 동시에 집단적 존재이기 때문에 사랑과 협조 관계는 개인적 존재로서의 대립 관계와 더불어 집단적 존재로서의 협조 관계의 두 측면을 다 같이 충족시키고 조화시켜야 한다.

제4장 세계에 있어서 인간의 지위와 역할에 관해서는 인간중심철학은 인간의 본질적 특징을 해명한 것에 기초하여 인간을 중심에 놓고 인간과 세계와의 관계를 해명하고, 세계와의 관계에서 세계에 있어서 인간이 차지하는 지위와 역할의 견지에서 인간에 대한 새로운 이해를 전개하려고 했다. 그런고로 인간중심철학의 인간에 대한 견해를 이해하려면 인간이 세계에 있어서 어떠한 지위를 차지하고, 세계를 개조하고 발전시켜 가는 데 어떠한 역할을 하는가, 라는 것을 해명하지 않으면 안 된다.

본고에서는 우선 처음으로 인간이 세계를 지배하는 주인의 지위를 차지하고, 인간이 세계를 개조 발전시킴에 있어서 결정적 역할을 한다는 것을 제시했다. 여기서는 특히, 인간이 한낱 발전한 물질적 존재인 것이 아니라 세계의 발전을 대표하는 물질적 존재라는 것을 논증하고, 그런고로 인간이 세계의 존재에 있어서 특출한 지위를 차지하고, 세계의 변화 발전에 있어서 특수한 역할을 한다는 것을 강조했다.

다음으로는 인간중심철학에 의해 새롭게 해명된 인간에 의한 세계의 지배와 개조 발전의 법칙성에 대해서 서술했다.

여기서는 인간에 의한 세계의 지배와 개조 발전의 법칙을 세계와의 관계에서 본 인간 발전의 근본 법칙이라는 것을 서술했다.

인간은 세계의 주인으로서 끊임없이 발전한다. 세계와의 관계에서 볼 때 인간이 발전한다고 하는 것은 인간에 의해 지배되는 세계의 범위가 넓어진다는 것, 즉 세계의 주인으로서의 인간의 지위가 높아지는 것이다. 인간의 지배적 지위, 주인의 지위는 인간의 창조적 역할이 강해짐에 따라 높아진다.

세계에서 인간이 차지하는 지위와 역할은 밀접한 관계에 있지만 가변적인 면을 이루는 것이 역할이다. 인간의 창조적 역할·창조적 운동에 의해서만 세계는 인간의 요구에 따라서 개조되고, 또한 인간에 의해 지배되는 세계의 범위도 확대되는 것이다.

다음으로, 사회적 존재인 인간의 발전에 있어서 인간 속성의 변화 발전과 결합 형식의 변화 발전과의 상호 관계의 문제를 고찰하고, 그 법칙성을 인류사의 발전에 대한 고찰을 통해서 논증했다.

인류의 역사는 오늘날까지 여러 가지 우여곡절을 거쳤으나 인간의 자주성, 창조성, 사회적 협조성과 의식성은 끊임없이 발전하고, 인간이 지배하는 영역도 확대되는 방향에서 세계의 발전이 완성되어 왔다. 앞으로도 인간의 자주성, 창조성, 사회적 협조성과 의식성이 발전해 나가고, 주인으로서의 인간의 창조적 역할은 점차 확대해 나갈 것이다.

다음으로, 인간중심철학에 있어서 인간에 의한 세계의 지배와 개조 발전의 합법칙성, 세계와의 관계에서 본 인간 발전의 근본 법칙과 종래의 유물변증법이 해명한 발전의 기본 법칙과의 상호 관계에 대해서 서술해 보았다.

유물변증법이 해명한 양적 변화의 질적 변화로의 이행 법칙, 대립물의 통일과 투쟁의 법칙, 부정의 부정의 법칙 등은 중요한 진리를 품고 있다. 그러나 이들 법칙은 자연, 사회 및 사유 발전의 일반적인 법칙을 해명함으로써 다른 물질적 존재와 공통적인 면에서의 인간의 발전 법칙을 파악할 수 있게 되었으나 인간의 고유한 발전 법칙은 해명할 수가 없었다.

인간중심철학은 인간을 물질세계의 발전을 대표하는 가장 고급한 물질적 존재로써 인식하고, 세계와의 관계에서 인간의 발전 법칙을 해명함으로써 세계의 발전 법칙에 대한 새로운 이해를 부여했다.

제5장 인간의 가치에서는 인간중심철학에 의해서 인간 중심의 주체적 관점에서 가치에 대하여 올바른 이해를 제시하려고 했다.

일반적으로 가치란 인간에게 의의가 있으며 효용이 있는 것, 인간에게 필요하며 이익을 가져다주는 것, 인간의 생존과 발전에 공헌하는 것을 말한다. 한마디로 말한다면 가치란 귀중성이다.

인간에 의해서 창조된 재부의 가치는 그것을 준비한 인간의 노력이 얼마나 투입되었는가를 직접 나타내는 것은 아니다. 인간의 노력이 많이 투입되어도 그것이 인간의 요구를 만족시키는 것이 아니라면 가치를 갖지 못한다. 재부의 가치는 그것을 창조하는 데 인간의 노력이 얼마나 투입되었는가보다는 그것이 인간의 생활적 요구의 실현에 얼마나 공헌했는가에 의해서 결정된다.

인간 중심의 철학적 관점에서 볼 때 가치의 기본 척도는 생존 발전하려고 하는 인간의 요구이며, 가치는 이와 같은 요구를 기준으로 하는 인간과 그 대상과의 관계이다.

가치는 사물의 객관적 속성은 아니다. 가치는 물질적 실체도 아니며 물질적 실체에 체현되어 있는 속성도 아니다.

사물은 가치를 띠는 속성을 갖고 있을 뿐이며 가치라고 하는 속성을 갖는 것은 아니다. 사물은 인간과의 관계에 있어서만 가치를 갖는 것이다. 가치 평가의 주인은 어디까지나 인간이다. 사물은 생존 발전하려고 하는 인간의 요구 실현에 공헌하는 한에 있어서 가치를 갖고 있다. 인간의 요구와 그것을 기준으로 하는 인간과 대상과의 관계는 인간의 주관적 의지와는 관계없이 현실적으로 존재하는 것이다. 이와 같은 의미에서 인간의 요구는 가치 평가의 객관적 기준이 된다.

또한, 가치에 대한 이해와 관련해서 상대성과 절대성의 문제에 대해서 서술해 보았다.

가치는 인간의 요구에 의해서 평가되기 때문에 요구를 달리하는 인간은 같은 대상에 대해서도 다른 평가를 하고, 인간의 요구가 변하면 가치도 변한다. 이와 같은 의미에서 가치는 상대적인 것이다.

또한, 가치의 객관적 기준과 평가 작용을 구별해서 보아야 한다는 것, 그래서 사상의식이 평가의 지침으로 되는 것에 대해서 고찰했다.

인간은 객관적으로 존재하는 사물뿐만 아니라 자기 자신에 대해서도 가치를 평가한다. 인간은 평가의 주체이며 동시에 평가의 대상으로도 된다.

인간의 가치에 관한 문제는 세계와의 관계에서 제기된다. 여기서는 역사적으로 인간의 가치문제가 어떻게 다루어져 왔는가를 고찰하고, 인간중심철학이 세계관의 견지에서 인간의 가치를 올바로 평가한 것을 논증했다.

인간중심철학은 인간의 본질적 특징과 인간과 세계와의 관계를 이론적으로 정확하게 해명함으로써 인간의 가치를 올바로 평가할 수 있게 한다.

인간은 세계에서 자주성과 창조성을 갖는 유일한 존재이므로 세계에 존재하는 모든 것에 대해서 그것을 지배하려고 하는 요구, 자주적 요구를 제기하고 창조적 활동을 통해서 그들을 자신을 위한 것으로 전환한다.

인간은 인간 이외의 것을 위한 수단이 아니라 자신을 위한 존재이다. 세계의 다른 모든 것은 인간을 위한 수단으로 될 수 있으나 인간은 어떠한 다른 존재를 위한 수단이 되지 않는다. 인간은 다른 물건의 수단이 되지 않는 유일한 존재이다. 그러므로 인간은 세계에서 가장 가치 있는 존재, 가장 귀중하고 존경받는 존재가 되는 것이다.

인간의 가치문제는 세계에 존재하는 다른 제 사물과의 관계뿐만 아니라 사회 속에서 사람들의 상호 간, 모든 개인 간의 관계에서도 제기된다.

인간의 가치를 규정하는 기본 요인은 인간이 갖는 사상의식이다. 사람들의 가치의 기준은 사회적 요구, 국민 대중의 요구이다. 바꾸어 말하면 사회적 집단, 국민 대중의 생존과 발전을 위해 얼마만큼 기여했는가 하는 것이 인간의 가치를 규정하는 기본 척도이다.

인간의 행동 목적과 그것을 실현하기 위한 활동은 인간의 요구와 이해관계에 의해서 좌우되며, 인간이 무엇을 이해관계로서 이해하는가는 사상의식에 의해서 규정된다.

사람들의 사회적 인간으로서의 가치는 무엇보다도 그들이 어떠한 사상의식을 갖느냐에 따라서 결정된다. 본고에서는 자주적인 사상의식을 가진 인간이어야 사회적 인간으로서의 자질을 가지며, 사회생활에 주인답게 참가할 수 있고, 따라서 사회적으로 가치 있는 존재가 된다는 것을 구체적으로 논증했다.

본고에서는 도덕품성이 인간의 가치를 규정하는 중요한 요인이 된다는 것을 해명하고, 그것을 사상의식과의 관계 속에서 해명했다.

인간은 사회생활 과정에서 어떠한 생활을 가치 있는 인생으로 보며, 어떠한 활동을 사는 보람이 있는 것으로 볼 것인가는 인생관을 올바로 확립하는 데 중요한 문제이다. 이와 같이 인생의 가치문제는 사람들에게 있어서 커다란 관심사이다.

인간은 사회적 집단의 하나의 성원으로서의 자각을 갖고 사회생활을 함으로써 참된 인생을 영위할 수가 있다. 인간의 가치 있는 생활이란 인간의 본질적 특성을 훌륭하게 실현해 가는 데 그 진수가 있다. 따라서 우리는 자주적이며 창조적인 인간의 본질적 특성에 부합하는 생활, 즉 자유롭고 행복한 가치 있는 생활을 하는 것이 인생의 목적이라는 것도 밝혔다.

아울러 본고에서는 금전이나 재물 등은 인간 자신에 갖추어진 속성이 아니기 때문에 인간의 가치를 규정하는 요인이 되지 않는다는 것을 해명했다.

에필로그

황장엽 선생은 1997년 한국에 망명 후, 2024년 4월부터 2010년 10월, 그의 사망 직전까지 매주 수요일 한 차례씩 본인의 사무실에서 철학 강의를 계속하였다.

　필자는 강의가 처음 시작된 후, 3주차인 동년 4월 22일부터 수강하게 되었고, 거의 빠짐없이 수강하였다.

　선생께서는 강의와는 별도로 매월 1회씩 강의 내용에 관련된 주제로 토론회를 개최하기도 하였다. 필자는 당해 월례 토론회에서 발표했던 10여 편의 글을 「남북통합의 정치이념 논집」이란 책자를 출간한 바 있으며, 그 논집 속에는 「인간의 본성에 관한 일 고찰」이란 글도 있다. 그 글의 주요 내용에는 '인간의 본성에 관한 제 학설'과 '인간중심 철학의 입장에서 본 인간의 본질적 속성'이 주된 내용으로 구성되어 있다.

　전자의 내용에서는 아리스토텔레스 · 맹자 · 순자 · 마키아벨리 · 홉스 · 로크 · 루소 · 칸트 · 헤겔 · 마르크스의 인간 본성에 대한 견해를 소개하였으며, 후자의 내용에서는 인간의 본질적 특성인 자주성과 창조성, 의식성과 사회적 협조성이 단계별로 바뀐 과정을 중심으로 서술하였다.(본고, 제3장 제2절의 3항 참조)

　이 부분은 황장엽 선생께도 자신의 저서에서 밝힌 부분을 필자가 정리한 것에 지나지 않기 때문에 필자의 발표 내용을 인정하지 않을 수 없었을 것이다. 그러나 선생께서는 애석하게도 동년 10월 타계하였기에 이 부분에 대한 보다 진전된 토론은 없었다. 따라서 필자의 입장에서는 해당 내용을 언젠가는 공론의 장으로 끌어내고 싶었으며, 이번 본서의 출판은 이 문제를 규정할 수 있는 기회이기도 하다.

이러한 필자의 의도를 반영하여 책의 제호도 『인간이란 무엇인가? : 인간의 본질적 특성에 대하여』라고 붙이게 된 것이다.

참고로 2010년 학동 회관(황장엽 교육장)에서 필자가 「인간의 본성에 관한 일 고찰」이란 글을 발표했던 당시 황장엽 선생께서도 참관하여 주셨고, 본인의 발제 내용에 대한 평가도 하여 주셨다.

〈평가의 글〉에서 특기할 사항은 인간의 본성에 관해 자주성과 창조성, 사회적 협조성과 의식성 외에 인간의 본질적 특성으로써 개인주의의 특성과 집단주의의 특성을 매우 강조하였다는 점이다.(아래 황장엽의 글 참조)

이와 관련하여 첨언코자 하는 것은 선생께서 망명 초기에는 개인주의와 집단주의의 특성에 대해서 크게 강조하지 않았으나 한국에서 자유민주주의를 몸소 체험하면서, 일정 기간이 지난 후인 2005년부터 개인주의와 집단주의를 크게 강조한 것으로 기억된다.

이에 대해 필자가 의미를 부여하고자 하는 것은 황장엽 선생은 소위 집단적 민주주의(북한의 사회주의)와 개인적 민주주의(한국의 자유민주주의)를 함께 체험하게 됨으로써 〈인간은 집단주의적 특성과 개인주의적 특성을 지닌다〉라는 것을 그의 철학 이론으로 확실하게 정립하게 된 것으로 파악된다.

이와 같은 필자의 견해는 황장엽 선생의 철학 강의를 함께 수강했던 몇몇 학자들도 인정하는 바이다. 이는 확언하건 데 '황장엽은 분단이 낳은 철학자'라는 말도 설득력이 있어 보인다.[72]

인간의 본질적 특성에 대해서는 〈제2장〉에서 상술한 바와 같이 인간의 본질적 특성은 삼원 구조三元構造로서는 자주성과 창조성, 사회적 협조성으로 규정하였고, 이들의 공통적 특성으로 의식성을 들었다. 그러나 이에 추가하여 인간의 「개인주의적 특성과 집단주의적 특성」을 포함하여 규정할 수가 있을 것이다.

참고로 인간의 본질적 특성에 관한 황장엽 선생의 견해를 알아보고자 한다.

참고: 아래의 글은 2010년 2월 24일 학동 회관에서 황장엽 선생이 주최한 월례 학술 토론회에서 「인간의 본성에 관한 일 고찰」이라는 필자(서정수)의 발제 논문에 대한 선생의 〈평가의 글〉이다. 특기할 사항은 황장엽 선생은 이 글에서 개인주의와 집단주의의 특성에 관해 크게 강조하고 있음을 알 수 있다.

주: 서정수

---

72) 이신철 박사는 황장엽을 다음과 같이 평했다. 「황장엽의 인간중심철학은 장구한 인간의 운명 개척 과정에서 획득된 인류의 정신적·사상적·철학적 성취들을 인간중심의 견지에서 모두 종합·통일하고자 한다. 그것은 언젠가 황장엽 선생 자신이 정식화하였듯이 관념론과 유물론의 통일, 개인주의와 집단주의의 통일, 자유와 필연, 즉 자연과학과 사회과학의 통일, 형식논리학과 변증법적 논리학의 통일, 그리고 더 나아가 동양사상과 서양사상의 통일에 대한 지향으로 나타난다. 또한 인간중심철학은 세계관과 인생관, 사회 역사관, 민주주의론, 변증법적 전략전술론 등을 포괄하는 방대한 체계를 지향한다.」라고 평가했다. 자료: 민주주의 정치철학연구소 간행 「인간 중심의 정치철학 토론회 논문집」, 「인간중심철학의 체계구상」, 2010. 11, 참조.

# 《인간의 본성에 대하여》

2010년 2월 24일 하동 회관에서는 인간의 본성에 관한 서정수 박사의 논문이 발표되었으며 열띤 논쟁이 진행되었다. 나는(황장엽) 토론회에 참가하여 여러모로 깊은 감명을 받았으며, 이 문제에 대하여 올바른 이해를 가지는 것이 중요하다는 것을 다시금 깊이 생각하게 되었다.

## 인간의 본성을 규정하는 기본 요인은 무엇인가?

인간의 본성은 인간이 지니고 있는 생명의 특성의 발현이다. 인간의 모든 활동은 자기 생명체를 보존하기 위하여 진행된다. 인간의 생명은 서로 구별되는 몇 가지 측면을 가지고 있다. 인간은 육체적 생명을 타고난다. 부모로부터 물려받은 육체적 생명은 생물학적 존재로서의 생명이다. 여기서 생물학적 존재라는 말은 생물학의 연구 대상으로 되는 존재, 즉 동물과 본질상 같은 생명체라는 뜻이다. 비록 인간의 육체는 동물보다 더욱 발전되어 있지만 태어날 때부터 타고난 육체적 생명은 본질상 동물의 생명과 같은 생물학적 존재의 생명이다. 인간이 건전한 육체적 생명을 타고났다 하여도 사회생활을 통하여 사회적으로 협조하는 생활을 체험하지 못하게 되면 사회적 존재로 될 수 없으며, 사회적 존재로서의 생명을 지닐 수 없다.

인간은 타고난 육체적 생명뿐 아니라 사회생활을 통하여 획득한 사회적 생명을 지니고 있다. 인간이 지니고 있는 정신적 생명력과 창조적인 물질적 생명력, 사회 협조적 생명력은 다 타고난 육체적 생명력이 아니다. 그것들은 다 인간이 사회생활 과정에서 획득한 사회적 생명력이다.

육체적 생명력이나 사회적 생명력이 다 같이 인간의 생존을 보존하기 위하여 작용한다는 점에서 다 같이 인간의 생명력이라는 것은 의심할 바 없으며, 또 일반적으로 육체적 생명력이 사회적 생명력의 통제하에 작용하기 때문에 인간 생명력을 대표하는 것은 육체적 생명력이 아니라 사회적 생명력이라고 인정되고 있다. 그러나 육체적 생명의 요구와 사회적 생명의 요구가 반드시 일치하는 것은 아니며, 육체적 생명이 언제나 사회적 생명의 통제에 잘 순종하기만 하는 것도 아니다.

정신은 대학 입학시험을 준비하고 있는 청년에게 지금은 입학시험 준비를 위하여 발전해야 하며 먹고 놀러 다니지 말아야 한다고 타이르지만, 육체의 욕망은 정신의 충고를 무시하고 맛있는 음식을 먹고 즐겁게 놀기 위하여 시간을 낭비하는 경우가 얼마든지 있을 수 있는 것이다. 그리하여 정신이 육체적 욕망을 제대로 통제하지 못하는 것이 발전을 지향하는 사람들에게 있어서 하나의 중요한 고민거리로 되고 있다.

다음으로 인간은 개인적 존재로서 서로 다른 개인의 생명을 지니고 있지만, 동시에 집단의 성원으로서 집단적 존재의 생명을 공유하고 있다. 이 점에서 인간은 개인의 생명과 집단의 생명의 두 가지 생명을 지니고 있으며, 두 가지 생존의 요구를 가지고 있다고 볼 수 있다.

일부 사람들은 사람이 개인적 생명을 가지고 있다는 것은 인정하면서도 집단의 생명을 가지고 있다는 것을 이해하지 못하고 있다. 만일 인간이 개인적 존재만이라면 살아갈 수도 없고 태어날 수도 없다. 부모 없이는 자식이 태어날 수 없으며, 조부모 없이는 부모가 태어날 수 없다. 부모가 자식들을 키워주지 않는다면 자식들이 자라서 성인으로 될 수 없으며, 성인이 된 다음에도 사회적으로 협력하지 않는다면 살아갈 수 없다. 개인의 생명과 집단의 생명에는 공통성과 함께 차이성도 있다. 개인의 생명은 한 세대로 생존이 끝나는 유한한 생명이지만, 집단의 생명은 세대에 세대를 이어 계속 생존하는 영생하는 생명이다.

모든 사람은 자기 개인의 생명을 보존하려는 본성과 함께, 집단의 생명을 보존하려는 본성을 가진다. 이 점에서 인간의 본성은 하나가 아니라 둘이라고 볼 수 있으며 인간의 본성은 개인주의적 측면과 집단주의적 측면의 양면을 가지고 있다고도 말할 수 있을 것이다.

옛날부터 사람들은 인간의 본성이 개인적 존재의 측면과 집단적 존재의 측면의 양면을 가지고 있다는 것을 이해하지 못하고, 어느 한 면만을 강조하는 데로부터 인간의 본성은 선하다는 성선설性善說과 인간의 본성은 악하다는 성악설性惡說이 대립되어 있었으며, 오늘날에 이르기까지 이 문제는 석연하게 해명되지 못하고 있는 형편에 있다고 볼 수 있다.

일반적으로 개인적 존재를 보존하는 문제가 절박한 문제로 나서고 있는 상황에서는 집단적 존재를 보존하려는 인간의 본성의 발현이 뚜렷하지 못하지만 개인적 존재를 위협하는 조건이 없는 상황에서는 집단적 존재를 보존하려는 인간의 본성이 거침없이 발로된다.

예컨대, 우리가 길을 가다가 쓰러져 있는 사람을 발견하게 되면 구원해 주어야 하겠다는 생각이 떠오르지만, 동시에 쓰러져 있는 사람이 혹시 전염병 환자나 미친 사람일 수 있다. 구원해 주려고 건드렸다가 오히려 뜻밖의 낭패를 당할 수 있다고 생각하여 못 본체하고 지나가 버릴 수 있다. 그러나 극장에 가서 비극을 볼 때는 비극의 내용이 아무리 처참하여도 자기 신변에는 아무 위험도 없다는 것을 잘 알고 있다. 그러므로 개인적 이해관계를 떠나 비극의 주인공과 함께 가슴 아파하며 눈물을 흘린다. 같이 즐기기 위하여 찾아간다면 이해가 되지만 무엇 때문에 돈까지 내면서 같이 눈물을 흘리기 위하여 비극을 보러 가는가 하는 의문이 제기된다. 그것은 인간이 운명을 같이 하는 집단적 존재로서 기쁨을 같이 나눌 뿐 아니라, 슬픔과 고통을 같이 나눌 것을 본성적 요구로 가지고 있다는 것을 말하여 주는 것이다.

마르크스주의자들이 마치 계급적 이해관계가 인간의 근본적 이해관계이며, 계급적 이익을 옹호하는 특성이 인간의 가장 근본적인 본성인 것처럼 주장하는 것은 잘못이다. 처음부터 계급적 차별이 있은 것도 아니며, 또 계급적 차별이 영원한 것도 아니다. 민주주의의 발전과 더불어 계급적 차별은 없어지지 않을 수 없다.

그러나 인간은 처음부터 개인적 존재인 동시에 집단적 존재로서 생존하고 있다. 인간이 사회적 존재로 되기 이전에도 인간의 선조들은 개체적 존재인 동시에 무리를 이루고 서로 협조하는 집체적 존재였다. 인간이 개인적 존재인 동시에 집단적 존재라는 것은 인간 존재의 근본 방식으로서 인류가 아무리 발전하여도 변할 수 없는 존재 방식이다. 그러므로 개인의 생명을 보존하려는 개인주의적 본성과 집단적 생명을 보존하려는 집단주의적 본성은 영원히 남아 있게 된다. 이런 점에서 개인주의적 본성과 집단주의적 본성은 인간의 두 가지 본성, 또는 인간 본성의 두 측면이라고 볼 수 있다.

연속적인 동시에 불연속적이라는 것이 모든 존재의 보편적인 특징이다. 이에 기초하여 모든 사물은 개체적 존재인 동시에 집체적 존재로 되고 있다. 이 점에서는 가장 발전된 존재인 인간으로부터 소립자에 이르기까지 공통성을 가진다. 이러한 존재 방식만이 보다 단순한 존재가 결합되어 협조함으로써 보다 더 자기 보존성과 자기보존 운동 능력이 강한 존재로 발전할 수 있는 것이다. 이것은 존재의 뗄 수 없는 두 측면이기 때문에 일자가 타자를 없애려고 해서는 안 된다.

집단주의가 개인주의를 없애려고 하여도 안 되며, 반대로 개인주의가 집단주의를 없애려고 하여서도 안 된다. 개인주의를 반대하는 집단주의는 전체주의로 되어 인간의 개인주의적 본성에 배치되기 때문에 패망하지 않을 수 없으며, 집단주의를 부정하는 개인주의는 개인이기주의로 전락되어 인간의 집단주의적 본성에 배치되기 때문에 역시 패망을 면할 수 없다.

공산주의자들은 집단주의에 기초하여 개인주의를 말살하려고 시도하였다가 오히려 개인주의의 반격을 이겨내지 못하고 참패하였다. 개인주의는 개인들의 다양한 창발성을 발양시켜 개인적 존재를 발전시키는 데 이바지하며, 집단주의는 집단의 통일과 협조를 강화함으로써 집단적 존재로서의 인류의 위력을 강화하는 데 이바지한다. 양자의 장점을 결합시켜 나가는 길만이 인류 발전을 촉진시키는 올바른 길인 것이다.

개인주의와 집단주의는 인류 존재의 두 측면인 만큼 집단주의를 완전히 무시한 절대적인 개인주의와 개인주의를 완전히 무시한 절대적인 집단주의는 성립할 수 없다. 상대적으로 어느 면에 치중하고 있는가에 따라 개인주의적 민주주의 또는 집단주의적 민주주의의 차이성이 구별될 뿐이다.

민주주의는 먼저 개인주의적 민주주의로부터 출발하였으며 그것은 사회 발전에서 거대한 긍정적 역할을 하였다. 그러나 민주주의가 개인주의에 치중한 결과 집단의 통일과 협조가 약화되는 부정적 경향이 발로되기 시작하였다. 공산주의자들은 개인주의적 민주주의가 결함을 발로시키고 있다 하여 그것을 민주주의가 아니라고 부정하는 한편, 개인주의적 민주주의를 타도하고 집단주의적 민주주의를 독재의 방법으로 세우려고 하다가 역사 발전에 커다란 오점을 남기고 패망하였다.

　개인주의적 민주주의가 발로시키고 있는 결함을 시정하고 민주주의를 새로운 높은 단계로 발전시키는 유일하게 올바른 길은 개인주의의 장점과 집단주의의 장점을 결합시키는 길밖에 없다. 정치적으로는 삼권분립주의에 정치 사상적 통일을 담보하는 지도이념 관리권을 새로 첨부하여야 하며, 야당과 여당의 차별을 없애고, 당선된 대의원이 출신 당과 관계를 끊고 오직 국가의 지도기관 성원으로서의 임무에 충실하도록 하여야 한다. 경제적으로는 집단적 소유와 개인적 소유를 배합하여야 하며, 정신 문화적 면에서는 사상 문화적 통일성을 보장하는 사업과 다양한 사상 문화의 발전을 배합하도록 하여야 한다. 다양한 언론기관의 자유로운 활동을 보장하는 동시에 국가적 언론기관의 지도적 역할을 보장하여야 할 것이다.

2010년

황 장엽

　원고를 마감하면서 홀가분한 마음보다는 이 책이 세상에 햇빛을 보면서 관심 있는 독자들에게 어떠한 반응을 보일는지 두렵기도 하다. 독자 여러분의 많은 충고와 비정批正이 있기를 바란다.

◇참고 문헌◇

## 1. 단행본

• 『인간중심철학의 몇 가지 문제』, 황장엽 著, 시대정신, 2003

• 『인생관』, 황장엽 著, 시대정신, 2003

• 『민주주의 정치철학』, 황장엽 著, 시대정신, 2005

• 『청년들을 위한 철학이야기』, 황장엽 著, 시대정신, 2007

• 『인간중심철학 원론(원고)』, 황장엽 著, 2008 간행예정

• 『북한민주주의와 민주주의 전략』, 황장엽 著, 2008

• 『인간중심철학의 변증법적 해설』, 황장엽 著, 2008

• 『チュチェ思想の世界觀』, 朴庸坤 著, 未來社, 1981

• 『博愛의 の世界觀』, 朴庸坤 著, 集広社, 2020

• 『個人主義と集團主義』, Harry C. Triandis 著, 新山貴弥 · 藤原武弘 編譯, 北大路 書房, 2002

• 『개인주의 역사』, Alain Laeurent 著, 김용민 옮김, 한길사, 2001

• 『역사란 무엇인가』, E. H. Carr 著, 곽복희 옮김, 청년사, 1993

• 『소유적 개인주의의 정치이론』, C. B. 맥퍼슨 著, 이유동 옮김, 인간사랑, 1991

• 『사회계약론』, 장 자크 루소 著, 이환 옮김, 서울대학교 출판부, 2016

• 『데카르트의 철학』, 안쏘니 케니 著, 김성호 역, 서광사, 1991

• 『인간본성에 관한 10가지 철학적 성찰(Idea of Human Nature)』, 로저 트리그 著, 최용철 옮김, 자작나무, 1996

• 『의식에 대한 사회과학자의 도전』, 이만갑 著, 도서출판 소화, 1996

• 『사상과 인물로 본 철학적 인간학』, 박찬구 著, 세창출판사, 2020

• 『서양정치 사상입문』, M. 포사이스 · M. 킨스 소퍼, 부남철 옮김, 한울, 2011

- 『인간이란 어떤 것인가』, 필립K. 보크 著, 임지현 옮김, 문학사상사, 1997
- 『서양근대철학』, 서양근대철학회 편, 창작과비평사, 2003
- 『100인의 철학자 사전』, 필립 스톡스 著, 이승희 옮김, 도서출판 말글빛냄, 2011
- 『마르크스의 인간관』, E. 프롬 · H. 포핏츠 著, 김창호 옮김, 동녘신서, 1983
- 『크세노바네스의 철학적 유신론』, 이재현 著, 한국서양고전학회, 2017
- 『데모크리토스와 에피쿠로스 자연철학의 차이』, Karl Marx 著, 고병건 옮김, 그린비, 2001
- 『소크라테스』, 루이 앙드레도리옹 著, 김유식 옮김, 이학사, 2009
- 『플라톤』, 데이브 로빈손 著, 주디 그로브스 그림, 김태영 옮김, 김영사, 2001
- 『아리스토텔레스』, 피터 애덤스 著, 신우증 옮김, 전기가오리, 2019
- 『순자』, 순자 著, 김학주 역, 명문당, 2021
- 『아우구스티누스』, 이석우 著, 민음사, 1995
- 『토마스아퀴나스』, 박승찬 著, 새길기독사회문화원, 2012
- 『피코 델라 미란 돌라』, 피코 델라 미란돌라 著, 성염 역주, 철학과 현실사, 2009
- 『데카르트의 철학과 사상』, 이토카쓰 히코 著, 김문두 역, 文潮社, 1994
- 『데카르트』, 존 코딩엄 著, 정대훈 옮김, 궁리, 2001
- 『홉스』, 리처드 턱 著, 조무원 옮김, 교유서가, 2020
- 『베이컨: 회화의 괴물』, 크리스토프 도미노 著, 성기완 옮김, 시공사, 1998
- 『스피노자의 철학』, 질 들뢰즈 著, 박기순 옮김, 민음사, 1999
- 『데이비드 흄: 경험이 철학이면』, 아네트 C. 바이어 著, 김규태 옮김, 知와 사랑, 2015
- 『라 메트리 철학선집』, 줄리앙드 著, 여인석 옮김, 섬앤섬, 2020
- 『달랑베르의 꿈』, 드니 디드로 著, 김계영 옮김, 한길사, 2006
- 『칸트의 철학』, 임재혁 著, 철학과 현실사, 2006
- 『헤겔』, 피터싱어 著, 노승영 옮김, 교유서가: 문학동네, 2019

- 『포이어바흐론』, 엥겔스 著, 김재용 옮김, 새날 1990

- 『피아제』, 마거릿 보든 著, 서창렬 옮김, 시공사, 1999

- 『프롬』, 에리히 프롬 著, 송락헌 역, 문학출판사, 1983

- 『트리버스』, 로버트 트리버스 著, 이한음 옮김, 살림, 2013

- 『인간의 본성에 관한 철학 이야기』, 이현복 외, 아카넷, 2007

- 『個人主義と 集團主義』, H. C.トリアンデス 著 神山貴弥 藤原武弘 編訳, 北大路 書房. 2002

- 『세계관의 역사–유물론과 관념론의 투쟁』, 高田 求 著, 편집부 譯, 두레, 1986

- 『ヘーゲルの政治哲學(上) (下)』, Z. A. ペルチンスキー 編, 藤原保信 外訳, 御茶 の水書房, 1980

- 『북한 주체사상의 형성과 쇠퇴』, 신일철 著, 생각의 나무, 2004

- 『이성적인 사회를 위하여』, 주르겐 하버마스 著, 장일조 옮김, 종로서적 출판(주), 1987

- 『마르크스주의의 철학적 기초』, 루이 뒤프레 著, 홍윤기 역, 한밭출판사, 1985

- 『헤겔의 철학사상』, 최재희 著, 정음사, 1981

- 『헤겔의 정치사상』, 이영재 著, 박영사. 1974

- 『인간, 그 미지의 존재』, 알렉시스 카렐(노벨생리의학상 수상) 著, 류지호 옮김, 문학사상사, 1998.

- 『철학의 뒤안길』, W. 바이세델 著, 이기상 · 이말숙 옮김, 서광사, 1990

- 『철학이란 무엇인가』, 버트란드 러셀 著, 황문수 역, 문예출판사, 1995

- 『철학의 문제들』, 조성술 외, 법문사, 1999

- 『성숙인격론』, 김성태 著, 고려대학교 출판부, 1994

- 『산업사회의 계급과 계급 갈등』, R. 다렌돌프 著, 정대연 옮김, 홍성사, 1957

- 『위대한 혁명가 카를 마르크스』, 박성원 著, 이룸, 1997

- 『함께 가보는 철학사 여행』, 고사까 슈우헤이, 방준필 옮김, 변영우 그림, 사민서

각, 1994

• 『마르크스와 마르크스주의』, 피터 위슬리 著, 진덕규 옮김, 학문과 사상사, 1986

• 『헤겔철학의 분석적 입문』, M. 리텔 著, 정필대 역, 청목서적

• 『종의 기원』, 다윈 著, 김창한 역, 집문사, 1997

• 『서양정치사상 입문1. 2 /플라톤에서 루소까지』, M. 포사이스 · M. 킨스 소퍼 · J. 호프만 편저, 부남철 옮김, 한울 아카데미, 1994

• 『자유론』, 존 스튜어 밀 著, 서병훈 옮김, 책세상, 1919

• 『역사의 의미』, 칼 뢰비트 著, 이한우 역, 문예출판사, 1993

• 『만들어진 신』, 리처드 도킨스 著, 이한음 옮김, 김영사, 2007

• 『철학』, 서배식 · 정종구 공저, 대왕사, 1982

• 『변증법의 이해』, 폴 풀키에 著, 최정식 · 임희근 역, 한마당, 1985

• 『철학의 역사』, 자클린 뤼스 著, 윤학로 옮김, 예하, 1993

• 『사랑과 통일의 실천철학』, 井上周八 著, 최진성 옮김, 도서출판 조국, 1990

## 2. 논문

• 이신철, 「인간중심철학의 체계구상」, 민주주의정치철학연구소 토론회 논집, 2010.

• 김승철, "개인주의와 집단주의" 北韓 통권385호 (2004.1), pp.167~175,

• 황호영 외, "개인간 신뢰와 조직몰입/조직시민행동에서 개인주의·집단주의의 효과" 인적자원개발연구 제7권 제1호, 2005

• 이호령, "북한의 사회변화와 군" 北韓, 통권 409호 (2006.1) pp.34~41

• 이순형/진미정, "새터민의 가치관" 인간발달연구, 2006, Vol.13, No.3, 1~19

• 한유화/정진경, "2요인 자아존중감 척도: 개인주의적 및 집단주의 요인" 韓國心理學會誌, 2007.Vol.4, 117~131

• 조긍호, "동아시아 집단주의와 유학사상: 그 관련성의 심리학적 탐색" 韓國

心理學會誌, 2007, Vol.21,No.4,21~53

· 임재진, "헤겔의 개인주의비판" 범한철학논문집,『범한철학』제37집, 2007
년 여름호

· 김성훈, "존 로크의 자유-개인주의 교육관" 교육철학 제33집, Feb, 2005.
Vol.53. pp.175~189

· 김명환, "보수당 F. E. 스미스의 집단주의" 영국연구, 통권 제16호(2006.12),
pp.141~165

· 김일곤, "집단의 논리와 개인의 논리, 그 균형" 시민시대, 통권 253호(2005.11),
pp.32~35

· 이재열, "페어플레이는 법치주의로부터" 이슈&이슈-한국의 고질병, 파벌
(2006.6) pp.130~135

· 손정미, "컨벤션서비스 품질인식에 관한 비교 문화적 고찰; 개인주의와 집단
주의 문화를 중심으로" 한국관광 논문집,제5호(2006), pp.163~176

· 장영청/한동성, "조직생활만으로 집단주의 유지, 발전 의문/집단주의 구현
이 사람의 본성요구이자 사회주의지향",대담, 민족21,통권 74호, (2007.5),
pp.161~175

· 양승태. 마르크스의 인간본성문제 재고, 한국정치학회, 1996

· 민주주의 정치철학연구소「인간 중심의 정치철학 토론회 논문집」,「인간 중심 철
학의 체계구상」, 2010. 11,

## 인간이란 무엇인가

-인간의 본질적 특성에 대하여

초판 1쇄 인쇄 | 2023년 01월 05일
초판 1쇄 발행 | 2023년 01월 15일

지은이 | 서정수
펴낸이 | 최병윤
펴낸곳 | 행복한마음
출판등록 | 제10-2415호 (2002. 7. 10)

주소 | 서울시 마포구 성미산로2길 33, 202호
전화 | (02) 334-9107
팩스 | (02) 334-9108
이메일 | bookmind@naver.com

ISBN 978-89-91705-51-7  03130